朱幼棣（1950—2015）

朱家四兄妹（后排右一）

朱幼棣先生是走上南极大陆的中国记者第一人。

朱幼棣

后浪

後望書

最终修订本

朱幼棣 著

北京联合出版公司
Beijing United Publishing Co.,Ltd.

目录

再版序　书成之时墨未浓 *

2011 年 8 月，我从郑州前往三门峡，一路瓢泼大雨。过义马、渑池后，高速公路上了浅山丘陵，沿着淆山的北麓延伸——这一带正是邙山，古代堪称帝都洛阳的龙脉。雨幕中，杂树梯田，山野云低，北望黄河而不见。——我知道大河正在北方召唤，在淆山、邙山与中条山、王屋山夹峙的峡谷里蜿蜒挣扎。现在，三门峡和小浪底两座高坝，早已把黄河切割。

高速公路三门峡市有两个出口，一标着“三门峡东”，而另一处是三门峡西。恍忽间，司机错过了东边的出口，只得从西边再折返。朋友在路边迎接。安排在一处庄户人家的窑洞餐馆吃饭。土墙外便是陇海线，隔几分钟便有火车隆隆驰过。

——不知为什么，我倒想起新安铁门镇的“千唐志斋”。20 世纪二三十年代修陇海铁路时，邙山施工沿线大量文物和魏晋隋唐墓志出土、流落民间。旧军阀张钫先生——现在称为辛亥革命元老，倾其所有，收购收藏了 1 400 多块墓志和碑碣，砌嵌在自家窑洞的四壁。不仅是书法艺术，这些对研究隋唐历史也有极高的价值。我去参观那天断电，在幽暗的窑洞里逐一细细辨认，近处陇海路上的火车，不断驶过，大地和窑洞都在轰鸣中发颤。我想，现在重点工程的“抢救性”的发掘保护，未必能如张钫先生一人之力所成就。——“千唐志斋”现为全国重点文物保护单位，还有什么 AAA 级景区。

在民国政府中，张钫官不过河南省厅一级干部。——就在去三门峡前一天，

---

* 此序原为 2011 年《后望书》再版而作。其中谈及《后望书》一书续集《怅望山河》已于 2012 年由后浪出版公司出版。

河南省纪委一位领导告诉我，他上任半年来，有14个正厅级干部因受贿等腐败问题落马。闻之心震，又不禁感慨，“官格”何至于此。由是我想，“达亦不足贵，穷亦不足悲”，在浮躁的喧嚣和繁华的不安中，如果一个人不懂历史，不懂中国文化思想的价值和理念，不再守望坚守，那么滑落是很自然的。——秋雨衰草，寻常功业，同在洛阳的西北，今天来千唐志斋的参观者，还找得着晋代石崇筑的“金谷园”吗？

有的问题曾一再被尖锐地提出。我来到了三门峡大坝，这里正是《后望书》开篇的“枢纽”所在，是天下第一关潼关城被“无水淹没”的起因——这无疑也是解开当代工业化、标志性工程与文化遗产、生态环境之间关系的一把钥匙。

“黄河第一坝”高106米，可是水库蓄水从来没有到过这个高度的一半，电站装机也很小，发电量只相当于一个小电厂。黄河中心的几座小岛修大坝时成了坝址，摩崖石刻、古栈道等古迹，黄河咆哮过三门的壮丽景观已不复存在。大坝上，还留着个锈迹斑斑的高大塔吊，据说是当时建坝时留下的，现在还能使用，主要用来打捞坝上的柴草等漂浮物。

风狂雨急，正是汛期，现在基本上是来多少水发多少电。俯视坝内，淤积的库区“草原”辽阔，不少地方种上了豆粟，一片迷濛的葱绿，一弯黄河夹在草原和庄稼地中。

这一次，又寻访了三门峡市西边的陕州古城遗址。与十多年前相比，由于淤积，在被称为三面环水的陕州古城里，几乎已经看不到黄河了。一块刻有黄河“母亲”的石块，孤零零地竖在田间地头。陕州是一座有2 000年历史的文化名城，虽从未被淹没过，但在建坝“误”作为淹区已悉数拆毁，只有一座唐代佛塔依然矗立，就像一个巨大的叹号。我想起唐太宗路过陕州时的诗句：“慨然抚长剑，济世岂邀名”。一个盛世明君，即使在千年以前，也必定有他的高远过人之处。——明代著名治河专家潘季训说，“治河之法，当观其全”，我们在整体性和综合性的考虑上，显然不如古人。对于三门峡大坝，历史已经有了结论，不管是否拆除，已经无所谓了。

新中国的建设史被冠以“火红”或“激情燃烧”等字眼。但路是一步步走过，理想与现实的把握，政治运动与经济建设运动的取舍，给后来者留下了无数经验和教训，可我们很少具体总结或分析。在新近的一些年里，“一年一个样，三年大变样”口号响遍神州，各地重点工程、政绩工程“高歌猛进”，让人应接不暇，应当看到，并非所有的奇迹，都经得起时间的考验，所付出的代价都值得。如果我们稍微留心，就会发现许多历史文化古迹，许多令人眷恋的风景消失了，我们的生态环境受到了极大的破坏。

2011 年秋天，北京也多雨，降水量比常年同期增加了一倍。南水北调中线工程移民进入高潮。报纸上的题目《北京一杯水，移民几滴泪》，看了后，我心酸而沉重。在《后望书》的第八、第九章里，我写到了“大调水”和“世纪移民”，提出了“用什么来维系国家和民族的血脉”。一切诚如几年前本书所阐述的那样，南水北调东线工程治污进展缓慢，中线工程计划调水量一减再减，从原规划的年调水 190 亿立方米、2008 年最终调到北京，减少到了年调水 80 多亿立方米，其中往北京调水计划也减少到了不到 10 亿立方米。而且，动工近十年至今仍未实现。——其实，不必舍近求远，如果应急用水要调的话，黄河小浪底水库和周边的一些大型水库，应该没有问题，而且也实施过。

要用移民的眼泪，来换取北京的“一杯水”，实在有些“残酷”，不愿再提。要从千里之外的汉水丹江口调水工程的总投资是多少？每年究竟调多少水？调到北京的水成本是多少？自 2005 年起，沿线一些城市水价因附加“南水北调基金”而潮水般上涨，“调水工程”实际“捆绑”了与“长江水”无关的北方城市的全部用水包括地下水——如同高速公路未建就在所有公路上建站收费一样。如果没有约束机制，这种“附加”收费很可能年复一年地继续下去，推高居民生活和工业生产成本，直接影响物价上涨。

从长远看，如果不着手采取措施恢复北方河流哪怕最低限度生态流量的话，如果跨流域长距离调水成为一种不受约束的模式的话，希图以昂贵的“输液”“点滴”来维系中国的繁荣与发展，将“调”无宁日，汉水之后再从三峡调，三峡之后再从哪里调呢？这极有可能是“庸医”的下策。——其实，调水的成本和水价构成都应该“水落石出”。毕竟，已经进入政务信息公开的时代，调来的南水多少钱一吨，应该不难测算。人们可以比较选择，用不用价格昂贵的调来的水？抑或调整农业结构，用补贴“三农”的办法减少高耗水作物的种植？

也许，解决北京用水有更经济的办法和途径。

北京位于海河五大支流永定河的冲积扇上，有永定河与潮白河两大河流，水资源条件十分优越。北京的年降雨量也堪比巴黎和柏林，还有大量的“客水”流过，原本北京并不缺水——仅永定河上游的集水面积就近5万平方公里，约为浙江省的一半。新中国修建的第一座大型水库北京官厅水库的库容多达40亿立方米便是证明。

此后，党和国家领导人用参加修建十三陵水库的榜样，“吹响”了以兴修水库和大炼钢铁为标志的“大跃进”，短短几年中，千军万马齐动员，永定河上游就修起了250多座水库。——当某项经济建设工程因领袖的带动被赋予政治意义，上升到革命、战斗的层次时，全民发动，人海战术，便有可能完全脱离科学发展与合理规划。无序的建坝、过度的开发，层层拦截之后，官厅水库自建成起便从未蓄满过水，现在更降到了原设计库容量的二十分之一，已经气息奄奄，库底朝天。——其实，短短几年里发生的这种生态灾难式的逆转，又岂止一条永定河呢？

海河断流了，永定河断流也已经三十多年了。洪水没有了，北京缺水严重了。可没有人对此负责。直至今天，也没有人考虑过永定河如何恢复生命、恢复生态流量的大计——报载，北京准备斥资170亿元沿着干涸的河床打造“景观河”，北方大河永定河的历史，也许要掀向它“人工湖”的最后一页了。是啊，人们早已忘记曾有过的滔滔流水，忘记了那一片照耀过千载的“卢沟晓月”。

我在努力追寻并不遥远的历史，还原一段段正在逝去的真实。也许前人无法超越时代的限制，但时至今日，我们需要有直面的勇气，需要科学、智慧和诚实。——仍沿袭旧有的工业化城镇化路径和思维，那么，转变经济增长的方式，实现可持续发展终究会流于口号。终有一天，我们的家园会成资源耗尽、生态环境恶劣的不适宜居住的地方。

新中国成立初，由于受工程技术和财力的限制，“人定胜天”“要高山低头河水让路”说到可能做不到，而现在，科技让“一切皆有可能”，只要想到就完全能够办到。气壮山河的“世界之最”在中国一再被创造出来——如最高的大坝（澜沧江小湾电站292米的高坝）、最大的水电站（三峡电站）、最快的高铁、最高的大楼、城市的连片改造，等等。不说家国情怀，不说前事今生，在这时，还有多少人愿意停下来后望一下，静下来听一听？想一想？——行将毁灭和消失的，有什么是值得珍视的美好风景和事物？

其实，中国曾对“文化大革命”，对思想政治路线进行过认真的反思，这就是1978年开展的“真理标准问题”的讨论，以及“拨乱反正”、平反“冤假错案”，等等。否则，就不会冲破“左”的思想的束缚，不会有改革开放。可是，几十年来，我们并未对经济建设中的重大失误和谬误进行过反思和总结，从未有人对此检讨，承担责任——对一些已被实践证明失败的决策和工程，都没有进行梳理、剖析和总结，以致变得含混涸滤，是非莫辨，以致最后成了湮灭消散的逝事——仿佛我们的城市从来就是高楼林立，千城一面；仿佛中国的河流，从来都是断流干涸，或污黑发臭。巨大利益的推动，没有觉悟的瞬间，缺少精神炎光的照耀，也许是经济建设类似的失误和问题一再重复出现的原因。

在调查、写作和探求答案之间，对未来的信仰成了最后的支柱。在和一些读者座谈时，多次被问及对长江三峡的看法。其实我在本书的最后一节“夜泊奉节”时已有所涉及。不是离别之际的“告别旅游”，1992年春天，在三峡工程在人大通过后不久，我即率第一次“中华环保世纪行”采访团来到长江三峡，调查大坝在建成蓄水后库区可能加剧的生态环境问题，这多少有些不合时宜，需要独立思考和勇气。重庆长江航道分局为我们提供了航道船。满地飞花春已阑，江风山雨更生寒，当我踏上三峡坝址所在地中堡岛时，当地喜气洋洋，满地都是鞭炮后的红纸碎屑。我写了一份新华社内参，提出了三峡库区的生态和水污染治理，引起了国务院领导和国家环境局的重视。——深入思考或许并不是个好习惯，使心有重负，自己也不能轻松快乐地生活。写本书“夜泊奉节”这个章节时，已经是近十年后的冬天了，当时正参与起草政府工作报告，住在北京西边的一个宾馆里。报纸天天送来，满是三峡大坝开始蓄水和爆破清库，千年古城古镇行将湮没的消息，一派欢欣鼓舞。我们个人无足轻重，在重大决策上也无参与和投票表决的机会，但对关系到国家民族发展前途的大事，终究不能冷漠和袖手旁观。所以这个结尾更像是篇散文而不是分析研究文章。——后三峡时期长江中下游水系和生态环境正在发生某些重大变化，似乎无需更长的时间证明，但这同样需要深入科学的分析研究。好在我们已经进入崇尚科学发展观的时代，讨论这些问题不再成为禁忌。

这些年里，我应邀先后在中央党校、北大、上海浦东干部学院讲座，主题是城镇化与文化遗产保护、江河与生态文明等，学员都很有兴趣。感谢读者的厚爱，《后望书》出版后，得到了大家不少鼓励，我满怀感激。在“蓝狮子财经创意中心”和中信出版社诸编辑的支持下，本书有了再版的机会。本来，《后望书》续集的写作可完成，但由于中间插入了《大国医改》的创作，使它拖延了下来。

从20世纪80年代获“萌芽”首届创作荣誉奖之后，我与纯文学已渐行渐远，笔触探及很多领域，历史与现实，学术与文学，后望与前瞻，理想之光的照耀，引领着我艰难地思考和写作。

“究天人之际，通古今之变。”进入新世纪后，科学发展观的真正落实，还有待于扫清思想认识路上的障碍和旧习，有待于对文化思想和系统科学的总体把握。自然科学、经济建设并不拒绝历史、地理和文化，并不拒绝社会科学。社会每前进一步，再回过头来看看历史，总会有新的遗憾、新的理解和新的发现。

朱幼棣

2011年8月26日

序一　为了前瞻的回顾

朱幼棣同志约我为他的新作写序，我没有多思索就答应了，因为我们认识已经多年，对他也是比较了解的。当年他是新华社采访中央新闻和环境保护的记者。他勤于思考，工作认真负责，具有很强的新闻敏感性和社会责任感，写出不少有影响的报道。我们常常就一些生态环境与社会发展问题交换意见。他调到国务院研究室工作后，关心的领域扩大，研究问题深入，视野也更加广阔。

这本书中，相当的篇幅谈到了水。水作为环境要求与生命之源，以其天然的联系，与人类生活乃至文化形成了不解之缘。人类的繁衍、国家的兴衰，都与水息息相关。中华民族几千年来的文明史，就是认识自然不断深化的过程，也是人与水和谐不断探索的过程。

朱幼棣先后采访过淮河、海河、辽河和太湖、白洋淀、滇池等重要河流湖泊的污染治理，也调查过黑河与居延绿洲的生态环境问题。记得那年长江三峡工程动工后不久，他带领“中华环保世纪行”记者团去长江三峡地区，经过认真调查后认为，三峡修建水库后，长江的流速减缓，水净化功能减弱，水污染的反应会加剧，并提出了三峡库区的水污染治理问题。这份建议引起了国务院领导和国家环保总局的重视，为后来建设三峡库区水环境监测系统发挥了积极作用。对黑河与居延绿洲的生态问题调查也取得了积极成果；深入实地的认真调查，又使该问题上升到整个社会和历史发展的层面。对存在的问题与缺憾，进行科学的观照与文化的思考，是本书的重要特色。

当前，中国经济和社会正进入高速发展时期，工业化与城镇化正在全面推进，神州大地发生着翻天覆地的变化。我们面临的机遇与挑战都是前所未有的。人总是有时代局限的，经济发展也受到各种条件的制约。这时候，对半个世纪以来走过的发展与建设道路，做一些回顾是必要的。既要发扬成绩，又要总结经验，吸取教训，对于我们不入歧途，少走弯路，全面落实科学发展观，还是很有好处的。时间的跨度会拉出真实与真理的坐标，为了我们共同的家园，回顾是为了前瞻。因为我们今天所做的一切，又将是明天的历史。

解振华

国家发展改革委员会副主任[1]

[1] 2015年2月起为人口资源委员会副主任。

序二　绝种·绝迹·绝唱

朱幼棣是现代都市硕果仅存的士大夫式的传统知识分子。

他是我当年在新华社时的同事，20世纪90年代初，我刚到新华社工作的时候，他在圈里就已经名重一时了。新华社多桀骜之辈，群人自全国各地啸聚北京，围炉阔论天下，每每面红耳赤，朱幼棣这时总是笑眯眯地躲在一旁，不动声色，到高潮将尽，突然有人提议，“听听老朱的。”他才开口。一开始还会脸红，说了两分钟就从容了，款款道来，自有别一份的见解。当年，他在经济、政治、文化科教及新闻研究所轮番任职，是公认的全才。他写出过很多轰动一时的新闻报道，还是第一个去南极的记者，比万科的王石早了十多年。有一段时间，他担任国内部中央新闻组组长，专跑中央常委这条线，在新华社的传统里，这是一个很崇高而敏感的职位，朱幼棣每天跟在中央领导人的后面东跑西颠，写他们的行踪和指示，当年《人民日报》的头版头条老是“新华社记者朱幼棣报道”。

新华社记者从来游走在传媒与官场之间，更何况是中央新闻组组长。朱幼棣曾经出任北方某省省委办公厅副主任，后来因某种机缘，他被调进中南海，任职于国务院政策研究室，当上了一个高级幕僚。从此，“朱记者”不见，出现了一个天天搞调研、写报告的“朱司长”。

不过，这都不足以描述出一个完整的朱幼棣，或者说只是朱幼棣的小部分。他是我见过的最有学识和文化气质的公共知识分子之一，好古敏思，谦谦君子，有名士风。在某种意义上，他生错了时代。

他是浙江黄岩人，毕业于山东大学中文系，早年搞过地质和技术，背着笨重的测量仪表跑了不少地方，这让他成了一个历史地理痴迷者。在其后的30

年里，朱幼棣的足迹几乎踏遍了中国所有稍有点名气的大河山脉，有一次我陪他去浙江省安吉县，他说我要去某某关，当年岳飞打金兵就是从这里北上的，当地官吏无人知晓，后来按他指的方向驱车前往，问当地老农民，果然有这么一个古地方存在，众人愕然。1992年，他在新华社总部当班，西北记者发来一篇新闻稿，称沙尘暴突袭某地。朱幼棣一看，突然拍案惊呼："莫非居延海已经干涸？"数月后，他坐着一辆老旧的白色伏尔加行遍河西走廊各个绿洲、城镇和河流，果然第一次证实了这个事实。朱幼棣算得上是当今中国顶尖级的历史地理学者，跟他谈论此类话题，就好像是在他家后花园里漫步，典故与现状随口道来，是一种难得的享受。他曾经很骄傲地对我说，他所有对中国地理的认识，一小半是从古书中得来的，一大半则是用脚跑出来的。他还是中国最好的环保和水利专家之一，1995年还曾获得首届"地球奖"。前些年，有人提倡"南水北调工程"，朱幼棣对此颇不以为然。某次，在国家软科学选题会议上，朱幼棣一边算账一边论证，讲得一些专家无言以对。他在文章中写道："多年以来，没有人对大型水库立项、建设施工，直至建成运行后的自然和生态环境影响进行评估和跟踪监测。即使对工程的投入与产出，也未进行科学的经济评价。当代水利工程，常常展露出一种难堪的窘迫和反科学的性质。为什么人和自然的关系，人与水资源、河流的关系，上游与下游的关系，不是走向和谐而是日趋紧张？"他进而评论说："任何一项重大工程的决策，中间反反复复，曲曲折折，难以尽述，但在关键处、转折处，又常显仓促、紧迫与窘迫。因此，真正需要回顾、研究和分析的，是人们习以为常的决策的流程。"

对历史、地理及时政的了然于胸，使得朱幼棣的很多观察和笔触，显出绝无仅有的冷静与苍凉，他曾在已然消失的潼关古城楼前喟叹曰："中国的政治中心曾长久在长安和洛阳之间游移摆动，在其之间，潼关就是肩挑两京、力压千钧的支点。在这里，大大小小发生过数百次战争，其中影响到整个中国命运的即达60多次，如三国马超大战曹操、唐代安禄山与哥舒翰之战、黄巢起义军攻占潼关、明代李自成与明军的决死之战——就是这个被康熙帝惊叹为'天下第一城'、被《山海关志》许为'畿内之险，惟潼关与山海关为首称'的地方，在20世纪60年代，因修建三门峡水库而拆掉了潼关古城，千年旧城迁毁殆尽。但是，事实上，当年专家所设计的蓄水水位从来没有到达和淹没过潼关城，也就是说，根本没有必要拆掉潼关旧城！一个恶作剧般的误判毁掉了'中原第一关'。"读到这些文字，你仿佛嗅到了历史的硝烟与荒诞。

我说朱幼棣"生错时代"，是因为像他这样的文人实在已经罕见了。他讷言害羞，为人厚道，爱好及学识之广博宛若文艺复兴时期的"大百科全书"学派。他的文字之优雅，每每让人惊叹。他还写得一手潇洒的毛笔字。他甚至是一个珠宝鉴赏家，居然还专门写过一本关于宝石的书。这样的人，现在很少了，以后估计也将"绝种"。

回头再说这本《后望书》。

三年前，他将新写的几篇历史地理散文给我，读罢十分感慨。我便怂恿说，你为什么不把这些文字结集出书呢？老朱居然心动，日积月累，终成此集。书中照片大多都是他亲手拍得，传至我处，才知他原来还是一个准专业级的摄影家。书名多费心思，最终定为《后望书》，其意彷徨，一言难尽。

中国知识分子的人生，大多操之人手而不能自主。所谓"无事袖手谈性情，有难一死报君王"，家国天下的济世情怀，从来激越而无奈地荡漾在每一代的庙堂江湖之中。朱幼棣自然也逃不出他那一代人的宿命，与众不同的是，他别开洞天，为自己构筑了另外一个叙述和瞭望的空间。现在印出来的这本《后望书》，便是一份很独特的纪念。

一个行将"绝种"的文人，记下数段行将绝迹的风景，留下行将绝唱的浩叹，这大抵就是《后望书》了。

吴晓波

蓝狮子出版人、著名财经作家

我们个人无足轻重，在重大决策上也无参与和投票表决的机会，但对关系到国家民族发展前途的大事，终究不能冷漠和袖手旁观。

潼关城内古巷

一 三门峡：无水的淹没

在很长一段时间里，三门峡大坝是现代水利乃至新中国的标志性工程。

这个工程的得失成败不仅引起了长达几十年的争议，更事关千万人的命运——至今，它仍然是个敏感而沉重的话题。有的说它保证了黄河中下游平原的岁岁平安，有的说它造成了渭河与关中平原的灾难。这是一个时代复杂而多解的命题。

能不能换一个视角？找出一个没有异议的题目？

三门峡水库的正常高水位被定为360米，按照这个水位，附近的陕州古城、潼关老城、蒲州以及方圆百里的村庄均要沉没于水库之下。数十万百姓被迫迁出世代居住的家园。可后来，实际蓄水还未达到原来规划的水位，就威胁到关中平原的安全，被迫降低，大量良田并未被淹没，上述古城也没有沉入水库。但居民已迁，弃城荒凉，竟造成了“无水的淹没和毁灭”。

——这20世纪含泪的荒诞，遗留至今的满目废墟和无数悲剧，应该写进教科书里的无知与愚昧，难道就没有重提的必要？

01　潼关：天下第一关的毁灭

踏在古潼关城内，心陡然起了波澜。

潼关不仅仅是中国西部的大门，更是过去通向今天和未来的必经之路。寻找本身便是一种信仰。今天，在西部开发、水电开发一再升温的时候，寂寞的潼关，黄河边上一座荒凉的城，能告诉我们什么呢？

千百年来，黄河滔天的巨浪未曾撼动这“天下第一关”。但现在，潼关已经被抹去，成了一片废墟。

多少回，我们错过了这个地方，好像它从未存在过一般。

今天的潼关县城绝对是个没有特色的大镇——50年前它是一个叫做吴村的地方，与雄关险隘毫不相关。陇海线上的普客列车，在这里仅停靠几分钟。空空的街边上有一些店铺。烈日暴晒着，行人也很寥落。偶尔有一辆汽车高声鸣着喇叭驰过，卷起飞扬的尘土。还有毛驴不紧不慢地拉车，晃荡晃荡，赶车人的帽檐压得低低的，手中的鞭无精打采地晃动。

不，这不是我想象中的巍巍潼关！不是历史深处金戈铁马的潼关！

毛驴车走远了，街两边晒蔫了的梧桐叶子低垂着。

“你想去老潼关？”

“是的。还有风陵渡。”

“那儿可没有什么了。”年轻的副县长白白净净，不解地摇头。

“有没有遗址，古城的遗址？”

渭河、泾河在泮关附近汇入黄河

“有还是有一些，只是很少有旅游的人去，也没什么好风景。”

我说，我不是来观光旅游的。

“县委有个副书记，他对老潼关有研究，能讲清楚情况，请他陪你去吧。好在路不太远。”副县长说。

就这样，我走上了向北面急剧倾斜的路。一个转弯接一个转弯，我们渐渐从秦岭与黄河间比较平坦的塬上进入了谷地。最先映入眼帘的是耸立在山冈上的烽火台。山上长着一些稀疏的灌木，烽火台没有在西北大漠中看到的那样壮观，但在斜阳的辉映中，蓝天上烽火台的剪影仍有抹不去的沧桑感。历史，开始活起来了。

车停住了。终于，我们来到了破败的老潼关，从南门走入荒草凄迷的城内。

潼关南街清代建筑

这是中国北方大风景的结点。

黄河和渭河、洛河在这里合流。华山、中条山和黄土高原，最壮丽的地貌在这里汇聚。北方蜿蜒而来的大河，怒吼着冲出秦晋大峡谷，以 90 度大拐弯的雄姿，蓦然东去。

我仿佛听见了咆哮的水声，还有自己擂鼓一般的心跳。

不同于山海关、八达岭、居庸关和嘉峪关等如今被辟为旅游景区的地方，不管是搭飞机，还是乘火车和长途汽车，潼关都是非常容易被忽略的。

然而，从 1983 年深秋，我第一次到西北采访时起，潼关就始终是我牵挂的地方。

潼关之名源于穿城而过的河流。

《水经注》载："河在关内南流潼激关山，因谓之潼关。"潼关的水关残址还留有三孔石拱，我下到河谷察看，正是雨后，河深水急。

潼关始建于东汉，经过历代大规模的扩建修葺，20世纪50年代留存的是典型的明城。潼关城南据连山，北限大河，选址巧妙，奇险无比。古城墙东南在群山上蜿蜒起伏，有八达岭长城的风貌，北段则在滔滔黄河边巍然屹立，雄伟壮观。

雄才大略的唐太宗李世民，多次称赞潼关"襟带壮两京"。

1703年10月，康熙皇帝视察"大河上下"，从山西乘船过黄河至风陵渡进入潼关，仰望巍然的古城墙，惊叹不已。在行宫住下后，即作《渡黄河潼关驻跸》诗一首，称潼关为"天下第一城"。

古潼关门户金陡关横额上，有清乾隆帝手书"第一关"三个大字。我翻阅过《山海关志》，其中有："畿内之险，惟潼关与山海关为首称。"

因此可见，中国的"天下第一关"不是一座，而是双峰并峙，即潼关与山海关两座。在中国的历史上，潼关更加久远，位置也更加重要。

可能我们已经淡忘，高峻的秦岭和滔滔的黄河，曾一再把中国历史逼到了这狭窄的通道上。

赶考的书生、被放逐的官吏、逃难的百姓，磕磕绊绊，不绝如缕地从潼关道上迤逦走过。当然，还有士兵和将军、帝王与后妃，以及反叛者与造反者——中国的政治和统治中心曾长久地在中原与关中，在长安与洛阳、开封间游移摆动。如同天平，潼关城是肩挑两京、力压千钧的支点。

围绕古潼关的争夺，大大小小发生过数百次战争，像安禄山与哥舒翰之战、黄巢起义军攻占潼关等。抗日战争中，中国军队也在潼关风陵渡隔黄河与日本侵略军相峙。

危墙耸青山，塞垣限大河，菰蒲零乱秋声咽，人间兴亡有几度。

潼关内外，文物古迹遍地。

副书记指着一个大树桩说，三国时马超率西凉兵大战曹操，《三国演义》

潼关南街土埋了一半的骑楼。
2004 年我再去时已被拆除。

中曹操割须弃袍的故事就发生在这里。马超策马追杀曹操，曹操绕着槐树转，马超一枪刺到树上拔不出来，曹操得以逃脱。老槐树在“文革”时被砍掉了，可惜啊。唐代安史之乱，安禄山一路势如破竹，直逼潼关城下。哥舒翰是西北名将，只是手下的兵士多为从长安临时征召来的市井之徒，没有战斗力。潼关险要，本来可以固守待援，而奸相杨国忠非要哥舒翰打开城门主动出击，结果大败。潼关陷落，关中也无险可守。消息传来，唐明皇闻之色变，立即带着杨贵妃匆匆逃离长安。那边是李自成与洪承畴大战过的潼关南原，战败后，闯王几乎全军覆没，只有十余骑逃进南山。

……

听着这些“故事”，历史的黄卷哗哗地翻得飞快。一切都如在眼前，过去了几百年上千年，我又觉得实在没有走出去多远。有些直接连接巨大的命题，而潼关，也许是开启的钥匙。

我说，去看看旧城的老街吧。

到处弥漫着黄土飞尘。浮土把过街的门楼埋了一半，道上污水横流。

我来到了城南的水坡巷。水坡巷位于印台山和麒麟山之间，地势稍高。当初一些居民不肯迁出，所以较多地保存了古城建筑的风貌。这里现存一些明代建筑，水坡巷中居民当年多为官宦人家，院落清幽古朴，宅第高敞，水磨青砖的影壁保存完好。住在这些古老民宅里的，也多是老人。

我踏进一个院子。主人说，他们在此居住已经有 7 代了，祖上来自江苏，曾任潼关卫指挥，后来就定居在此地。我一抬头，看见在老屋高高的雕花梁上，有一个小小的燕窝。那里传来呢喃的燕语。想起“旧时王谢堂前燕，飞入寻常百姓家”的诗句，不禁感慨良久。

东大街和西大街是当年最繁华的地方，如今毁坏得也最严重。断壁残垣，耸立在夕照之中。只有为数不多的老房子，依然可以看出往日市街风情。又走进一户人家，有三个年逾古稀的老人坐在小竹椅上。我问，家里还有哪些人？老人感叹，搬走了，旧城已如同村野，青年人谁还愿待在这里呢？走了几户人家，大抵相似，不禁怅然。

变化最大的要数潼关的西门外了。

20 世纪 50 年代初，这里有一条通向黄河渡口的长街。佛塔高耸，店铺林立，商贾如云，行人摩肩接踵，是晋、陕、豫三省边界最繁华的地方。西门外还有座子城，即清代驻兵的满城。

我在毫无准备中，踏入了这片让人心惊的残破与荒凉。

潼关西门完全被拆毁了，只有城垣还断断续续地起伏着，马道的石间长着稀疏的茅草。西门城楼十几年前坍塌。昔日市街，成了青葱的麦田。只有阡陌之间，时时可见一堆堆残砖碎瓦。

我拨开没膝的荒草，登上高高城墙。

北眺黄河，怅望四野，宁静、苍凉而优美。

黄河虽有九十九弯之说，唯有此弯水流最急、水量最大。

古人有大的智慧。历代潼关的知县、总兵，不管文官、武将，都懂水文水

高速公路分割了潼关古城墙遗址

利，是治水的专家。潼关紧挨黄河，关城与黄河没有多少高差，千百年来城墙竟从未垮塌，潼关从未被淹过。北城墙的基础是用巨大条石砌成的。雨季，黄河水涨，波涛汹涌，城墙就成了大堤。

潼关城的选址，正是基于对自然规律、黄河水文和河水流量变化的深刻认识。潼关河谷狭窄，黄河河床主槽汛期冲刷下降，流量加大，枯水季节回淤升高。人、古城和大河，在这里奇迹般保持了协调和动态的平衡。

风景在奔涌狂放的大河与山峦的影像中复活。

现在社会上的人，在墙上胡乱涂抹的大多是小广告或者下作的语言。古人题诗可是真的在粉壁上挥毫，是很有文化的。唐代诗人崔颢的《题黄鹤楼》是千古流传的名篇。逆旅潼关时，崔颢夜晚曾到驿馆南边繁华的西街上游逛，听听各地商贾乃至胡商的话语，买点小吃喝盅茶，南腔北调，使他感到无比亲切。崔颢回到驿馆后，挥笔写下《题潼关楼》，其诗灵动而神采飞扬：

山势雄三辅，关门扼九州；
川从陕路去，河绕华阴流。

唐诗故事中，诸诗人皆在黄鹤楼上题诗，有一点同题小说或作文大赛的味道。——当年李白云游到黄鹤楼，欲要题诗，喟然长叹："眼前有景道不得，崔颢题诗在上头。"像李白这样的大家，也只好摇头搁笔。

潼关是一座诗城。不比黄鹤楼，潼关是一座城，还有雄关古道，高山大河，可写的题材丰富，古往今来，留下的名篇十分可观，如果一一整理出来，可以出一本诗集。

黄鹤楼毁了可以再建。

可是，潼关呢，是谁毁灭的？又为了什么？能不能重建？

在唐代繁华至极的新疆交河，如今仅存依稀可辨的断墙颓垣。趁潼关这座当代交河尚有残迹可考的时候，我写下了一些研究笔记。

姚雪垠自述写作长篇历史小说《李自成》时，曾经过周密的考证。他的小说开篇就是"潼关大战"。他说，"小而险要的潼关城"，"没有北门，只有东门、西门、南门和上南门"。我去潼关前，又翻了翻这部书。如果没有北门，从风陵渡上岸后如何进城？到实地一看，出入太大——这不能不使我对他"周密考证"的真实性产生怀疑。

古潼关其实有九大关楼。形状和朝向奇特的瓮城、城门、箭楼，成了潼关古城的一大特色。

东门朝东北，东门外的大路从黄河边和高崖下通过。西门向南，南门向东南，都是依据独特地势特别设计的。潼关是有北门的，只是潼关的北门向西北，在北水关附近。我出了北门，便看到了黄河最古老的渡口风陵渡。那里有一间小店，我和小店老板聊了一会儿。生意很清淡，渡口空旷无人。

我不能不惊讶于古代建筑师的智慧。潼关北门依据地势的独特设计，增大了对攻城军队的射杀范围，同时又使敌人无法在狭小的门前三角地带大量集结——如果北门尚存，在这里眺望黄河，该是多好的风景啊！

潼关城北靠黄河天险，环城东南三面皆依山高筑，使敌军无法形成合围。潼关不同于其他古城，城内不仅有繁荣的市街和店铺，还有田园景致。穿城而过的潼河提供了充足的水源，有成片肥沃的军田生产小麦、谷子，城市即使被围困，也不会陷入弹尽粮绝的境地。

最为奇特的恐怕要数乾隆题写“第一关”的金陡关了。

金陡关不在潼关城，而在潼关城东三里处，是一座砖筑的高大孤立的城堡。它的北面是滔滔黄河，南面是高耸的牛头塬，进潼关的大路就从这里通过，为潼关的门户。入“第一关”后始见潼关东门。进潼关的大路被挤在高塬与黄河之间，而且地形极险，道路狭窄，“仅容单车”——这也是出于军事上的需要。这条险路长达五里，被称为“五里暗门”，易于伏兵。唐代诗人杜甫曾在《潼关吏》中这样描述潼关东门外的险要：“丈人视要处，窄狭容单车。艰难奋长戟，万古用一夫。”——潼关古城确实是我国古代的建筑和军事艺术的结晶。

那位县委副书记说，他有多次机会升迁，但实在不愿离开古潼关，他一生的心愿就是想修复潼关古城。破坏一座古城只要几年，修复可能要十几年、几十年，也可能根本没人重视，修不起来。而有的，可能已经永远失去了。像马超刺曹槐，砍伐后只留下一个树桩，像一个历史的句号。

根据《中国历史军事地理要览》记载：“古潼关关城历经宋、元、明、清乃至民国的修葺，基本保留完好。新中国成立后因修建三门峡水库拆掉潼关城楼，现在还留有土垣，关左有新建的黄河铁桥。”

古潼关的废弃与毁灭，是三门峡大坝控制水位工程决策和设计失误直接造成的。

三门峡水库是黄河干流上修建的第一座大型水利枢纽。潼关距三门峡大坝113.5公里。我想，为了“黄河安澜，国泰民安”，毁古城真的是修三门峡必

历史上有名的风陵渡

须付出的代价，那也罢了。可事实是，三门峡蓄水后的水位，从来没有到达和淹没过潼关城！——这完全是一个误判，一个杞人忧天式的大败笔。

1954 年 1 月，苏联电站部派出以列宁格勒水电设计分院专家为主的苏联专家组，帮助中国制定治理和开发黄河规划。

同年 4 月，水利部成立了黄河规划委员会，10 月完成了《黄河综合利用规划技术经济报告》，确定三门峡水库正常高水位 350 米。

1956 年，苏联列宁格勒水电设计分院提交了《三门峡水利枢纽工程初步设计要点报告》，将水位在 350 米的基础上提高到 360 米，库区淹没农田面积由 200 万亩增加到 325 万亩，移民由 58.4 万人增加到 87 万人，陕西省的损失不能不说惨重。

1957 年至 1962 年大坝施工完成。第一台 15 万千瓦发电机组投入运行。

潼关水关遗址外景

施工完成当年，当库水位为 332.5 米时，黄河流量为 2000 秒立方。黄河水受到拦截后，在水库底部造成回水顶托，流速减缓，泥沙沉降，在渭河口形成“拦门沙”。渭河入黄河的堑口抬高，河底淤积的渭河成了悬河，一场大雨后，渭河淹没农田 25 万亩。水库水位还未达到 340 米时，就出现了严重问题，三门

潼关水关

峡不得不开闸泄洪，降低水位，同时大坝开始改建。

1969 年，三门峡开始第二次改建工程。国务院批准的《三门峡工程改建方案的意见》，当时定的标准是，“非汛期水位 310 米”。

从最初设计 350 米，抬高到 360 米，以后又降到 310 米——尽管这个标准

潼关古城马道遗址

后来也未被认真执行，据说现在非汛期是318米。三门峡电站从计划的高水头改为低水头发电。

——芸芸专家搞的360米的“虚高水位”，是留在历史和科学发展长河上的虚假刻度。它造成的水文，可能还有政治、经济、文化方面的损失和灾难，不应该在今天水落石出吗?

出潼关北城门便是风陵渡，黄河浩浩荡荡。

两只破船斜斜地搁在空旷的河滩上。

再往西走不多远，是黄河急转弯处，滚滚黄水，在这里兼纳渭河与洛河，形成了黄河上独有的三河交汇的奇景，令人叹为观止。这位副书记称这里是万里黄河游览的最佳地点是有道理的。不到潼关，确实感受不到黄河的雄伟与壮丽。

落日如轮，脚下是火焰一般跃动的草滩。

对岸是黄土高原和暮色里隐现铁青色的中条山。

黄河冲出晋陕大峡谷，从北方迎面而来，直奔脚下，在城下蓦然掉头东去，形成小于90度的锐角。涌浪迸裂，涛声如雷，使人倍感大河一泻千里的博大气势。西边天际的洛河与渭水，弦丝一般闪着柔光。黄河与渭河的滩地上，有鸟群飞鸣翔集，风老莺雏，深绿浅绿中常见白羽一片。这里已成为鸟类自然保护区。

我们无法读尽每一条相关的史料，也无法穷究和抚平每一道历史的伤痕。一再寻访，也只是表达对这片土地、这座当代“庞贝”古城的情感。

时隔十多年后的2004年夏天，我带着在北航上学的女儿，经蒲州遗址，再次来到潼关故城。我们攀缘下到了冲沟，考察仅存的水关遗址。这里已经完全成了一条“原生态”的河流了，阳光在草叶上跳跃，关门在蓝天下勾出了美丽的弧线。女儿敏捷，爬得比我快，走得比我远。我对她说，从这个角度望望古城水关，完全不同于以往“向前看”的习惯定式，会对我们自身多一分理解和认识。

原先明清风貌尚存的潼关南街，刚刚“旧城改造”完毕，已经人似物非。十多年前我见到的一座过街骑楼，刚刚拆毁，那时拍下的照片是仅存的记忆了。我们沿着古城墙上的马道，登上了潼关西门遗址。北边是滔滔黄河，西望是巍

三门峡水库内已经淤成了草原，河还是那条河。

巍华山。而眼前，新修建的高速公路，从潼关故城北部劈过。更令人扼腕痛惜的是，在古城墙保留较完整的西关内，竟建起了高速公路的蝶形立交桥——残破的更加残破，恢复潼关古城已经完全不可能了。我没有再去找上次陪我的县委副书记，他或许已经从岗位上退下来了。

现在山海关成了国内外旅游的热点，一年四季游人如织，而潼关同是“天下第一关”已鲜有人知。如果潼关不曾毁城，如果潼关和西安、秦兵马俑、西岳华山连成了一条旅游热线，该是一幅怎样的景象！

黄河依然，水势浩浩。我在黄河边伫立，狂风扑面，胸中升起一种苍凉无奈的情绪。

长河落日，古城变迁，人世沧桑，只有大自然永存。

一首杜甫的诗，潼关便永远活着。

02 寻找峡谷与陕州

因修建三门峡水库拆毁的县城有五座，其中多数是因虚高的水位线，是被现世的建设热情、大干快上的河“干淹”的。

人们都知道陕西。

陕西省名的由来是什么？

古代“陕”字通“狭”，通“峡”。黄河在中条山和邙山、华山间形成的大峡谷中蜿蜒流过，这里自古以来为中国东部与西部的要隘驿道。陕西即地处黄河峡谷以西。

你可以不爱这穷山恶水，但对这片土地你不能不怀有敬意，你不能有任何轻慢。这里是中华民族的发源地之一。从三门峡到禹门口，有多少自然和人文景观，有多少文物古迹。

公元前五六千年前，人类祖先的居住与生活就与河相伴。公元前两千多年，这里就是夏商王朝统治的中心区域。公元前390年，秦国在这里置陕县，即后来的陕州。

陕州古城始建于西汉景帝年间，至今已有两千多年。其城址在现在三门峡市区西端三公里处。这座濒临黄河的城池，地势险要，规模很大，景致极佳。古代就有“四面环山三面水，半城烟树半城田”之说。据说周文王之弟召公曾受封此邑，教民于甘棠树下，民感其德，建祠纪念，所以陕州又称“甘棠旧治”。这可是一幅格调高逸的油画——黄河、甘棠古树与一座城市，真是和谐的组合。

“甘棠旧治”，不再是水利或者文化的概念，而是组成民族基因的一部分。

通过对这些基因的研究，可以追溯我们来自何处。

历史上有名的夏商征战、周召分陕、假虞灭虢、秦晋之战等，无不见证于陕州古城。这里历代兵事频繁，城池多次被毁，又多次重建，一直是州郡和县治的所在地。由于地处进出中原的咽喉地带，为兵家必争之地，各个朝代都派能员干将治理。城西是太阳渡，城北是万锦滩。城内有羊角山，还有钟鼓楼、宝轮寺、文庙、禹庙、召公祠、石牌坊，以及大量明清时期的古民居。

兀然耸立在黄河之滨的宝轮寺三圣舍利宝塔，是陕州老城东南隅仅存的“标志”。

陕州古城遗址上的明代牌坊

宝轮寺始建于唐代，塔为金大定十七年（公元1177年）造，距今已有八百多年。此塔平面方形，共13层，高26.7米，外形仿照唐制，内部结构则承袭宋塔的建造方法，是融合唐宋密檐式塔和楼阁式塔的艺术特点和结构方法，而创造出的一种新的塔式。塔内有塔心室和砖砌梯道可以登临眺望。宝轮寺塔与蒲州的莺莺塔，同是我国四大回音建筑，有极高的研究价值。

与长江三峡中被三峡工程淹没的古城奉节相仿，陕州也是一座诗城，可以说，是“唐诗之路”的一个起点。

中国古代官员多作家诗人，其文化素质之高、人文精神之盛在世界各国无

三门峡母亲石本立在水边，
现已经在耕地中央。

出其右。当他们踏上通往京城帝都之路时，一扫旅途劳顿，诗情如潮涌流。无论春花还是秋月，无论骑驴还是摆渡，无论愁苦还是喜悦，都能入画赋诗。

唐太宗李世民春日游历陕州，迥望原野河川烟霞村树，即信笔写下了《陕州咏》。后来韩愈、杜甫、柳公权、白居易、李商隐、刘禹锡、杜牧，以及宋代的司马光、王安石等都先后游三门峡，走栈道，过陕州。唐西台侍郎上官仪、昭容上官婉儿的故居在城东北隅的上官巷。杜甫的名篇《石壕吏》即写于潼关至陕州间的石壕村。

1960年，三门峡水库大坝蓄水，陕州倾城居民搬迁，古城属于“清库”之列，

房屋全面被毁，繁华的市井顿时变成了一片空旷无人之地，唯有狐兔出没。

近年，想起要搞旅游，记起陕州城其实从未沉入过水底，遗址尚在，于是重新被辟为风景区，修复古塔、石牌坊。依稀可辨的古城轮廓和残址，展示着一种鲜烈的美，默默地诉说着苦难沧桑。目睹此情此景，不禁使人感极而悲。现代中外水利“大师”们，就没有一点自责与愧悔吗?

人们已习惯于沉默。

眼瞳已习惯高楼与大坝的“雄姿”。

我想告诉你黄河峡谷中曾有另一种自然地貌和人文景观——

从西奔来的黄河，至三门峡突然收窄，两岸石壁夹峙，河中石岛屹立，岛上有大禹跃马的清晰蹄印。两石岛把大河水流劈成三支，形成人门、神门和鬼门三个峡谷，相传这是大禹治水时用神斧劈出的。黄水奔腾咆哮，冲出峡谷。

迴望四周，还有古栈道、庙宇、碑刻等。黄河南岸为高庙乡，可见过去曾有宏大的古建筑群。

1952年，中国从苏联请来专家组，帮助规划黄河治理。遗憾的是苏联专家为水工专家，主要是搞水利工程的，他们擅长修建坚固的水坝，但对整个河流的治理并不擅长。当时，苏联专家随手一指，对随同的中国同行说：“三门峡是个难得的好坝址！”中国水利专家也频频点头认同。

没有人说三门峡是黄河上最壮观的奇景，是最好的旅游景区。除了云集的水利专家，对如此重大的工程考察和论证时，其他学科专家竟无一席之地。“老大哥”不懂中国的历史，不懂中国的文化，不能苛求。难道那些学富五车的中国专家学者也不懂吗?

在三门下游400米处，又有石岛三座，其中一名砥柱石，河水至此，激起巨浪——“中流砥柱”由此而来。是谁，彻底毁灭了我们民族母亲河中的“中流砥柱”?

三门峡景观完全可以列入世界自然遗产。

这是又一本大账和小账。

陕州古城遗址上唐代宝轮寺塔

三门高坝，塔吊是用来清理漂浮物的。

三门峡水利枢纽管理局的一位领导算了这样一笔账：“我是站在国家的利益看这件事的。三门峡从 1973 年开始发电，已发了 300 亿度的电量、20 多亿元的产值，当然国家投入的 6 亿元多早已收回。从对下游的防洪、防凌、供水、灌溉的功能看，它的价值超过 300 亿元。”

其实账并不难算。不用计算机，有一个算盘即可。

如果三门峡景观与中流砥柱还在，其旅游经济效益，就会超过今天的三门峡工程的经济收益。如三门峡景区一年游客按 100 万人计算，人均门票 100 元，一年就是 1 亿的收入，而且还可以永续利用。

因此，即使建三门峡工程的理由充分，意义重大，决策没有任何失误，水库非建不可，但是为什么对三门峡奇观的本身价值视而不见？为何不能把坝址西移？甚至大坝设计时只要挪开几公里——几公里又能增加多少造价——就能使黄水咆哮过三门的奇景得以保存！

因此，我又不免想起，一些声称“算大账”的人，有战略眼光、向前看的人，无须遮掩，其实还是目光如豆啊。

即使大的项目，伟大的工程，也往往细节决定成败。

03　永远消失的唐中都

三门峡水库的败笔远不止于此。

让我们溯黄河而上，走得更远一些，去寻找和潼关、陕州同遭浩劫的蒲州古城吧。

这几乎是无人不晓的王之焕的诗：“白日依山尽，黄河入海流。欲穷千里目，更上一层楼。”

历史上的鹳雀楼建在蒲州城边。一首诗，成就了一个著名诗人。一首诗，定格了一座名楼——这就是蒲州在中国文化史上的坐标。

在上中学时，便知道横贯山西的“同蒲铁路”。同是大同，晋北的煤都；蒲就是黄河边上的蒲州。但后来，出版的地图上再也找不到蒲州了。

蒲州城是怎样被抹去的？

让我们先来看一看两位日本学者写的《山西古迹志》上的一段文字：

“蒲州是山西省西南隅的黄河大转弯处发展起来的城市，县名永济。所谓蒲州，是清代以前以此县为中心统辖着邻近五县的府名。这里南距黄河大转弯处约二十公里。在中条山脉北侧，位于中条山脉所构成的盆地的西端。”

“进入汾水流域，可以由此窥视平阳和太原。如果想要从北方进据中原，这里也是必须首先要占据的要地。”

“黄河和渭水文化是首先进入这里再渐渐北上的。这里被视为中国文明的发祥地之一也是有其道理的。传说帝舜以前在这里建都，尧也在这一带活动过。帝舜烧造陶器的所谓‘陶器’和他从事耕作的历山，也从很早以来被认为是在此地。”

1940年，水野清一和日比野丈夫还是年轻的学者，随侵华日军穿过连天的风雪与战火，在日军刺刀的保护下窜至山西考察。1941年元旦那天，抵达蒲州，在枯草丛中隔河窥望了风陵渡与潼关城。滚滚的黄浪永远令这两个日本人畏惧。这片焦黄、广阔土地上的村镇、城市和人民是永远不能征服的。

这两个日本人当年肯定还有其他目的，就是为侵略战争服务。这从他们对蒲州的战略军事定位就可以看出。

但值得尊敬的是，战败后，他们一直没有中断对带回的大量资料的研究。考察山西17年后，即1956年，《山西古迹志》在日本文部省的资助下在日本出版。

他们为什么能“脱胎”成为名副其实的学者？是执著于中国河东这片土地上的历史古迹和文化，以及对它的反省与回望？

今天，读着这两个日本人写下的文字，我还是深深地、沉重地感慨。《山西古迹志》在日本出版的时候，当时正值三门峡水库进入决策阶段，红笔圈入了潼关、蒲州、朝邑、陕州等沿黄古城。次年4月，三门峡水库正式动工。现在，我寻找与千年古城相关的资料时，还不得不买来这本书。

写到这里，真是百感交集。

盛夏，汽车在河东的原野上疾驰。永济县是因普救寺、《西厢记》、张生、崔莺莺与红娘闻名的地方。普救寺在导游的小册子中被称为“爱情圣地”。此外，还有近年来重建的鹳雀楼。

普救寺、鹳雀楼、蒲津渡和蒲州古城的地理方位，在我的心中早已记得娴熟。当公路边掠过几个大土墩和一大片水湾时，我的眼前顿时一亮，连喊：“停！停！”

我下车大步奔去，果然是蒲州古城址。那一大片水洼即护城河。照相、观察和记录城墙的夯土、高度与宽度。我找到了立在此处的全国重点文物保护单

唐中都东门瓮城遗址：蒲州城门，仍在远处注视着世人。

位“蒲州故城”的石碑。

我总觉得一个人的兴趣、关注、知识和执著，与职业和所学的专业无关。今天的我是一个政府官员，不再是技术员和记者，奔波数千里，就是为了求证一段今人毫不感兴趣的真实吗？

但我觉得还是应该写出来。

蒲州城始建于元魏时期。春秋时属魏，其城濒临黄河，“控据束水，山川会要”，西卫京师，东保三晋，历代为兵家必争。唐代与古都西安、洛阳齐名。唐朝的行政建制中，府是一个特别的概念，即中央直辖政区。唐开元元年，升首都雍州（即今天的西安）为京兆府、东都洛阳为河南府。唐开元九年（公元721年）升蒲州置河中府。两年后，即开元十一年（公元723年），升并州置太原府。至此，唐代形成了西京（长安）、东京（洛阳）、北京（太原）和中都（蒲州）的格局，直至安史之乱以后。蒲州的地位极其重要，首任府尹姜师度由皇上直接任命。著名政治家和书法家颜真卿安史之乱后也曾任蒲州太守。

我在古城废墟边青葱的麦田中走着，对照着《山西古迹志》中的照片，研究蒲州城的形制与规模。据记载，蒲州原有大城和子城，大城周围20里。我认定这个大土城的遗址，应该是位于蒲州城东的子城遗存。

纵目眺望，天地一片寥廓。

宋代在此设河中府河东郡护国军节度。金末，元军进攻中原，大军压境下，金主完颜迁都蒲州死守。蒙古骑兵攻占了山西的平阳、绛州和陕西渭南后，多次攻打蒲州，展开惨烈的反复争夺。1231年，元太宗亲自率军来攻，金守将因兵力不足，退守城内子城，而元人则建起200尺高的松楼，并挖地道百条，全力进攻。无限辉煌的鹳雀楼就在此时毁于战火。明代，蒲州城重建，但规模小得多，周围约8里。但城内已经恢复了往日的繁华，“有七庙、二府、二署、二治、二楼”，有文庙、玄武庙等著名建筑。

古代，位于河东要津蒲州的文化和商业一样昌盛繁荣，千年不绝。捡一两残碑断片便可证明。

名重天下的《张黑女墓志》是我临写过多遍的魏碑。此碑为北魏普泰元年（公元531年）刻，原石已不知所在，传世仅一原拓孤本。从志文看，出土地点就在蒲坂。北朝的刻石书法，以奇肆雄强、古拙质朴的风格为主调，《张黑女墓志》却是难得的清丽秀美，艺术上融灵秀与古朴为一体。清道光年间，著名书法家何绍基得《张黑女墓志》于山东济南，爱不释手。清末著名收藏家和书法家为这一拓本一跋再跋，推崇备至。此外，蒲州还出土过唐代大书法家李邕的《李元靖碑》。这些都是书法史上的名篇。

蒲州城西紧临黄河，与陕西的朝邑古城隔黄河相望。

黄河出禹门口后，河床展宽。水流经常摆动。“十年河东，十年河西”，即指这里。隔河的朝邑，也有1400多年的历史。历史上曾名河西县，也有众多的文物古迹，如隋长喜宫遗址、唐代金龙高塔，等等。

国际排洪委员会荣誉主席巴特·舒尔茨（Bart Schuitz）说：“洪水管理的另一个重要方面，就是浇水管理的理念，要依据与洪水和谐相处的原则，采取综合的洪水管理措施，包括工程措施与非工程措施，要恢复河道，给洪水让路，增加河道蓄洪能力。”——与洪水和谐相处，经历千载，先人们对黄河性格的认识，对黄河水文的了解，可以说远胜于今人。河床保持一定的宽度，两岸又有大片的沼泽湿地调节洪水流量，无须高坝堤防，蒲州与朝邑两城即可安然无恙。

1942年初，两个日本专家在战乱中到达蒲州时，黄河主河道东移，直逼城下，蒲州的古城墙基本完整，只是西北角受到黄河浊流冲刷，城墙失修，已经坍塌。城内部分地面积水，西城有一些沼泽，但城内还住着数千居民。

20世纪50年代，黄河又改道河西岸。蒲州城不再受河水侵蚀，开始复苏、兴盛。

1959年，因修建三门峡水库，一声令下，政府机关及百姓全部迁出蒲州城。当时亦动用了民兵，强行搬迁移民，进行毁城，即所谓的清库，就是不在水库淹没区留下建筑物。离开世代居住、万劫不复的家园，多少百姓流下了辛酸泪。此后，蒲州与隔河朝邑古城彻底废弃。像沿用千年的蒲州名弃之不用一样，与古城永诀的永济县城，是迁至蒲州以东大约15公里处新建的。

“古往今来，蒲州孕育了众多的政治家、军事家、文学家、史学家和科学家。5000年里，这里一直涵养着华夏文化的血脉之根，演绎着不朽的历史故事……”当我在蒲州残缺古城墙下徘徊的时候，突然想起了这段文字。我真的难以相信，柳宗元、王维、王之涣、聂夷中、卢伦、司空图、柳中庸、吕温等都是从这长满衰草的城门下走出来的。

大唐之盛今已远矣，而明清繁华，人烟稠密，甲宅连云，楼台崔巍，货列队分，百贾骈臻的景象亦荡然无存！

繁华了千年的蒲州已无处追寻，更真实更丰满的古城已无从抵达。

走进空空荡荡的荒城，只有百米的一截小街，如同一个小村。

在原十字街中心，还残存一个高台，我想，这应该是鼓楼遗址。而史书中记载的明清时期城南，是别墅幽营，贵家池馆，绮带霞映。如今是一片青葱麦田，当日繁华已了无痕迹。唐朝书生元稹的才华再高，如果今天再游蒲州，落脚在车马店中，面对断墙残壁，天边冷月，我想他也是断然写不出温柔绮丽的《会真记》来了。

在晋南沿黄河奔波调查时，经常有人提起，修建三门峡水库时，在中央领导的亲自过问下，原位于三门峡库区的永乐宫及其珍贵的元代壁画，如何被整体搬迁到芮城。这只是幸运的孤例。不过是在大厦或者城市的毁灭中，抢救出了一件“家具”而已。家具不能代表一个失落家园的全部价值。

时光也许真能抹去一切——一滴水能照见太阳的光辉，但水中的闪烁毕竟不是太阳的全貌。

与潼关、陕州、蒲州遭遇的灭顶之灾相同，朝邑也是被错误的虚高水位线“淹没”的！

在今天看来，三门峡、古潼关，以及陕州古城等，如果得以保存，其带来的旅游产业发展等，所创造的经济和社会效益，实在难以估量。

04 在水利学名词的背后

在三门峡水库长达半个世纪的争论中，出现频率很高的一个词就是“潼关高程”——这真的是纠缠不清的学术关键？

潼关高程是一个水利学上的名词，即黄河流量为每秒 1 000 立方米时，相对应的水位高度。现在，三门峡水库修建后，潼关高程抬高，这是个不争的现实。潼关高程这几十年来大抵从 323 米上升到了 328 米。变化幅度也就是四五米。

三门峡管理局方面认为，高程的变化主要是上游来水量的减少，与水库蓄水无关。陕西方面认为，“应停止三门峡水库蓄水发电，消除渭河下游水灾隐患”。

当争论不清的时候，严肃的科学探讨，常常需要回到原点。

任何一项重大工程的决策，往往都可以追溯到久远。中间反反复复，曲曲折折，难以尽述。但在关键处、转折处，又常显仓促、紧迫与窘迫。这时，各种因素突然的集合，其中某一因素起了主导作用，天平猛地倾斜了，便急转直下，如同飞机进入了跑道，开始了滑翔加速，势如离弦之箭，想要阻止和停下，已经不可能了。

真正需要回顾、研究和分析的，是人们习以为常的决策流程，是科学还是不科学。

我们先看一看“三门峡工程”上马的决策流程，这些镜头是不该被忘记的：

1952 年 10 月，毛泽东主席视察黄河，他坐在邙山上，手指夹着根香烟的照片十分经典。毛主席说的每一句话都被记录下来，作为指示。他说“要把黄河的事情办好”，但没有具体到三门峡建不建坝。

1954 年 1 月，苏联专家在中国专家的陪同下实地考察了从山东到兰州境内的黄河。4 月，水利部黄河规划委员会在苏联专家的指导下，完成了《黄河综合利用规划技术经济报告》。国家计委与建委联名呈报毛泽东等 41 位党中央领导人。

5 月 7 日，中共中央政治局基本通过这一方案。

7 月中旬，国务院全体会议通过。

7 月 18 日，邓子恢副总理代表国务院在第一届全国人民代表大会第二次会议上做了《关于根治黄河水害和开发黄河水利的综合规划报告》。按照规划，黄河洪水灾害完全可以避免。一座三门峡水库就可以把设想中的黄河最大洪水流量由 37 000 秒立方减至 8 000 秒立方。而 8 000 秒立方的流量是可以经过山东境内狭窄的河道安然入海的……而且，由于黄河泥沙已经被三门峡水库和三门峡以上一系列干流和支流的水库所拦截，下游的河水将变清，河身将被清水不断刷深，河槽将更加稳固。

当时大会的情景今天我们也可以想见，光是“根治黄河水害”就是空前的壮举，激动人心。何况邓子恢当时还豪情满怀地说：“这不能不叫人想起早在周朝就有人说过的一句话，‘俟水之清，人寿几何’。但是现在我们不需要几百年，只需要几十年，就可以看到水土保持工作在整个黄土区域生效，并且只有 6 年，在三门峡水库完成之后，就可以看到黄河下游的河水基本变清。我们在座的各位代表和全国人民，不要多久就可以在黄河下游看到几千年来人民梦想的这一天——看到黄河清！”会场上，一定爆发出长时间的热烈掌声。

同年 7 月 30 日，这份规划报告变成了《决议》，由全国人大通过。苏联电力部派出的列宁格勒设计分院副总工程师柯洛略夫被任命为三门峡水利枢纽设计总工程师。——完美无缺的决策流程，自上而下，都是在很短的时间里走完。

1957 年初，在人大通过决议后，三门峡水利枢纽才召开初步设计审查会。就在这次会上，水利专家、清华大学教授黄万里和水电总局技术员温善章提出了不同意见，而黄万里完全反对。《中国水利》杂志 1957 年第一期在“综合意见”中，摘要发表了黄万里教授的部分讲话。黄万里是革命元勋黄炎培之子，早年留学国外，精通水利，有忧世之心。他认为，在三门峡建起一座高坝，水流在库区变缓，黄河在潼关一段本来就是淤积段，水库蓄水拦沙，势必加大此段黄河的淤积，渭河的河床也会急速淤积，渭河入黄河的堑口也会抬高，这将直接威胁到八百里秦川和西安的安全，下游的洪水之灾将移到中游。他说，指望黄河清是违背客观规律的。黄河在中游，黄土高原受雨水侵蚀，黄河及各支流对黄土层的切割是一个自然过程，即使黄河两岸没有人为的植被破坏，黄河也是含沙量很大的河流，下游河道的淤积改道也是必然的。黄万里沉痛地说：“出库的清水将产生可怖的急速冲刷，防止它要费很大的力量。6 000 秒立方的清水可能比短期的 10 000 秒立方的浑水难以防治。就是一年四季只有 600 秒立方的清水，也是不易应付的。”但在当时“圣人出，黄河清”的赞美与颂扬中，他的坚持实事求是就变得不合时宜，且十分刺耳。

此外，淹没关中沃野的陕西省反应也十分强烈。陕西省代表指出，用迁移 70 万 ~ 80 万人口的代价，换来一个只有 50 ~ 70 年寿命的拦沙库，群众很难接受。

一切都无济于事。同年 4 月 13 日，三门峡工程正式开工，第二天《人民日报》发表了社论《大家来支持三门峡啊》——这个口号很鼓舞人心，用今天的话来说，也有些煽情。

1961 年 4 月，大坝主体工程竣工。

还是回到高程上来。

水利部黄河规划委员会呈送中央领导的《黄河综合利用规划技术经济报告》，本身就是一个高坝方案。中国是一个崇尚“高”的民族，从提高认识、提高觉悟，到居高临下，等等。高总比低好，特别是“高度”被泛政治化的时候。单一的线性思维，使人容易忽略低层的权利与科学基础的真实。

三门峡大坝是按照 360 米的高坝设计建筑的大库容——潼关、蒲州、朝邑、陕州这些古城将沉没到水库底。水来了，水来了，黄河水将进入关中平原，大片平原将沦为泽国。

在许多科技人文知识或缺的专家，都以“又红又专”的身份出现的时候，清华大学教授黄万里先生孤独地走在黄河岸边，他感慨：“人间浅识一何多，斩断流沙三门阖！”

黄万里先生是讨论会上唯一反对修三门峡水库的专家，因为此时《决议》已经形成，不再是上不上的问题了。在无力“回天”的情况下，他向“黄委会”提出的《对三门峡水库现行规划方案的意见》，矛头直指 360 ~ 370 米的高坝。他提出了“经济坝高与库容”的概念。经计算，如坝高 345 米，即可容纳“32 年中最大 45 天的洪水量”，已经足够防洪的需要。“用这样大的代价来预防那些很难出现的事情，经济价值显然是很低的。”

没有人注意过这位落魄的水利学家，他很快就因为反对三门峡工程而被打成右派，发配到密云水库当苦力。

毋须讳言，三门峡工程建设一开始就碰上了难以解决的泥沙淤积问题。到1962年3月，一年半以来，水库中已经淤积泥沙15亿多吨，远远超出预计，并在渭河河口形成了拦门沙，渭河也成了地上悬河，对关中平原造成了严重威胁，灾难直逼西安。三门峡蓄水水位从此不敢再抬高。1967年黄河倒灌，渭河口的河槽全被淤塞，尤其是1968年渭河在陕西华县一带决口，造成大面积淹没。三门峡水库改为低水头发电，装机容量一再减少，只有原设计的四分之一。

出库的水是清了，但果如黄万里所料，出库清水对下游河形成了严重侵蚀，河槽冲刷的程度很有限，向两岸侵蚀的力度却很大，造成大量滩地崩塌。筑坝拦水蓄沙几十年后，下游几乎无水。水量少、流速缓慢，黄河在原来的河床上又形成二级悬河，下游的洪灾比先前更容易发生。

1973年，黄万里被准许在“监视下”进入三门峡和潼关以上地区，考察黄河、渭河的地貌和河势。那时，已经多次发生了水灾，时间验证了黄万里当年的预言。他十分痛苦与茫然，写下了《虞美人·三叩潼关》：“少年驰走潼关道，风日华山好。壮年奉使叩函崤，寻壑经邱，窈窕逐低高。老来三顾关河杳，九曲黄河绕。秦川渺渺没波涛，万里奔沙，谁与掣蛟鳌！”

依山而建的关称关山，依河而修的则为关河。我想，他写这首词时，一定多次到过被毁灭的潼关故城，和水淹的渭河两岸。

与当年被打成右派的黄万里先生比较起来，今天回过头来讨论研究“潼关高程”问题，这是历史的进步。

结论已经无需寻找，技术层面的分歧与争论已经没有多少意义了。

真知灼见不惧怕时间的流逝。

今天仍值得我们聆听的，是黄万里先生振聋发聩的声音：

“四千年的治河经验使得中国先贤在世界上千年以前最早地就归纳出了四种防洪的方法……总之，‘有坝万事足，无泥一河清’的设计思想会造成历史上严重的后果！”

耸立在庄稼地上的鹳雀楼

“水库本身是有一定寿命的，人们却讳莫如深地不肯向前想一下水库寿终时上下游的水流情势。

“到那时人民会对那些企图把黄河水变清的先生们发出请愿：‘宁使黄河浊，莫教黄水清！’

时代毕竟不同了。当年建设三门峡水电站的“热”早已消退——虽然近年来我国西南等地方水电热还在一再升温。参与三门峡建设的那一代人已不再年轻。经历了许多年之后，有人毫无长进，有人深思觉醒。我在北京见过一位教授，他当年是三门峡水电站的设计师之一。我听到过他心情沉重地在座谈会上说起自己在建设三门峡工程中的失误——他认识到了，我敬佩他的勇气。不论是非，他的话并不是所有人都爱听。其实不仅仅是工程本身，三门峡工程成败得失已经越来越接近结论，特别是在 2003 年渭河秋天的洪灾后。

并不是所有决策者都能回望和反思。

感谢孕育了中国古代灿烂文明的伟大的黄河。

黄河依然故我地带来大量泥沙，塑造着山川大地。

黄河以其特有的性格和伟力，阻止了“高坝深库”，阻止了蓄水水位的升高。

最终要直面的将是现实和事实。

三门峡水电站建成后，水位从未到达过离大坝只有几公里的陕州古城，也从未到达过潼关老城，更未到达上游 20 公里处的蒲州、朝邑县和蒲津渡！这是伟大工程钢铁交响曲中的喜剧和悲剧！

历史城市的保护在中国已经引起越来越多的重视，至少我们的子孙应该拥有和父辈一样多的选择。

最无奈、最悲惨的莫过于城市已经不复存在。

让我们记住 1959 年的三门峡水库大移民对古城和古迹的大毁灭。求真求实应该是科学的基本精神。

狂热造成的误判、有违科学的轻率的决策，在当代造成了一座又一座“交河故城”。

05 耸立在庄稼地上的现代楼阁

几十年过去了，事实表明“黄委会”当年圈出的许多“淹没区”始终无水，是不能舍弃的良田。于是，部分移民开始回流，近年来为了发展经济，又有了不少新的举措。

重建古代名楼，盛行各地。湖北的黄鹤楼、南昌的滕王阁等，规模宏大，都是钢筋混凝土架构。历代兵燹之患，古建筑多毁于战火，现代建筑倒不怕火灾。

三十年河东三十年河西，蒲津渡的唐代铁人。

蒲津渡是黄河古渡，维系着秦晋交通要道。渡口位于古蒲州城西门外。这里水势较缓，除了船渡，还曾建有黄河上最古老的浮桥。

1989 年 8 月，在蒲津渡遗址出土了四尊“镇河铁牛”，引起人们的极大关注。黄河铁牛铸于唐开元十二年（公元 724 年），为稳固蒲津黄河浮桥而铸，每尊各重 30 吨。黄河浮桥毁于元末。据《史记・秦本纪》记载，公元前 257 年秦昭襄王就在此“初作河桥”。此后屡毁屡建，浮桥的竹索也改成了铁索。随四尊铁牛出土的还有四个铁人、两座铁山、三个铁墩、六根铁柱等。蒲津渡遗址面积大，遗存十分丰富，曲拱梯形石堤上还发现有古代管理渡口的砖屋遗址。

蒲津古渡遗址、蒲州古城、普救寺、中条山中的永固寺，组成了黄河中游极好的旅游景观组合——当然，重建鹳雀楼是不可缺少的环节。但未想到，建成后鹳雀楼又留下了新的遗憾。

问题是鹳雀楼的选址。

鹳雀楼始建于北周时期，大约在公元 557 ～ 571 年间，位于蒲州城西门外的黄河滩地上，做军事瞭望台用。历经隋唐、五代、宋金七百余年。《蒲州府志》记载：“鹳雀楼旧在城西河洲渚上，周宇文护造。”唐代李瀚的《河中鹳雀楼集序》云：“宇文护镇河外之地，筑为层楼，遐标碧空，倒影横流，二百余载，独立乎中州。以其佳气在下，代为胜概。”楼因黄河近岸沙洲沼泽密布，鹳雀等水鸟翔集故名。宋代沈括在《梦溪笔谈》中推崇了《登鹳雀楼》的三人同题诗。

李益的诗云：

> 鹳雀楼西百尺樯，汀洲云树共茫茫。
> 汉家箫鼓空流水，魏国山河半夕阳。
> 事去千年犹恨速，愁来一日即为长。
> 风烟并起思归望，远目非春亦自伤。

畅当的诗云：

迥临飞鸟上，高出世尘间。
天势围平野，河流入断山。

另一首就是王之涣的那首“白日依山尽，黄河入海流”了。正因为有如此丰厚的历史文化积淀，鹳雀楼也就成为中国文化史上的一座精神文化之楼，它从来没有在人们的意识中消失过。

唐代蒲津渡遗址，距蒲州西城墙不过百米。可以想见，当年鹳雀楼就近在蒲州城边，楼下便是滚滚黄河。元初鹳雀楼毁后，明代以蒲州西门城楼“寄名曰鹳雀”。

现在黄河已经西移至十多里外的山脚下。

黄河经过“治理”后，来水也已经大大减少。原先河滩上的沼泽沙洲，全变成了庄稼地。

其实文化需要皈依，需要“植根”。鹳雀楼是一个悠久文化的结点，只有两种合理的选择：要么把重修的鹳雀楼移至现在的黄河边；要么尽量尊重历史，选在古城与蒲津渡之间，接近原址，修复鹳雀楼的同时再修建一段古城墙。

新鹳雀楼由领导人题额，移位到了蒲津渡西边几千米处的庄稼地上，高高大大，绝无依傍地屹立在青青麦田之中。新楼圈了很大一片地方，建筑十分现代，周围是几何图案的西式草坪，这就是当代人对鹳雀楼的理解和诠释？完全不符合文物重建和古迹保护的原真性原则。由于占地大，可买票乘电瓶车进出。没有古城、没有黄河的鹳雀楼，缺乏表现形式与历史价值的内在统一，构不成任何与黄河、古渡、沙洲有关的景观意境，即使作为新建的旅游景点，也很难说是成功的。

烈日炎炎，门票不菲，游人寥落。

呜呼，登楼远眺，前不见黄河，后不见古城，更无飞鸟。

而山河之伟，云烟之胜，风土之异，不殊于往古矣。

北京故宫角楼

二 北京的「脸盘」与根

英国《观察家报》报道：（北京）一座挨一座的商场拔地而起，一座比一座高，一座比一座华丽。形形色色的国际建筑设计师来到这座城市，参与可以自由发挥的区域设计。

形形色色——真是妙极！

法国建筑师安德勒，是被称为“大脸盘”的国家大剧院设计者。他说过一句“残酷”的话：“对付一个古老文化的最好办法，就是将它逼到危机的边缘。”

确实是危机。在烈日与寒风中，一小群人被逼入了绝地，成了弱势群体，但他们仍在不断地奔走呼号，保护北京的胡同和四合院，保护中国城市风貌和文脉。

半个多世纪，我们毁灭和丢弃了什么？又创造和留下了什么？

01　文津街国家图书馆的启示

每次走过北京的文津街和北海大桥，我都会被国家图书馆（分馆）气宇恢弘的建筑所吸引。我真不敢想象，这座70多年前建成的中国气派与风格的现代图书馆，是出自洋建筑师之手。

北图院内外，放有许多文物。圆明园被焚毁后，为了便于保护，其遗址上的华表、乾隆御制《教谕骑射碑》、刻有乾隆御制诗的圭形昆仑石等一些文物，被移至文津街国家图书馆，其门前的一对石狮，也是原长春园东大门前的旧物。

中国国家图书馆的前身，是建于清代的京师图书馆。20世纪初，在变法图强和西学东渐的背景下，有识之士力奏清政府兴办图书馆和学堂，以承扬民族文化，吸收先进科学。1909年（清宣统元年）9月9日宣统皇帝御批兴建京师图书馆，四品翰林院编修缪荃孙为首任监督，馆舍设在北京广化寺。辛亥革命后，京师图书馆由北京政府教育部接管。1916年京师图书馆按规定正式接受国内出版物呈缴本，标志着它开始履行国家图书馆的部分职能。1928年更名为国立北平图书馆，馆舍迁至中南海居仁堂。1929年8月与北平北海图书馆合并，仍名国立北平图书馆。1931年文津街馆舍落成（现为国家图书馆分馆），成为当时国内规模最大、最先进的图书馆。

这幢被列为文物重点保护单位的文津阁，出自德国建筑师之手。其实外国建筑师也并非只能搞西式建筑，他们的作品也可以“很中国”，图书馆内部的设施非常先进，完全达到了当时世界的一流水平。

更令我迷惑的是，这座仿宫殿的现代化建筑竟是20世纪20年代通过招标评选的结果！

后来我明白，任何建筑的风格导向，任何招投标和中标的结果，都取决于评审的标准和评审者的眼光和水平。

只要我们看一看先后参与筹划开馆和主持馆务的大师级学者就知道了：徐坊、江翰、夏曾佑、鲁迅、陈垣、袁同礼和李四光等。

梁启超、马叙伦、蔡元培等曾先后任北京图书馆馆长。

这些专家和领导干部学贯中西，通晓古今，极具自信。他们在招标以前，已经定好了入选的标准，即既是一座现代化的图书馆，又要与周边的建筑相协调。他们不是建筑工程师和规划设计师，但又比他们站得更高。

今天，一些人把现代建筑与中国传统文化断裂和抛弃，这是毫无道理的。须知，京师图书馆在开馆之初，为充实馆藏，鲁迅做了大量工作，征取各省区新修的志书，征求各种著名碑碣石刻拓本。《永乐大典》（残本）和文津阁《四库全书》，也是鲁迅据理力争，移藏京师图书馆的。连接北海大桥的街道本无名，因馆内藏有《四库全书》的文津阁而得名文津街。

每天上下班，进出中南海北门，望见文津街国家图书馆，想起那些学者和大师，总有一种高山仰止的感觉。

在产生不出大师的年代，请一些洋大师来也好。

北京天安门广场附近，与人民大会堂毗邻，在中南海东南方向，有一个空置了多年的大坑。现在，这块宝地上，渐渐凸现起了白色巨蛋形的建筑，即被外国记者称为“北京脸盘”的国家大剧院。

围绕着国家大剧院的争论，几年来一直没有停止。

不说其造价极其昂贵。国家大剧院的风格与周边的故宫、人民大会堂、天安门、前门、中南海新华门等经典建筑很不协调和谐，这是肯定无疑的。

不想陷入争论。问题不单单是国家大剧院风格的本身。昂贵、豪华、强烈的视觉冲击，发挥到极致的现代技术，即使在西洋，也是绝无仅有的超现实建筑——问题的本质是，能否担当和承载中国戏剧文化！

北京文津街国家图书馆楼，德国建筑师设计。

虽然邈远，但不该忘却。

中国戏剧文化由哪些组成，其千年不绝流动着的是什么？

作为一种文化，中国戏剧或者说戏曲有着完整的概念和丰富的内涵。其萌芽可以追溯到远古的歌舞与宗教祭祀活动。表演歌舞的场地从来就是戏剧文化的组成部分。《诗经·陈风·宛丘》中有“坎击其鼓，宛丘之下。无冬无夏，值其鹭羽”。有专家考证，“宛丘”即“碗丘”，中间低、四周高的碗状小山，当时人们已利用地形修建了歌舞表演的场地，演员手执羽毛在露天舞台上进行长年不间断的演出。中国古代剧场与古希腊的剧场很相似。

考古发现，中国古代剧场也有多种形式，如高台式的祭坛，从良渚文化、瑶山到内蒙古赤峰都有发现。

大抵到了唐代，戏剧的发展已经相当成熟了。唐代不少皇帝都是戏曲爱好者。像唐太宗、唐玄宗都是戏曲的“粉丝”。《资治通鉴》记载，明皇“自教法曲于梨园，谓之皇帝梨园弟子，又使宫中使习之，又选伎女置宜春院”。梨园和宜春院是李隆基经常亲临的排演场，在这些表演场所中，主要是乐舞，而不是杂技。在这梨花如雪的地方，最高统治者成了导演和艺术指导。再后来，梨园就成了戏曲艺术的代名词，艺人们成了“梨园弟子”。

古代演出场所，根据不同的“剧种”、听众和观众，分成了歌场、戏场、变场和道场——后两种与佛教、道教的说经和音乐有关。

如果全面考证，需要写一本书才能说明白。

比如戏场，为了遮风避雨，上面搭棚的，称为乐棚；室内戏台即为“舞筵”。此外，唐代诗文中还有歌台、舞台、砌台等。

唐敦煌壁画“净土变”中，就有筑于水池之中，四周有矮栏杆，中间铺有华美地毯的水中舞台——可见法国建筑师保罗·安德勒的设计，“被水环绕着的巨大蛋壳”就其本质来说，一千多年前中国早已有之，并没有太多的创意。

我国的戏剧文化及其舞榭歌台，包含着浓厚的历史文化积淀。随着中国戏曲的发展和成熟，从市井勾栏、草台戏楼，到宫廷到都市中的剧场，种类繁多、各具特色的戏楼遍布全国各地，成了人民群众生活和戏剧文化不可或缺的组成部分。中国主要有神庙戏楼、宗祠戏楼、宫廷戏楼、私宅府邸戏楼、会馆戏楼、茶园酒馆戏楼等几个大类。北方与江南有异，乡间与都市不同。正是在这些不同的戏楼上，绽放了京剧、越剧、豫剧、昆曲、川剧、粤剧、黄梅戏等奇葩，姹紫嫣红。

可以说，没有“台”就没有戏。戏楼在中国的建筑史中，写下了极其重要的灿烂篇章。

光是戏台的建筑形式、布局间构、藻井雕饰，无论豪华宏大，或者质朴实用，都极尽工巧、科学合理。在不同的戏楼上演出的感觉是不一样的。梅兰芳记述了在漱芳斋戏台演出时的感受：“重华宫这个戏台虽然在院子里，可非常聚音，台项上有天井，台板下有一大口井，是重檐的台。”

中国文化有极大的包容和消化吸收能力。

即使与中国传统戏曲毫不相干的西洋歌剧、芭蕾舞剧等，进入中国也只是简单地演出几个西方的古典名作之后，很快地适应了中国这块土壤，与本土文化结合，产生出《白毛女》、《红色娘子军》，以及近年来震动海外的《大红灯笼高高挂》等有东方色彩的佳作。它们默默地指示着一种途径。

一百多年来，中国一再陷入黑暗与血泪。一穷二白，民族复兴之路也极其艰难。在节俭、实用的前提下，中国的戏楼、戏台，蜕变成了简单化的剧场、剧院和大会堂、大礼堂。衰落不等于消亡，更不能表明它没有任何现代价值。

但这一切似乎都不值一顾。

现在，钱是有了，但自信仍然不足。于是请来了一位手握利剑的洋建筑师，他咄咄逼人地扬言：“对付一个古老文化的最好办法，就是将它逼到危机的边缘。”

写到这里，记起了2007年4月外国媒体广泛报道、引起国际上关注的北京“最古老的戏楼”广和楼被拆除一事——

“上周，甚至连中国媒体也齐声惋惜的京剧之家将被夷为平地。广和戏园坐落于前门，在那里，曾经有大片庙宇、药商和贵族庭院拥挤在紫禁城周围。老北京在战争和革命中幸存下来，但推土机和开发商捣毁了大片老城。广和戏园的拆除令人有点震惊。在这里，京剧大师梅兰芳开始了他的艺术生涯。正是梅兰芳的影响力吸引了官方媒体的注意，上周报道这座建筑将被推翻，并代之以一些适合百老汇演出的剧场。媒体叹息该剧院被无情的推土机碾碎，并感慨又一个文化瑰宝的灭亡。拆除广和戏园的官方理由是站不住脚的，官方称这座建筑早在2000年就被宣布为危楼。事实上，根据匿名的中国建筑师和专家的意见，不仅没有必要推倒它，而且有关部门还有修复它的专门知识和资金。”

英国《独立报》在发表题为《北京转向百老汇 最古老的戏园落幕》的报道中说：“北京最古老的戏园，京剧戏园将迎来唱洋美声的胖女士。广和楼的京剧舞台在中国不可阻挡的前进步伐中落下帷幕。由于中国迷上了百老汇，这座历史可以追溯到明代的茶楼成了牺牲品。一个多世纪前，当时年仅10岁的京剧大师梅兰芳在广和戏园开始了他的京剧生涯。广和戏园也因此闻名。他那时在一出名为《长生殿·鹊桥密誓》的戏中演出织女，他饰演旦角的能力使其成名。对19世纪全盛时期的广和楼的写生画描绘出一个华丽的舞台，舞台三面都摆放着桌椅，客人可以边喝茶边看戏。北京市文化局文化设施建设处官员说：我们想造一个像美国百老汇一样的现代化专业剧场，有固定剧目常年演出，而且能够承办高端演出。”

广和戏园被拆的同年6月，我在英国伦敦一个古老剧场里观看了未到中国，即被国内热炒的《妈妈咪呀》。在观众的呼喊声浪中，我一再想起了被拆毁的广和戏楼，怎么也融不进剧场的热烈中。“妈妈咪呀”，翻译通俗一点，就是“啊呀我的妈呀！”

散场后，我默默地走在异国的街头。回想中国戏剧发展脉络，戏台、戏园变化——我们怎么能够自信地面对戏剧文化发展的今天和明天！

从这个意义上说，国家大剧院难道不应该有民族风格与中国气派吗？

20世纪50年代，北京评过十大建筑。人民大会堂、北京火车站、历史博物馆、民族文化宫、军事博物馆等，留存至今。其中有的与中国民族风格相结合，有的完全按苏联四五十年代的潮流建造，也大都有板有眼。

80年代，北京又一次评十大建筑，北京图书馆新馆、中国国际展览中心等入选。不到20年，有的默默无闻，有的已经被淘汰出局了，如“中央电视台彩色电视中心”，寒碜得不忍再睹。而现在请外国人设计新的中央电视台大楼，又已经动工了。

90年代，北京再次评出了十大建筑。如中央广播电视塔、北京新世界中心、恒基中心、新东安市场、北京国际金融大厦等。在这十大建筑中，有四家是外商投资。十大建筑的影响也已经式微。几乎没有在北京居民心中留下什么记忆。

2006 年早春，乍暖还寒。这次倒是外国人直接评选中国的“十大建筑”了。

美国的《商业周刊》评出了“中国十大建筑奇迹”。奇迹，首先在于奇，千奇百怪，已不是建筑形式的初衷。这个“奇迹”，使得法国人安德勒设计的国家大剧院（巨蛋）、赫尔佐格和德梅隆设计的北京奥运会主会场（鸟巢）、荷兰建筑师库哈斯设计的中央电视台新大楼（裤子）、国家游泳中心（水立方）、12 位亚洲建筑师设计建造的长城下的公社、上海金融中心大厦、北京当代 MOMA 等，统统入选。对此，有的人相当兴奋，有的人不以为然。

21 世纪的北京乃至中国，正在成为某些外国设计师标新立异，甚至是“标新立怪”的试验场，是喜还是忧？

外国的商业刊物评出了“中国新建筑奇迹”，人们有理由问，除了跨海大桥等外，经过岁月的淘洗，靠外表“标新立异”夺人眼球的，几十年后还能留下多少？

02　回望长安街上的风景：绿岛、双塔与牌楼

一些历史的风景正在人们的淡漠中远去——

如果我们驱车从天安门广场往西，过了中南海新华门，橙红的夕阳照临，远远地，正前方街心出现了绿岛和碧树环抱着笔直耸立着的双塔。汽车从塔下划一个弧线绕过，这时传来风铃清脆的声响，那是一幅怎样怡人的景象，身心与视觉的疲劳，会顿时消除。

——毫无疑问，这绿岛与双塔将和天安门、金水桥一起，成为长安街上经典的风景。

国家图书馆分馆大门

长安街上有过双塔?

是的。西长安街路南侧曾有大庆寿寺，亦称双塔寺，创建于金代。原址位于今天电报大楼对过，音乐厅之西北。双塔寺元代最为兴盛。当时主持该寺的是高僧海云大师。海云大师名印简，俗姓宋，山西宁远人。海云受到元朝统治者的礼遇，大庆寿寺也因此擢居天下禅林之首，掌全国释教。双塔寺地本宏敞，殿宇参差，元代至明清，薪火相传，颇负盛名，诗人有“金碧楼台护紫霞”之句。

双塔寺中原有《大蒙古国燕京大庆寿寺西堂海云大禅师碑记》一通，为著名学者王万庆撰，立于1255年，当时海云大师还在世。此碑铭文与书法向为金石学家所重。这两塔高低不同，都是八角密檐砖塔，一为九层，而另一塔稍低，为七层，东西比肩排列。九层塔为海云大师灵塔，九层塔额题“特赠光天普照佛日圆明海云佑圣国师之塔”；低者为曾主持庆寿寺的海云得法大弟子可庵之灵塔。

元塔有确切年代的不多。两塔造型精美，极具东方文化神韵，其修建年代比北海白塔早400年，也早于元大都城的重要地标性建筑北京阜成门内妙应寺白塔。庆寿寺双塔是元代佛教建筑的精华，为无价之艺术瑰宝。后来寺虽毁，但双塔完好无损。

修寺院、造佛塔，与西方国家建教堂相似。塔是佛的重要标志。佛教中历来认为造塔有莫大的功德。塔源于古印度，巴利文音译“塔婆”（Thupo），或称“浮屠”。塔的原始造型为方基、覆钵、尖顶。方基象征佛的方袍；覆钵即佛钵；尖顶，象征锡杖。后来造型不断演变。佛塔自传来中国，不久便同中国古代建筑融合，形成了独特的风格。塔形体从四方，发展到六角、八角、十边形和十二边形等。佛塔吸收了中国传统建筑特色，形成了楼、阁、阙、观组合，富有极大的文化内涵。耸立在天安门广场的人民英雄纪念碑，实际为一塔形方尖碑。

元朝进入忽必烈时代，已不是“略输文采”，而是文采飞扬了。我曾前往内蒙古正蓝旗北，考察元上都所在地金莲川草原。天高云淡，绿草如茵，毡房

大庆寿寺双塔

点点。这片草原以“金莲川幕府”闻名于元蒙史。当时，在忽必烈周围，聚集了大批来自汉地甚至中亚各地的精英，文化气氛浓厚，学术思想活跃，他们在这片美丽的草原上，谋划着未来蒙古大汗国的蓝图。

元代统治全国之初，都城仍在上都，人员来往非常不便。至元四年（公元1267年），忽必烈决定在金代的中都修建元大都城，元大都的规划者是来自金莲川幕府的汉人刘秉忠。刘秉忠是一位道士，又是精通风水和城市规划的大师，他和阿拉伯人也黑迭儿按照古代汉族都城的传统布局，根据《周礼·考工记》王城图所记的式样，按前朝后市，左祖右社，对元大都进行总体规划设计。完全舍弃辽金旧城（今北京城西南方），以北海为中心点重新规划，新城大都是一座对称式城池，但城中有许多湖泊（海子），形状和大小都是不对称的，当时一些外国人看到后，赞不绝口。这个宏大科学的都市规划，700 多年前的世界上无出其右。

一个强盛的国家，总是人才荟萃，大师云集。元大都水系的规划和设计者，是大名鼎鼎的“科学家”郭守敬。他修建的元大都上下水道，几百年后仍然畅通。郭守敬在元大都建设中，一个很大的功绩，就是修建通惠海，引西山之水到古代永定河故道留下的坑洼水塘，即积水潭、后海、什刹海等，使大运河上的航船能直抵积水潭。从此，漕运兴盛，积水潭一带更成为热闹的市街，笛里番腔、街头戏鼓、元杂剧等文化活动也由此而生。

主持元大都一些重要佛寺、佛塔、道宫营造的，则是“外国专家”阿尔尼格。他来自尼波罗国（今尼泊尔），是著名的雕塑家和建筑师，曾到西藏参加过黄金塔营造。阿尔尼格应元世祖忽必烈之邀来到北京，官至光禄大夫、大司徒等。此外，参加元大都建设的还有一大批建筑师、工匠和画师。

规划中的元大都城墙是方方正正的。庆寿寺正在大都南城墙一线上，佛寺面临被拆除的危险。规划已经皇帝批准，动得还是动不得？元世祖忽必烈得知此事后，竟下令修改自己“钦定”的规划，城墙至此绕了个弯。大都的城墙竟为“佛教文化”让路，一时在全国传为佳话。今天谁有忽必烈的气魄与眼光？

20 世纪 50 年代，是大建设的时代。当一种新的学说兴起的时候，“破旧”成了一种必需的开路方式。城市的特点是文化的多元性、异质性和复杂性。一个“破”字，便快刀斩乱麻，势如破竹，着实很痛快。如同犁铧，但深翻之后的土壤播种什么？是清一色的麦子还是土豆？

长安街的建设被赋予了象征“社会主义的康庄大道”的含义——笔直、宽广、平坦，这成了建设中国第一大街的价值取向。这如同北京今天的城市规划，仍然影响着全国大大小小城镇的建设一样。

1955 年，拓展西长安街时，涉及大庆寿寺双塔。只有清华大学教授、著名建筑学家梁思成敢提不同意见。他建议，可以拆除双塔周边的民房，保留双塔并辟一块街心绿地，既保护了文物古迹，又可丰富街道景观。尽管塔千百年来已经融入了中国的主流文化，但毕竟还是与佛教有关。梁思成的建议自然无人理睬，不可能被采纳。庆寿寺的双塔接着被全部拆除，塔中的海云大师碑被移至北海公园内的天王殿。跨越韶光的真实已经失去，永不再现。

长安街拓宽工程中，连同双塔一同需要拆除的，还有东西长安街上的牌楼，以及前门大街和正阳门桥牌楼等古建筑。

牌楼即牌坊，始源于中国古代城市的里坊制度。据梁思成在《中国建筑史》中考证：“牌坊为明清两代特有之装饰建筑，盖自汉代之阙、六朝之标、唐宋之乌头门棂星门演变形成者也。”经过几百年的发展，牌楼成了建在大街转角、交叉口、丁字街口的标志，也增添了城市街道的美感。其中有些规模宏制的牌楼，实际上是中国古代的“凯旋门”。——现在，世界各地的“唐人街”均建有牌楼，成了华人聚居地的标志性建筑。

北京西四的牌楼东西南北四座，分立于交通路口，形制相同，均为三间四柱三楼冲天柱形式。东曰“行仁”，西曰“履义”，南北曰“大市街”，是昔时古都的重要交通要道和商肆繁华地段。与此相对应的有东四牌楼。正阳门前的正阳桥牌楼是北京单体建筑规模最大的，牌楼宽五开间之多，俗称五牌楼，为五间六柱五楼冲天柱形式。在牌楼当心间上下坊额之间，书“正阳桥”三字匾额——这里正是北京都城大门正阳门的入口。

北京牌楼的大规模拆除，早在1950年就开始了。这年9月，在天安门道路的拓宽工程中，北京市建设局拆除了东公安街和司法部街牌楼。仅牌楼上的匾额由文化部文物局收藏。当时，政务院（国务院前身）遵照周总理的批示精神，对北京市的其他城楼、牌楼等，进行了调查，对有些古建筑还进行了修缮。如配合国庆，东西长安街上的牌楼还被油漆一新。

但这种情况并没有持续多久。

1951年底，大破之风陡转。北京市开始酝酿大规模拆除牌楼。直接原因是“影响交通”。1953年5月，中共北京市委就朝阳门、阜成门和东单、西单、西四、历代帝王庙前牌楼影响交通的问题向中央请示，同时拟拆掉朝阳门、阜成门城楼和瓮城，交通取直线通过；东西单、西四、帝王庙牌楼一并拆除。5

月 9 日，中央批准了这个方案，并指出进行此项工程时，须进行一些“必要的解释，以取得人民的拥护”。

北京市副市长、明史专家吴晗担任起解释拆除任务的工作。

梁思成与吴晗发生了激烈的争论。

梁思成不是一个普通的建筑师，而是一个建筑学家、建筑教育家，对建筑史的研究，尤为精深。他熟知中国各个历史时期建筑风格、建筑思想的变化。梁思成认为，城门和牌楼、街坊构成了北京城古老街道独特的景观，城门是主要街道的对景，重重牌坊、牌楼把单调笔直的街道变成了有序的丰富空间，这与西方都市中的雕塑、凯旋门和方尖碑等有同样的效果，是街市中美丽的点缀物与标志物，可以用建设交通环岛等方式合理规划，加以保留。

当年在国务院工作的方骥回忆起梁思成与吴晗的一次冲突：梁先生为了旧都多保留一些有价值的牌坊、琉璃宫门等古建筑，在扩大的国务院办公会议上，和自称“改革派”的吴晗争得面红耳赤。记得有一次，吴晗竟站起来说：“您是老保守，将来北京城到处建起高楼大厦，您这些牌坊、宫门在高楼包围下岂不都成了鸡笼、鸟舍，有什么文物鉴赏价值可言！”气得梁先生当场痛哭失声。

1953 年 8 月，吴晗主持会议，讨论北京市文物建筑保护问题。在这次会上，清华大学林徽因教授提出，“保护文物和新建筑是统一的。保护旧的是为新建筑保存优良的传统”，“北京 9 个城门是对称的，如一旦破坏，便不是本来的基础了。再如天坛只保存祈年殿，其他都拆除了也不是保存文物的办法”。她认为，对北京这样一座文化古城，民居建筑的保存也是重要的方面：“艺术从来有两个传统，一个是宫殿艺术，一个是民间艺术，后者包括一些住宅和店面，有些手法非常好，如何保存这些是非常重要的。”

梁思成先生在发言中指出：“北京市的发展要在历史形成的基础上发展。一定要保存历史形成的美丽的城市风格。有些单位，如公安、交通、经济部门考虑存在片面。”“在保护古建筑工作上，首都应起示范作用，慎重是必要的。”他还搬出了“老大哥”苏联的经验，提出“莫斯科建设中，古建筑在原则上尽量保存下来”，他以“土地私有”讥讽破坏文物建筑的行为：“北京市各机关好像有土地私有的观念，在他们的范围内爱拆爱建，一点也不考虑整体。”

在听了专家们发言后，吴晗作答：“在处理中应尊重专家的意见，但专家不能认为自己的意见必须实现。”——显然，他此时不是以专家，更是以北京市领导的身份说这番话的。征求专家意见，从来就不是科学或学术的讨论，更多的隐含着“政治”命题，其严肃和防范，使许多人噤若寒蝉。

会后，由北京市政府和文化部文化事业管理局等部门共同组织了联合调查小组，对北京城区的牌楼及其他一些古建筑进行了调查。最后对牌楼做出了保、拆、迁三种处理方式，即在公园、庙坛之内的可以保留下来，大街上的除了成贤街和国子监的4座外，全部迁移或拆除。

1955年，建筑界对“梁思成为代表的资产阶级唯美主义的复古建筑思想”开展了批判。吴晗是一位“与时俱进”的领导兼历史学家。

10年后，我们还会看到，另一位不懂历史但懂得观察政治风云的“文学评论家”姚文元，瞄准吴晗的新编历史剧《海瑞罢官》，一箭中的。吴晗副市长还是被疾驶的“时代列车”抛了下来，而且这一摔，就再也没有起来。

东西长安街上的两座牌楼似乎是幸运的，1954年被拆除后，周恩来指示迁建于陶然亭公园。“文革”中有人报告江青，听说是周恩来指示重建，便下令以“破四旧”名义又一次彻底拆毁，这次可是片石无存。

位于北京阜成门内的历代帝王庙前的牌楼，是北京规格最高的牌楼之一，四柱三门式。牌楼一共两座，庙的大门与牌楼之间有条小街，街很短，叫景德街。过去只供祭祀的皇帝和官员使用。平时行人得从历代帝王庙最南端的影壁外绕过。

中国文物学会会长罗哲文回忆说：“拆除历代帝王庙牌楼，梁思成先生痛哭了好几天。名为拆迁，但事先并未落实迁建地点，拆下的一堆料后来也不知去向；大高玄殿前原有两个习礼亭，习礼亭与故宫的角楼相仿，比角楼还漂亮，也被拆了，说是拆迁，但迁到哪儿？没定下来，也是拆下一堆料，后来不知去向，没准在‘文革’中当成柴火烧掉了。”

据《大清会典图》记载，历代帝王庙“前门正中石桥三座，桥南护以朱栅”，与天安门前的金水桥相仿。拓宽街道时，这三座汉白玉石桥也被拆除了。于是，大街从庙正门外取直通过，原本浑然一体的建筑群被分割成两个部分，三十多米长的建于明代的宏伟壮观的影壁，孤零零地留在了街南。

我在中央党校进修时，同班有一位北京市西城区的领导。他盛情邀请我们到西城区参观，其中有近年来投巨资修缮一新的历代帝王庙。他说，这座庙因被一所中学当校舍，大殿当时做学校的“室内体育馆”。景德崇圣殿两侧有4个御碑亭。正东的碑亭学校用做老师办公室，他们的办公桌，都摆在螭首龟趺和乾隆石碑的四周，所以重檐歇山式的碑亭也保存完好。当我们走出历代帝王庙时，又不禁想起庙前曾有过的两座牌楼。这两座牌楼是北京造型最好、雕作最为精致的牌楼之一。记得梁思成教授曾说，从这两座牌楼的西面望去，有阜成门的衬托，晴天时还可以看到西山，特别美，尤其是傍晚落日时分。为争取保留这两座牌楼，他还给周恩来总理写过信。

也是黄昏。

当我站在街边，向西望去，不远处，白塔寺因迎奥运而正在修复。嘈杂的市街，车流拥堵，阜成门立交桥那边，耸立着一幢幢高楼。尽管一夜大风，天依然是灰蒙蒙。不见西山。我想起梁思成先生的话，邈远得已如同隔世。至于城市，是不是要在“历史形成的基础上发展”，保存历史形成的美丽的历史风格？——半个世纪后，仍然没有破题。

北京不相信眼泪。

50年的风云变迁，你能一眼望尽吗？

无疑，城市交通道路需要发展，城市的建筑文化也需要新的内容、新的形象。但是不是双塔与北京的“所有牌楼”都妨碍了交通？比如汽车撞在牌楼上，是驾驶员的责任还是牌楼的责任？为何牌楼、城门全都拆除了，北京的交通还是拥挤不堪呢？

再比如，西四的南北街道面貌，即使牌楼拆除后，直至今天也没有多大改变。不管是双塔还是众多的牌楼，历史城区由于历史形成的原因，给道路和市政建设带来异常复杂的影响。今天看来，根据实际情况，采取多样的方法解决交通问题，并没有太大的难度。有的可用建立绿岛环岛绕行，有的可建地下汽车专用道——历代帝王庙前的景德街，即使道路从地下穿过，也只有几百米，就可使这个全国重点文物得以完整地保持下来。

可拆毁后，一切都无可挽回了。

03　文化的根：胡同与四合院

近年来，北京无数胡同和四合院的消失，一再引起国内外的关注。也许富人不理解穷人的心理和想法。外电称这种“义无反顾”的壮举为“文化自杀”。法国《世界报》曾用过一个醒目的标题，“让上千个曼哈顿在北京开花吧”，意思是让中国到处复制曼哈顿的高楼吧。英国《卫报》的评论更加形象：“这是另一场文化大革命，它挥舞的不是红宝书，而是拆迁令。”

除了皇宫、王府、庙宇，其实一个城市的文化，同样深存于不起眼的胡同和院落中。元大都城中有“三百八十四火巷，二十九胡同”，火巷是指直通的胡同。

春天，在英格兰绵绵的冷雨中，我来到约克郡的首府。从西北门入城，参观英国第二大教堂约克大教堂。根据导游图所指，再去保留着中世纪风貌的古街肉铺街。肉铺街顾名思义，就是过去卖肉的地方，现在则挤满热闹的旅游商品店。窄窄的斜街，屋檐下有一排排挂肉的铁钩，街边二三层房屋渐次错落而出，以免所挂的干肉被雨打湿。看得出来，有些老屋是后来重修的。但有几幢砖木结构的房屋，门口的牌子上，准确地刻着修建的年代。我看了看，也就是三四百年前。——不管如何简陋，门框如何磨损，有这些真实的定位，城市就有了历史，有了记忆。

我不禁想起了北京的砖塔胡同。

北京北海团城，因周恩来批准道路拓展而得以保存。

这条胡同从元、明、清，到民国，都有文献可考，有人更称之为北京之根。砖塔胡同的东南，耸立着金、元时期的高僧万松行秀的灵塔，亦称万松老人塔。耶律楚材曾拜万松行秀为师。后来耶律楚材任元中书令，类似于总理之职，他随成吉思汗西征之际，万松老人曾书赠八个字："经儒治国，以佛治心。"这对当时蒙古军队的杀戮政策，不能不是一个制约。砖塔胡同中还有鲁迅、张恨水的故居。鲁迅在这里写成了小说《祝福》、《在酒楼上》和《中国小说史略》。

就这样，有七百多年历史、有深厚历史文化积淀的砖塔胡同，西段已经全部拆毁，东段也岌岌可危。

为什么不能把砖塔胡同完整地保留下来？

中国旧城建筑风貌的破坏与改变，百年之前已经开始。起初是战争炮火、经济萧条带来的荒顿败落；除去“文革”时期不说，解放后很长一段时间则是利用改善的旗帜进行。而近年来，随着经济实力的增加，各地的领导都十分注意通过旧城“改造”，表现自己的政绩，进行大拆大建，破坏范围之大、速率之高空前。市政建设的发展，建筑物的新陈代谢本身是不可避免的事。但在这种大拆大建中，许多有价值的古建筑、文化街区，被我们忽略了。

在人们历来的印象中，位于北京西南一隅的宣武区是贫穷的，也是最没有文化积淀的一个区域，即所谓“东城富、西城贵、穷宣武、破崇文”。的确，宣武区没有皇宫王府，繁华的商业街也似乎少了些。

但这并不意味着宣武区就没有值得保存的文化。清朝前期，统治者采取限制汉民的政策，规定汉民不得住入内城。这促成了位于外城的宣南成了各种文化汇聚交流之地。远的不说，仅明清两代，这里就曾经荟萃着大批重臣名士，修建了座座豪华私宅，如张居正、纪晓岚、顾炎武、龚自珍、孔尚任等名人的宅第。宣武区也是明清会馆的聚集之地，曾有四百多所大大小小的会馆。这些会馆虽不是官办的，但其作用大抵相当于现在各省区市政府“驻北京办事处”，接待各省进京的官员、商贾和应试的举人。不少会馆曾住过历史名人，发生过许多重大的历史事件。与明清时期的会馆相比，现在的各地驻北京办事处建筑，除了新疆驻京办，几乎没有文化可言。

往事已经如烟，在那些穷街陋巷之中，有许多值得珍视的熠熠发光的瑰宝。

最著名的会馆是康有为住过的南海会馆。会馆原本分四路四进院。康有为住在北跨院中间的一个小院子里，由于屋子像船形，故称汗漫舫。院内有七棵树，所以又叫七树堂。馆内有一条廊子，两侧有玲珑山石，廊壁上嵌着苏东坡海棠诗的石刻。康有为就在这里起草了《上皇帝书》，开办了“粤学会”，创办了《中外纪闻》，发起了维新变法。谭嗣同的故居浏阳会馆位于菜市口大街西侧的北半截胡同。当年谭嗣同住在后院北套间，书屋取名“莽苍苍斋”，也是他和维新志士开会与被捕之处。现在北半截胡同马路拓宽，这里已被拆除了。粉房琉璃街，是个有许多小会馆的胡同。其中的115号，原是新会会馆。史料记载梁启超曾在这里北房内结婚，这几间房子梁启超称为“饮冰室”，他的作品也就称为《饮冰室文集》，可以看出主人对这几间房屋和这段生活的珍视。现在，这条胡同的东侧已经开始拆除了。

与谭嗣同故居所在的北半截胡同不远，南半截胡同里有绍兴会馆。鲁迅曾在院内的藤花馆和补树书屋居住。鲁迅先生就在这里写下《狂人日记》、《孔乙己》、《药》等名篇。如今这里早已被翻建房湮没，仅剩下了那棵大槐树。

经过文献考证和考古发掘，正式确认北京“蒜市口十七间半”——即广渠门内大街207号院，为曹雪芹在北京的故居遗址，是国内唯一有档案可查、有地图可证、有遗迹可寻的曹氏故居，也在最近“拓宽”和兴建广安大街时被彻底拆毁了。

自然，城市文化的割裂并非自今日始。

这些会馆、宅院，几十年来产权几经变动，有许多成了几十户、上百户人家居住的大杂院。如纪晓岚的“阅微草堂”，原是座三进深、带东西跨院的宅院，后院还有一座二层小楼，院中有盘曲的古藤和百年古桐，这里也曾满园花明叶浓，沿阶草色映日，浸透着书香的风雅。现在，纪晓岚故居的大门早已无存，它的东院一度成了晋阳饭庄，是饮食男女们出入之处，山西猫耳朵之类面食和过油肉之类绝对正宗。也许是这几年来宫廷戏和戏说之类电视剧的兴盛，《四库全书》总纂官、才子纪晓岚几乎家喻户晓，他的旧居也引起了人们的注意，在街道拓宽之际，这座院落部分侥幸得以保存。

这些会馆和著名的宅院如何沦为平常居民房？如何会住进去几十户、上百户居民？位于宣武区的黄岩会馆原有两处，都是不小的院落。两年前，我的家乡浙江黄岩地方政府，多次派人到北京，寻找“黄岩会馆”，想收回产权，修缮会馆，甚至愿意提供一些资金，帮助迁出会馆中的住户，可每次都无功而返。——而这些居民与原来的房屋毫不相干。沦落大杂院后，期盼旧屋改造和搬进新居，几乎成为他们一致的呼声。产权的变化经过十分简单，也非常复杂——一句话，大都没有任何合法的程序和手续。

早在1949年8月，《人民日报》就刊登文章，明确说明政府保护私房产。

时隔半个世纪后，为迎接 2008 年奥运会，又依原样重建了永定门。经典文物的文化价值，是难以找回的。

建国初，北京共有私房 92 万间，除了 1951 年没收的 8.2 万间敌逆房产外，其余都给房主颁发了新的房地产、所有权证，以取代解放前的房地契。解放以后，当时同乡会之类团体不再存在。黄岩会馆的房产托付给当时北京大学教务长周炳琳看管，产权就登在他的名下。老先生去世后，这些会馆就下落不明了。几十年来，产权不知怎么，有的成了住户名下的私房，有的成了房管部门的“公房”。连黄岩政府派人查阅原始资料都非常困难——没有人愿意提供方便。不久，其中一处黄岩会馆就在旧城改造中“蒸发”了。

一些历史建筑如何沦落为不堪的大杂院，沦落为一处处危房，如今又成为开发商、当权者眼中觊觎之物？

这似乎是不可思议的。而实际情况就是这样，往往在户主们毫不知情的情况下，房屋的土地已被“规划”了。其用途多数绝不是什么公共利益，而是开发商要在这块土地上盖大楼去赚更多的钱；这些人挥舞着“旧城改造”的旗帜，提出让人无法接受的价格让人搬走，一旦原来的主人不同意，立即“强制”执行。

中国并不缺少相关的法律。而是缺少实施法律的公正的环境，缺少对破坏者的监督，缺少维护居民最基本权利的意识——许多破坏和拆迁的实质，就是对原住民、对私有财产的无偿侵占。

20世纪五六十年代的中国，竞相拆除庙宇、牌楼、会所、城墙与城门楼，以至于戏台、祠堂等，除了一些确有需要外，实际上已经打上了“政治化”的色彩，这些老建筑是封建时代和资产阶级的东西，拆就是“破”，就是革命的象征。而这种破的狂热，在“文化大革命”中达到了顶点，一度被演变成为“打、砸、抢”。

而20世纪八九十年代以来，改善交通，改善居民居住环境和条件，这几乎是各地政府在旧城改造中大拆大建的一致说辞。其实，改造与完全拆毁重建是两个概念。这是一个令人沮丧的事实，旧城历史文化街区完全推平重建，与改造“危改”毫无共同之处。

北京已经不是原先的北京了，大片大片的胡同和四合院被拆除，仅存的一些也被分割，被高楼大厦所淹没，被大楼巨大的阴影所笼罩。

古都文化和历史的断代标志正在不断遭到破坏，被岁月湮没。北京的历史进一步向明清故宫退缩。这就是北京旧城改造的代价？

没有胡同的北京，还有悠久的历史和文化吗？

04 城市的大门：老火车站与新建筑

20世纪八九十年代，前往深圳的考察团和成千上万的游人，不可忽略的景点就是微缩景观“中国之窗”和“世界之窗”。

建于1989年的“世界之窗”，聚集了世界各国的著名建筑。当时，人们出国还不那么容易，“世界之窗”使国人感到不用出国就可以“走遍天下”，领略西方建筑的风采，一时游人摩肩接踵。中国的建筑师、规划师的信心又发生了动摇，竞相追求时尚。“世界之窗”也成为来势迅猛的国内建筑仿欧之风的肇始。

当代，在中国的城市里，概念不清、断章取义、形式混乱、粗制滥造的“罗马花园”、“欧陆风情”、“巴黎别墅”、“日耳曼家居”不断出炉。

其实，中国近代城市建筑受到欧洲文化的影响已有100多年。19世纪中叶后，资本主义经济加速发展。随着近代交通线路和港口的修建，我国城市的格局也

北京正在拆除的老房子

发生了巨大的变化。由于种种原因，广州、上海、天津、青岛、哈尔滨等新兴城市受欧洲文化的影响较大，无论是文艺复兴时期特点的建筑，巴洛克和哥特式建筑，还是古典主义、浪漫主义建筑和日耳曼建筑、俄罗斯建筑等，都出现在世界的东方，这些都是在特定历史条件下由中外人民共同创造的历史文化遗产。

如上海城市的突出特点就是中西交融。广州中西合璧的城市建筑风格，以西关骑楼和沙面租界建筑群为代表，既保留了岭南的传统风格，同时又吸收了欧洲的风格。

可有谁想过，各地在大建仿欧建筑的同时，真正经典的欧洲文化建筑，却在我国不断遭到无情的毁坏。

北京规划展览馆位于北京前三门大街南侧。周边的建筑，包括巍峨的前门和正阳门箭楼，与展览馆毗邻的，则是北京有着欧洲建筑风格的前门火车站，以及前门和大栅栏老街。

前门街区，留下岁月变迁的沧桑和特征。

100 多年前，欧洲建筑师们踏上东方古老国度的土地时，还是小心翼翼地对东方的建筑充满敬畏之情。而他们也倾其才能和心血，希望自己的作品能够在这片古老的土地上得以留存。

前门火车站建于清光绪三十二年（公元 1906 年），京奉铁路从马家堡经永定门修到了北京的东侧，同年建成了“京奉铁路正阳门东火车站”。

前门火车站与古城箭楼相望，是典型的欧式风格，由英国铁路工程师设计。我们可以从这些建筑上读出“历史年轮”和演变的规律，倾听砖石讲述的故事。令人惊异的是，这座与中国传统城楼近在咫尺的欧式建筑，竟与周边的环境十分和谐，共存在一座城市、一个街区中。

如果我们仔细观察，从前门火车站高度处理与钟楼的设计等，都可以看出英国建筑师的匠心独运，和对中国经典建筑的敬畏之心——前门火车站的整体高度比前门和正阳门城楼要低得多。这几幢建筑，组成了历史延续和时代演绎的生动范例。此后半个多世纪，这座北京最大的火车站，成了留驻时光、延续

北京西直门外国设计师的新地标建筑

感情的地方，是许多重大事件和动人故事不变的背景。

此外，前门火车站还与东交民巷那些风格各异的西式楼房，组成了别致的建筑群落。

1958 年，当时北京“十大建筑”之一的新北京站建成，前门不再有汽笛与火车的疾驶。前门火车站成了北京铁路职工俱乐部，近年，又改成了百货和小商品的商场。岁月的淘洗是最无情的。近年，前门火车站进行了修复，恢复了原有的风格。不少有识之士呼吁，建议把具有经典欧洲风格的前门火车站改成博物馆——这可以看出百年老建筑的文化价值和生命力。

05 失败的规划与规划的失败

不会有让所有人都满意的结果。科学态度、生活状态和知识水准决定一个人的视野，其最能体现的便是城市规划。

2005 年初，北京新建成了一座展览馆，即位于天安门广场东南侧的北京规划展览馆。这座展馆由一整座商厦改建而成，非常现代和气派，玻璃幕墙闪闪发光。美国总统小布什和夫人劳拉访华时，专门安排总统夫人去参观北京规划展览馆。

报纸和外电，都以显著位置报道了这次走访："美国第一夫人劳拉，走在北京的古老与现代之间。"

美国第一夫人参观了北京区县规划、城市模型、奥运场馆规划等展厅。虽然记者用了"兴致勃勃"等词汇，但她更感兴趣的，显然是北京城市的变迁和古迹。如木结构的北京故宫全景模型，高 10 米、宽 9 米的《北京旧城》巨幅青铜浮雕等。

北京是当代中国规划做得"最好"的城市之一。

英国《观察家》发表德扬·苏吉奇在参观规划馆后说："规划展览馆的主要绘制图设在顶楼。这个奥林匹克游泳池大小的空间展示着北京将展露的容颜。绘图详细得令人叹为观止，但同时会让你明白，未来将消失无踪的不仅仅是楼下青铜浮雕显示的那座城市，还有后来毛泽东打造的那个新北京。天安门广场、人民大会堂和革命历史博物馆幸存下来，但其他一切似乎都不会'幸免于难'。"

胡同和四合院

毫无疑问，即使是北京这样一个引以为自豪的规划，国内外仍然评价不一，赞美与肯定的并不多。

夏天，我来到了北京规划展览馆。上楼，入座，步入影视厅，戴上眼镜看立体宽银幕电影。主人先让我们看两部影片。一是介绍老北京历史的《不朽的城》。另一部则是介绍 2008 年“新奥运新北京”规划的影片。音响和视觉的效果具有冲击力。两部片子形成了强烈的反差。前者记录了从燕京、金中都、元大都到明清时期的北京城规划和建设。北京具有三千多年的建城史和八百五十多年的建都史。时光飞逝，高大的城墙、辉煌的殿宇，画栋雕梁、园林幽胜。还有静静的街道和胡同、古朴的院落、高高低低的屋顶……真是气象万千，大气磅礴，或典逸雄放，或深沉纯净。城的不朽，在于千回万转，血脉生生不息，吸引了无数惊诧的眼神，令人赞叹。古城神奇的气质和血脉，源流、造化和伟力，天地倾斜之中又兀然独立，光芒四射。观毕，天地之势自心中缓缓升腾。

主人的好心安排，实在不敢恭维。犹如大餐过后，给你端上一堆盒饭。介绍新北京规划的片子中，展现的画面凌乱、繁杂，如同潮水涌来时激起的浪花和泡沫。有的甚至可以用拙劣来形容。几乎完全是大小方块“积木”的堆砌，和万花筒般旋转——这是在任何一部星球大战之类的科幻影片中都可以见到的景象，凌空盛开的不是鲜花，而是立交桥。高楼如林，车流如蚁。眼花缭乱，紧张得喘不过气来，连清醒和宁静的瞬间都没有。我不知道这两部片子是否是同一个摄制编辑组，视觉效果上如此差距，也许是规划部门的领导始料未及的。

用不着敬畏。在北京市规划展览馆顶层大厅里玻璃的地面下，有一个上百平方米的城市沙盘模型，据说这是世界最大的。参观者可以走到“城市之上”，以一个“巨人”的傲慢姿态，俯瞰和“脚踩”天安门、长安街，寻找自己在这个城市的居所。我突然想到，当前城市建设中许多败笔的出现，正是与虚高的视角和自大有关——在沙盘与模型前审视，中国式的园林显得琐碎，四合院显得低矮单调，亭台楼阁只不过是不值一提的点缀，而大、怪、奇、高很容易夺人眼球。

北京规划展览馆里还有一些北京四合院、城墙等图片和实物展览——这都是些“样板间”，原来的建筑物或许已经拆毁，荡然无存。凝视玻璃柜中的一砖一木——玻璃柜中还放有北京的城砖——像看植物的标本、老城的标本，使人更有“伤逝”之感。

也许有些问题过于深奥。2008 年，北京要举办奥运会。“人文奥运”的支点是什么？北京城市文化的灵魂是什么？以往的艺术与发展创造之间有什么联系？世界上艺术的精华，都是有客观价值标准的，任何时代、任何国家的民族艺术也都有客观价值标准，任何建筑艺术创造都不能完全脱离以往传统的基础而独立。

有专家提出了“古都特色、中国风格、东方气派”的北京城市形象。除了“营造城市景观和改善环境”外，如何深入、系统地挖掘北京城的历史文化内涵，如何更好地在建设新城的同时，抢救和维护旧都风貌，进而复兴和创造我们时代新的城市规划建筑思想、建筑理论呢？

苏州古城：发展与保护同步

三 欧风美雨荡涤下的中国城镇

幅员辽阔的中国，是世界上历史最悠久、城镇最多的国家。

也许，中国传统的文化城镇，在爆破和推土机的轰鸣声中，已经掀向它的“最后一页”。

欧风美雨正扫荡着中国大小城镇。摩天大楼森林一般生长，古老的街道和建筑正在消失殆尽。

01　追寻中国城市的血脉

中国国家的概念起源于古代城邦——一座城市便是一个国家。传统文化广布在城乡，但主要凝聚和保留在城镇里。这是孕育我们智能和生命的地方。

不积圭土，难成高山。中国城镇延续绵长，历史从未间断，中国的2000多个古城镇，几乎每一城市都可以追溯到久远，都有深厚的历史文化积淀。即使遭过战火焚毁、洪水的淹没，古城中仍存在不同时代的大量历史文化古迹，像涝灾过后沃土上生长出蓬勃的新一茬庄稼一样，城市的修复与重建同样是生命与文化的延续与生长。有人把建筑比做凝固的音乐，那么城市就应该是一部凝固的乐章。

把中国城市的规划和建筑简单地归结为"农耕时代产物"、走完了历史进程的"木构建筑"，"从自己的娘胎里孕育不出自己的民族建筑"，等等，是"博学"的无知与浅薄。

把中国当代城市文化特色的消失，产生不出东方的经典，归之于缺少规划和设计大师，是有一定道理的。可为什么在当代中国城市大规模建设的高潮中，中西方文化强烈的碰撞、古老与现代的对接之中产生不出大师?

我们不妨略作回望。

20世纪二三十年代，中国国势衰微，城镇凋敝，战乱不已。被称为中国近代建筑宗师的吕彦直、梁思成、杨廷宝等人，都崛起于那个时代。这不仅仅是一种建筑学现象，更是一种文化科学现象。

他们几乎都有相同的经历，留学海外归来，有深厚的文化功底，既采用现代建造技术，又能创造性地发扬中国传统民族形式。中山陵是我国首次向海内外“悬赏”——即招标征集设计方案。方案不是由国民党领导人拍板决定。但事先已经过各界广泛的讨论，发表文章，确定了中山陵“开放式纪念”，和“至大、至德、至善”的指导思想。要求其风格为中国“古式”或“中西合璧”。那时没有业主和业内人士的概念，特聘的四位顾问，即南洋大学校长、土木工程专家凌鸿勋，德国建筑师朴士，中国画家王一亭和雕塑家李金发开会评审。交通部南洋大学为交通大学前身，凌鸿勋曾留学美国三年。虽然在美铁路公司工作并在哥伦比亚大学学习，但他大抵并没有为学位而是为中国现代化的本领而求

岳阳楼为四大名楼中唯一的清代古建筑，范仲淹《岳阳楼记》流传千古。

学，是继詹天佑之后我国著名的铁路专家，设计的铁路超过1000条，勘查过的公路超过4000条。当时年仅31岁的建筑师吕彦直也没有什么名气，他在上海报名应征，在四十多个设计方案中被评为第一。凌鸿勋评价说："此案全体结构简朴浑厚，最适合于陵墓之性质及地势之情形，且全部平面做钟形，尤具木铎警世之想。祭堂与停柩处布置极佳，光线尚足，祭堂外观甚美……此案建筑费较廉。"李金发评价说："造成一大钟形，尤为有趣之结构。"王一亭说："形势及气魄极似中山先生之气概及精神。"大家一致认为吕彦直方案"简朴坚雅，且完全根据中国古代建筑精神"，决定采用，并聘吕彦直为陵墓建筑师。

我们看看吕彦直这位设计大师的简历，就可知道他的方案被选中，绝非偶然。吕彦直于1894年出生于天津一个比较富裕的家庭。自幼喜欢绘画，8岁丧父，9岁随姐姐侨居巴黎，在那里受到法国文化的熏陶。1908年回国读书，1911年考入清华学堂留美预备班。1914年赴美国留学，1918年毕业于康奈尔大学建筑系。之后，他充任美国名建筑师墨菲的助手，参加了南京金陵女子大学（今南京师大）和北京燕京大学（今北京大学）的校园规划和建筑设计。与此同时，他还对北京明清故宫做了大量的实地考察，亲手绘制了不少故宫建筑图，从而对我国清代古建筑及欧美建筑风格特点都有了全面直接的认识。到1925年投标中山陵时，他已有了7年建筑设计的实践经验，其中重要的有上海香港路银行公会大楼、南京最高法院、东南大学科学馆等。这位年轻的天才，在中山陵建设未竣工时，即因辛劳而早逝。

千百年来，中国的城市在自觉和不自觉中形成了一些定式和规律。

先说规划。古代中国城市也许没有单独的规划局、城建局这类的政府机构，但多是按严格规划建设的。都城、州府和地区的中心城市、边防重镇，更是如此。都城的设计，更是由皇帝亲自主持和审定，府尹与太守之类，是做不了主的。

这些古代城市规划基本上遵循着中国儒家的传统思想。无论是商业城市还是行政中心，都有周密的规划，建设的"次序"也十分严格。先做供水和地下排水系统，后做街道和地面建筑；先造钟鼓楼、寺庙、学宫等"公共建筑"，形成城内型制宏大的标志性建筑物，再建店铺民宅。我在山东临淄就考察过两千多年前齐国都城规模宏大的下水道遗存。县、州、府和都城中都有寺观、学宫、坛庙——这些都在今天成了名胜古迹。

再说建筑。

建筑风格与艺术价值并不取决于材料，而是格局、建构、造型和细节表达的内涵。中国地域广大，建筑的材料多样，从来没有排斥过“石构建筑”和新的建筑材料——隋代李春的赵州桥、明代寺院广布的无梁殿、圆明园中的西洋楼，等等。

梁思成在《中国建筑史》中写道：“云南地高爽，虽远处南疆，气候四季如春，故其建筑兼有南北之风……滇西大理、丽江一带，石产便宜，故民居以石建筑者亦多。”看来，半个多世纪前，梁思成大师已经把大理与丽江古城纳入了视野。而我们是在20世纪80年代那场大地震后，才在危房的抢救中，发现了丽江的惊人之美。丽江古城风貌的保存，还有一个原因，即缺乏资金，不能大拆大建，不能打扮得花枝招展，才勉强修旧如旧，这终于为后代留下了青春不老的“丽江印象”。

中国传统城镇的凋敝，与中国封建社会的解体，农业、商业和手工业经济的衰落同步。

随之而来的是，在炮火、烟尘和残垣断壁中，在五光十色的经济全球化浪潮中，对城市规划和建筑的自信丧失和迷失。

令人可悲的是——正如梁思成几十年前在《为什么研究中国建筑》一文中所说的，“纯中国式之秀美或壮伟的旧市容，或破坏无遗，或仅余大略，市民毫不觉可惜。雄峙已数百年的古建筑，充满艺术特殊趣味的街市，为一民族文化之显著表现者，亦常在改善的旗帜下完全牺牲……这与战争炮火被毁者同样令人伤心，国人多熟视无睹。盖这种破坏，三十余年来已成为习惯也。”

19世纪末，对传统文化的怀疑与否定，在20世纪六七十年代的“文化大革命”中达到了顶峰。

和北京一样，中国的许多城市建设并不缺规划，有的在20世纪50年代就已经制订。我不清楚历届政府做过多少次调整、修改和重新制订。据调查，目

前中国一些大城市制定城市规划的“寿命”，平均不到12年。

城市规划的“短命”反映了决策者、制订者的知识、观念和眼光。规划的思想脉络是什么？规划本身是否科学合理？有没有得到很好的落实和执行？

规划是人制定的，人既可以制定，当然能够修改调整。但在商品经济中，现在修改或调整规划，充满了其他不确定因素，规划部门成了最有权力的行政机关。几位老乡，准备在城南建一座商城，看中了一家工厂的仓库，双方达成了联合开发的协议。后来到规划部门一看，这片土地在规划图上却画着一个蓝汪汪的大湖，厂长也不知有此规划。这里根本没有水，只有一条臭水沟从仓库墙外流过，20年了，污染未曾治理。可规划上是水上公园，商城肯定不能建。好在现在有专门办批文的公司，花了100万元委托他们，搞到规划部门批文，允许建临时建筑。而这些钱是如何分配的，流进谁的腰包，就不得而知了。

良田改工业用地，工业厂区改建小区和商品房，预留的绿地变别墅，其前提都要有规划——而这里的潜规则，都需要花钱。

某一省会城市的规划局长空缺，几个地方官员争着到京城活动跑官，请上头的相关领导或秘书“发话”，有的带了几十万“活动”经费，“同伙”的有一个是我的熟人。在宾馆喝茶的时候，我问，这个职位值那么多钱？他说，与市公安局长差不多吧，可能还更实惠一点，一年挣个200万没问题。我不禁哑然。

有的地方换一届领导就出一个规划。城市规划往往交给设计研究单位，只要拿钱就干活，领导要怎样制订规划就怎样制订。贪大求洋，翻来覆去。一纸规划实施起来有多少约束力？能约束的也就是一些小商小贩和居民的违章建筑了。

这不能不说是中国大学建筑工程设计教育的悲哀——“现在是业主教育设计师的年代”。

同样到具体的建筑物设计也是如此。这是给一些公费出国考察团编的顺口溜：“上车睡觉，下车撒尿，参观拍照”。一些单位的官员、公司老板往往拿着出国时拍摄的某个欧式建筑照片，让建筑部门按此模样建造。设计单位为了

河北真定华塔，具有古印度风格佛教建筑风格。

挣到钱，业主单位怎么说，设计人员就怎么画，施工单位当然也就怎么做。

急功近利、粗制滥造、时尚跟风、弄雅成俗是必然的结果，因为很难指望业主对建筑有多少文化上的理解。还有些专家学者，在洋风劲吹之下，“虽然对新输入之西方工艺的鉴别还没有标准，对于本国的旧工艺，已怀鄙弃厌恶之心理”，他们把这种“鄙弃厌恶”上升和包装成学问，是迟早的事情。

外来的“和尚”念的自然是真经。给外国设计师高报酬，言听计从；对国内建筑师压级压价，颐指气使。在重大工程的招标中，国内建筑设计单位与外国建筑设计单位联合，实际上仅仅为了给他人搭建一个平台，中国建筑师的设计仅作陪衬，他们的创造与创新的机会一次次被无情地剥夺。这无形中加剧了一些国内建筑师随波逐流的心态。

在恶劣无序的建筑市场角逐中，为数不多的建筑精英们无暇集中精力创造出更多的好作品，而是把精力和才能放在谈判桌内外，放在“开拓”市场上。只有获取足够的订单才能求生存，才能过好日子。他们不像教授学者，而更像游走叫卖的商人小贩。建筑师文化思想和独立精神之流失，是中国当代建筑也是城市的悲哀！

于是，拆、建；拆、建。一座座城市终于把“生米煮成了熟饭”。

02　城市化的提速与负载

争论“破坏性建设”，还是“建设性破坏”，本身没有多大意义。

几乎所有的城镇都经历着量的扩张和质的变化。推土机、挖土机、打桩机、混凝土和塔吊的森林、时髦的玻璃幕墙与钢铁的构建，广场、喷泉、雕塑和绿地……摩天大楼、立交桥，以及城乡间低矮的棚屋、高低不平的土路，老街旧城的废墟，构成了当代中国城市最常见、最壮丽，也最破败的风景。

沙漠空城鄂尔多斯

现在，中国城市化率达到了多少？

有人说还很低，只有 30% ~ 40%。

其实，珠江三角洲、长江三角洲等沿海地区已经达到了 70% ~ 80%。北京、上海、天津绝大多数的县已经变成了城区，乡镇变成了街道和社区。广州、南京、杭州、成都、武汉等大城市，像一个个巨大的磁场，把周围的乡镇都吸为城区，西安市甚至把百里外的临潼都吸入了城区。北京、上海取消了农业户口，浙江即将在全省范围内取消农业户口。

摸着石头过河，难免就有水流、路径和方向的问题。

“亡其国，先亡其史”，这从来都是外来闯入者狠毒的一招。重温历史，不堪回首中的回望——在时间的坐标中，才能找到今天的定位参照。

两千年的时光依稀。一百多年，不算太遥远，半个世纪，更能精确地计算与测距。城市的扩大与停滞，大跃进与大跨越，以及随之而来的调整，一再交错进行的变速成了中国发展的钟摆一般的“模式”。

新中国建立后，实际上采用农村与城市两元分隔的模式和管理方法。农村与城市发展，农村、城市的行政组织管理，农副产品与工业品的生产流通交换，农村人口与城镇居民之间的流动，都通过计划安排，用高度集中的行政办法进行协调解决。户籍与粮票——地方粮票与全国粮票——则把没有“粮票”的农民，一年四季固定在乡村与土地上了。“喜看稻菽千重浪，遍地英雄下夕烟”，是领袖与诗人理想的农村田园风光。

20 世纪 50 年代，经济建设高潮中，我国中西部大批工矿型城市出现了。兴办工矿企业到农村招工；城市无法解决就业问题，靠“上山下乡”缓解失业。五六十年代，“大跃进”、“大炼钢铁”和粮食产量“放卫星”后，国民经济进入调整阶段，城镇首先精简居民，动员来自农村的职工返乡，并对全国城市规模进行了压缩，4 年中撤销建制市 40 多个。对城乡人口流动，特别是大中城市规模的扩大，实行了严格控制和限制。

潮涨潮落的中国经济，在“文化大革命”中更是到了几近崩溃的边缘。

2007 年春天，我到英国访问，从伦敦、剑桥、曼彻斯特到爱丁堡和工业城市格拉斯哥，在 20 多天的行程中，我再次想到半个世纪前提出的“超英赶美”的口号。当时的一个重要指标是钢铁的产量，而现在则是 GDP。中国的钢铁产量已经大大超过英国，GDP 按照购买力评价实际也已经超过英国。但我们是不是缺失了什么？——文化、传统，还是城市的历史风貌？从第一产业、第二产业到第三产业，高新技术、服务业与旅游业的兴起，科学、文化与历史显得如此的重要！

1980 年后的 20 年间，城市化在中国提速，从此再也没有出现过减缓的势头。城镇净增人口约 2.5 亿，这还不包括大量进城务工的农民。

农村劳动力的富余一直是存在的。在人口稠密的沿海地区，人均不到一亩耕地，即使是中部许多农村，一家人也只有几亩地。在我的家乡，种地几乎到

上海浅薄新区楼群

了绣花般“精致”的程度。农村家庭联产承包使农村富余劳动力得到了空前解放——这种“解放”的具体表现是大规模的农村人口向城镇转移。农民在向城镇迁徙转移过程中，长期受到束缚的创造力和智能得到了空前的发挥——它与土地资源一样，在一波又一波开发中升值增值，并转化为巨额资本，成为中国经济起飞的有力双翼。

进入本世纪后，城镇化进一步加快。

这是一组数据：从 1978 年 ~ 2003 年底，我国的城镇化水平由 17.92% 提高到 40.53%，提高了 23.6%。近几年中国城镇化速度是前 31 年的 3 倍多，是世界同期城镇化平均速度的 2 倍多。目前中国设立城市达到了 660 多个，建制镇 2 万多个，城镇总人口达到了 5 亿多。据预测，在未来 15 ~ 20 年内，我国城镇人口和城镇数量将增加一倍，城市化平均水平将达到 60%以上。

中国城镇化速度快、范围大、影响广。在连天的大潮涌浪中，人们在没有足够思想准备和制度设计的情况下卷入其中。

四五千年的历史，农业革命、手工业和商业发展，中国大地上多次出现过众多的城镇，灿若群星。

疆域辽阔，气候和地理不同，人口、民族众多，风情民俗迥异，注定了中国的传统城镇多姿多彩。江南水乡古镇乌镇、同里、周庄、西塘、南浔，与山西的平遥、祁县、代州各不相同，与陕北的榆林，更不用说云贵高原上的青岩、大理、丽江等古城古镇，风貌各异，差距极大。中华民族文化与精神的同一性，正是体现在这些差异中。

当前，中国的城镇化是由新一轮工业革命浪潮推动，在全球化、信息化背景下发生的。动因和背景的趋同，打破了地理与区域的限制，不说强势文化——强势与文化无关；真正强势的是经济，特别是对“贫穷惯了”的古老中国——以发展经济为中心，实际也是最直接的别无选择的抉择？

推进“城市化”还是提倡“城镇化”仍在争论。

在毫无准备、方向莫辨中，中国的城市进入了快速发展和膨胀期。发挥中心城市的作用，撤地改市，撤县建市。增加 GDP、开发区和工业区、招商引资、通过开发土地筹集资金和扩大财政收入，还有各项经济指标和政绩工程。至于要解决“三农”（农业、农村、农民）问题，有人开出的方子就是把大量农村人口转移到城市。

一再提速，中国的城市实在不堪沉重的负载！

一年一个样，三年大变样，不仅仅是口号和领导的决心，而且不断变成了现实。

现在，全球有几个国际大都市？

令人惊异的是，中国竟有300多座城市的领导提出了要建“国际化大都市”的目标。

03　“大手笔”们的挥写

“大手笔”，是不少城市领导对政绩工程的得意之谓。

书法与文章基于汉字，笔法基于笔形。“手笔”源于手执毛笔写汉字三大关纽。凡大家名人的文章、写的字或作的画，气势宏大，才有可能成为“大手笔”。当代书坛某些人手执拖把，蘸几十公斤墨汁，在地上画“巨书”——其实与大手笔无缘。

大手笔也需师承。

就书法而言，初唐诸家承“二王”，少师承颜柳，南宫、雪松承晋及初唐，苏、黄亦有承者。即使移地动天，总揽风雨，不变与变，总有轨迹可寻。——今天的“大手笔”，或许真的与作文、作画、作字无关了，与一个人的学识造诣无关了，只剩下了“办事、用钱的气派”。

到过许多城市，领导们言谈中使用频率很高的一个动词是“打造”。

历史给了一些人登上城市建设舞台的机遇。从上任伊始，就以自己的理念和意志，不遗余力地“打造”城市——仿佛城市只是一块“烧红的铁板”。写到这里，脑海里不禁出现了这样一幅景象，铁匠们呼呼拉动风箱，在烈焰的窜动中，用钳子夹着烧红的铁板翻来覆去，挥动铁锤，火花四溅，随意“打造”。这个动词可以与许多名词组合，比如打造新区、打造中心商务区、打造国际会议区、打造城市品位，甚至还可以打造意在推介自己政绩的“城市名片”。

幸运，也是不幸。即使不是全部，但绝大多数政绩工程、腐败现象都与城市的发展和建设，与拆迁、征地有关。在这些“前腐后继”的故事中，多数人的命运也仅仅是无可奈何听命于天。

无论是新的小区，还是“拉链式”街道和“地标式”建筑，无论是新的建筑形式还是新的形式、新的内涵，城镇总不能长久地烤在“火焰”上，不能忍受“砧与铁锤”无休止的敲打——能打造的只有一个躯壳，而绝不是灵魂。

城市特色，是指一座城市的内涵和外在表现明显区别于其他城市的个性特征。一个城市甚至一个城镇的风格特色，已经远远超出经济和文化范畴。

我们并不比古人高明，也不比后人聪明。当代，在“塑造”几百个中国“现代化”城市的同时，轻视历史，忽视文化传统的倾向十分普遍。

建筑设计既不考虑与周边的文化生活融合，更不考虑与当地的环境气候适应。建筑创新和建筑艺术基本谈不上，建筑理论也不起作用。大规模的旧城改造，热火朝天的新区建设，有多少历史文化名城、沉淀着深厚历史的文化街区，有很高艺术价值的建筑物，遭到了无法挽回的破坏和拆毁。尽管有一些引起了社会的强烈关注——可往往收效甚微。强者最终还是胜者。

千篇一律的高楼大厦，大同小异的城市着色。城市建筑的趋同化、城市风格和特色的消失……与此同时，仿造移植欧美之风盛行，不伦不类的建筑物大量出现。许多地方的酒店直接抄自欧洲城堡。有的小区原封不动地“照搬”国外小镇。这就是品位？

“豪华衙门”风生水起，屡禁不止，难道仅仅是“公仆意识”、“忧患意识”、“节俭意识”的缺失？有的办公楼气派得像宫殿，有的办公楼漂亮得像公园，不少办公楼都是城市的标志性建筑。河南郑州市惠济区政府建了个占地530亩、状似“白宫”的办公楼；重庆市忠县的黄金镇办公楼形如天安门；连仅有12名在职职工的重庆市万州天成交通局，也建起了两栋建筑面积7000平方米的“欧式”风格建筑。在青海省的一偏僻地区，我见到当地的法院竟照搬美国国会大厦的外形，其后面是一片荒滩。

在仍然贫穷的淮北的一个县的旷野上，有一座规模不小的“世界公园”。埃及的金字塔，纽约的世贸大厦，巴黎的凯旋门、雕塑等，在这里一应俱全。真让人张开嘴巴就合不拢。

1996 年秋天一个细雨蒙蒙的下午，地方上特意把考察淮北水灾后农村重建情况的中央领导一行领到这里参观。县委书记口若悬河地介绍自己的杰作。中央领导问，怎么想起建“世界公园”？这位书记说，是县领导到深圳考察世界公园后，决定集资建的。中央领导指着问，这座凯旋门是怎样修建的？这位书记咧着嘴“憨厚”地笑笑，说，是照一个挂历上的照片式样画出图纸建的。——我在人群中听了，顿感愕然。

当时，我作为新华社记者随同采访。

我问一位当地乡干部：“到这里来参观的游客多吗？投资怎么收回？”

他小声说，开始几天人还不少。一些农民听说园里有“光着身子的女人”，想来看个新鲜，就是池边的那几个雕塑。现在呢，没人来了，10 元钱一张的门票，掏不起。看了光屁股的，就得饿肚皮了。他停了停说：“不管怎么说，搞开发的老板，低价弄了这么一大片地，今后不管干甚，都发财了！”

浓云低垂，四野寥落，细细密密的雨丝不断从脸上滑落，在乡间的村路上走着，一头雾水，又湿又冷。

城市现代化离不开文化，城市文化是现代化的根基。如何延承历史的文脉，城市现代化如何与传统文化相结合，现代文明如何与东方灿烂的文化相衔接，成为摆在我们面前难以破解的课题。不管沿海还是内地，逛了一座城市，等于游历了几百座城市。文化竞争力的严重下降，直接影响了城市的创造力和凝聚力。粗陋和荒诞，豪华和铺张，在很多城市、很多建筑群落中集合在一起，这不能不说是一种悲哀。

在城市的规划建设中，主要领导以及开发商起主导作用。官员或老板在城市建设中颐指气使，建筑师并没有发言权，更不用说广大城市居民了。不断改变的设计、规划，以及不断出现的败笔和失误，中国的城市已经很少能找到历史文化演进的踪迹了。

福州古民居

04 拆！拆！拆！

其实有些很相似。毁灭以改造的名义出现，破坏以建设的名义出现，商业开发以保护抢救的名义出现。

中国多数城市陷入了一轮又一轮的大拆大建。

大发展时代，也是大破坏时代？近年来的大拆大建，与20世纪五六十年代不同，除了一些领导的“政绩观”、“权力观”外，更多的与“城市改造”、房地产开发项目中的商业利益、某些领导个人获得的好处，统统搅和在一起，

福州严复故居

动力不断，以致难以遏止。

大草坪、大花坛，城市变得千篇一律，布局相仿、建筑雷同，分不清东南西北，不辨中国还是欧美。为什么要拆掉古建筑，为什么不同时期、包括近现代建筑不能和谐共处在一个城市！？

除了极少数城市和古镇外，已经没有完整的文化风貌。

1949 年新中国建立以后城市的恢复和建设，是对“破旧”盲目的冲动，而经济条件又不具备，所谓的“立”也大多是因陋就简。“文化大革命”其实不在革命，而是对文化的蹂躏与割断。有些做法，如破“四旧”，似乎已经终结，可为什么相似的行为还在延续？如果说，过去主要是受极“左”思潮的影

湖北一个县级市建了个很大的西式文化广场，而城内古建筑鼓楼周围却破败不堪，鼓楼门洞也成了小吃一条街。

响，是“政治”冲动的话；而今天，却主要是官员的“政绩文化”，与开发商商业利益的双轮驱动。

福州是一座历史文化名城。

其文化和历史集中在市中心的三条坊、七条巷。“三坊七巷”是南后街两旁从北到南依次排列的7条坊巷的简称。“三坊”是：衣锦坊、文儒坊、光禄坊；“七巷”是：杨桥巷、郎官巷、塔巷、黄巷、安民巷、宫巷、吉庇巷。“三坊七巷”占地约40公顷，有居民3 600多户，14 000余人。这里坊巷纵横，屋宇精致，匠艺奇巧，集中体现了闽越古城的民居特色。走在浓荫蔽日、石板铺地的小巷上，穿行在白墙青瓦的老屋间，会使人神清气爽，生出很多遐想。

这里是闽江文化的荟萃之地，明清古建筑错落群集。更有林则徐、邓廷桢、左宗棠、郑孝胥的故居，严复、冰心等也是从这幽深的小巷中走出，走向了全国。这里有43处国家级、地方级的历史文化遗存。1992年，同济大学建筑与城市规划学教授阮仪三曾为福州作过城市规划，也通过了专家评审，但不知为什么始终没有正式批准。大概是领导之间意见不同。

规划作出一年后，房地产开发热升温。“三坊七巷”位于福州市中心，寸土寸金，房地产开发商一眼就看出了其升值的潜力。领导要招商引资，要拿出最好的地块。他们请来香港李嘉诚投资开发“三坊七巷”。消息传开，福州的许多居民想不通，专家们更是联名在报纸上呼吁救救“三坊七巷”。《光明日报》以显著的版面作了报道。

香港豪富李嘉诚有钱，有地位，是请来的上宾。旧城“改造开发”工程，是要把整个“三坊七巷”重新“深翻”一遍，方案是在四周盖一圈38层的住宅楼，中间再建一个大商场。这一来，整个城区的环境都将改变。

李嘉诚请香港著名建筑师陈藉刚先生任首席顾问。陈藉刚先生得知阮仪三搞过一个规划，又持反对态度，于是便找到阮教授征求意见。阮先生把话说得很重：“别干了，干了，身败名裂！”还送给他一本书《名城鉴赏与保护》。这使陈藉刚先生深受触动，后来他坚决请辞，退出了设计，不再参与“三坊七巷”的改建。箭在弦上，已绝无后退的可能，李嘉诚又找了别人接替陈藉刚。开发工程破土动工，旧房子不断拆毁。众多专家继续奔走呼号，新闻媒体进行了跟踪报道，一时沸沸扬扬，成了“焦点”问题。

房地产开发需要“滚动”，滚动不起来，资金周转就不灵。38层的大楼已盖了8层。李嘉诚只好停手不干。可当地有的领导仍一意孤行，准备在全国找几家大的公司，重新包装，接着开发。阮仪三在接受电视台采访时再次大声疾呼。据说由于一位中央领导看到了电视节目，过问了此事，才峰回路转。

建设部部长亲自主持召开专门会议，讨论福州“三坊七巷”问题。会上，一致认为福州违反了国务院批准的《历史文化名城保护规划规范》，是知法犯法，建设部要求“三坊七巷”的开发工程全部停止，重新规划，重新审定。终于，在成片的瓦砾面前，日夜工作的推土机和挖掘机停了下来，除一坊两街被毁外，大部分街区终于得到了保存。

十余年过去了。今天，人们已经开始认识到保存下来的“三坊七巷”的文化和旅游的价值。

福州的“三坊七巷”还算是不幸中的万幸。在新的一轮大拆大建中，许多文化古城失去了风貌，许多有重要价值的历史建筑被破坏殆尽。

浙江定海古城被拆毁了。

贵州遵义古城风貌也受到严重破坏。除遵义会议旧址那幢楼房外，整条街区的其他房子都被拆光了，重新盖起所谓民国初年式样的房子，还开辟一个大广场以便举行大型活动。

……

05　中国城市“文脉”的断裂

文化是什么?

文化是语言、文字、音乐、歌舞；是民俗、风俗、生活的总和；是一种精神、风格和气质；是思想、审美和价值的取向。既是无形的，又是有形的；既是鲜活的，又是凝固的。

文化是什么?

文化是人与时间、空间的关系；是一个民族、一个国家人民的凝聚与认同；是浸透我们祖先和父母血汗的江河、大山、土地所孕育的；是延绵不绝的历史、哲学、文学、科学、技术、教育、心理的综合。

有形的城市文化，是可以触摸的。也许是一个群落、一组建筑、若干街区和一座城市个性的聚合，是色彩和谐与美的展示。因此，文化也是城市的灵魂。

无论是古典或者现代，在有文化的建筑上我们可以读出时代特征和历史的变迁，无论是北京的皇宫和四合院、上海的石库门，还是徽州的民居、客家的承启楼以及陕北的窑洞，遗址上即便只有几块砖石，或者“露沾荆棘没铜驼”，我们仍能辨认出其岁月风霜的年轮。

我们从古代的诗人作品中，读出了中国城镇的神韵和气派：有小桥、流水、人家；有烟雨里的高楼层台；有晚霞中的飞阁危亭；有小楼深巷，轩窗锦屏；有“二十四桥明月夜，玉人何处教吹箫”。

首先是城市的色彩——那是中国文化的底色。

黄河边上的古镇碛口戏台

与中国人服装的主色调相似，黑、白、灰三色，是历史上我国城市的主色调。它无疑凝聚着东方深层次的文化心理。宋代诗人陆游在《游锦屏山谒少陵祠堂》中有“涉江亲到锦屏上，却望城郭如丹青”之句。“丹青”原是指两种颜色，这里是指水墨画。

黑与白在国人的色彩观念里，如同阴阳两极对比，已不是单纯的黑白两种色彩，而是所有色彩的集合，是夜与昼的更替、一年四季轮换的体现。在水墨画中，黑白两种色彩是无所不包的。黑白展示了全部的色彩之美。

中国城市亦有例外。如唐代诗人杜甫《龙门》一诗记录了古都洛阳的光华色泽：“气色皇居近，金银佛寺开”——金色是佛像的定位，是佛国世界的视觉形象。金光灿灿的皇宫与佛寺点染了东都洛阳的辉煌与壮丽。今天，我们在青藏高原，仍然可以看到点染了理想和信仰之光的色彩——只有布达拉宫和大昭寺等大小寺院、佛堂，才可以有辉煌金子般的色彩。

其次是城镇建筑布局的要素结构——这是中国文化的语言表达。

城郭，屋宇，街道。坊，里，巷和胡同。

在中国古代城市建筑中，均十分强调在城市中具有地标意义的公共文化建筑——寺、观、庙，钟楼、鼓楼和书院等，除皇城外，官府所在的衙门反处于相对次要的地位。如古代中国的县城和州府所在地，都有孔庙。这些“公共文化”建筑确定之后，才是东西市、商业街区和住宅区。井然有序——这也是一种传统文化思想的指向、民族文化的组合。

我们走进传统文化街区，走过各组古建筑物，来到各个庭院，会感受到几千年来中国建筑文化的激荡、传承和演变。

……

北方和南方，平原和水乡，乡土建筑、古迹名胜、传统特色——中国城市之古老与深沉的内容，中国规划和建筑丰满极致的创造，既不是一些人眼中破旧房子的堆聚，也完全不同于一般知识告诉我们的——所谓风貌。当前，强调社会生活与文化的多样性，全球城市越来越注重城市文化与生活、经济的融合，使得全球城市日益成为文化在空间上的代表。强调文化在全球城市中的重要力量，是全球城市向创意城市深化的重要推动力。

我们走过深圳；走过浦东林立的摩天大楼；也走过周庄、乌镇、南浔、同里；走过今日的苏州、无锡；也走过丽江、平遥。我印象特别深刻的是，在山西晋中常家古城式的大院里，同样深藏着南方私家园林，有湖泊与亭台楼阁，在院内长长的回廊墙上，嵌着很多书法碑刻。常家几代商人，靠从南方贩运茶叶，经汉水北上，然后运销到外蒙、俄罗斯乃至欧洲发家致富。富可敌国的商人，竟如此高雅，把多方觅得的中国古代名家的墨宝，一一刻在石碑上，珍藏家中，以教育后代要时时研习——据说这户人家的子弟中，只有最优秀的饱学之士，才能继承商业。

文化和知识都需要熏陶。

从北京到拉萨，再到峨眉山、乐山、重庆；从曲阜、泰山再到武当山、庐山和徽州，2003 年，我在进行中国世界文化遗产保护调查中，在各地领导介绍中，听得最多的也是“打造”两字。打造风景名胜区，打造国际会展中心，甚至在峨眉山风景名胜区中用几个月时间“打造”出一个大广场来，令一些专家痛心疾首。

文化与学历虽然相关，但并不一定成正比。不见得大学毕业，不见得获得硕士或博士学位有高级职称的市长书记、建筑师规划师，就有深厚的文化学识，就能走进“大匠之门”。

记得 30 年前，我在某矿山技术科工作时，当时建一幢办公楼或住宅楼，铅笔、圆规、鸭嘴笔、计算尺，还有画图、描图、晒图，几十张图纸，出一套“蓝图”也要几十天甚至数月。现在搞设计、画图也方便了，通过电脑建筑设计软件，小小鼠标把一切变得轻而易举，几天便可完成摩天大楼的设计。

急功近利是当代官员的“通病”。

现在是崇尚速度的时代。城市规划、建筑设计和施工的速度，甚至没有留下思考和审视的时间。在当代中国，“文化”正在不断萎缩。至少在城市建设中已经快要被彻底抛弃、无情埋没了。

迷失的不仅仅是一群人。

时下地方领导们流行的说词："文化搭台，经济唱戏"——令人不解的是，怎么经济倒成了"上层建筑"，而文化则成了可为经济垫脚的可有可无的台子，成了招徕游客吸引投资，打造所谓城市"名片"或者"明骗"的资源？

有谁认识到，文化是我们的血脉，是哺育我们的乳汁，是我们民族的根！

06 喜新厌旧：难以幸免的"洋房"

火车是在工业革命中诞生的。

火车站是现代城市的门。

火车站建筑是一代又一代建筑大师倾注心血、施展才华的地方。在世界一些城市，即使火车站改扩建，老建筑往往都能得到很好的保护，如巴黎把老火车站改成了著名的奥赛博物馆。

香港原九广铁路始发站的钟楼。车站因市政建设发展的需要搬到了红磡，钟楼得到了很好的保护，而且与尖沙咀天星码头的港口建筑融为一体，又成为了维多利亚港轮渡码头的标志。灯塔下面的广场记录了这块前殖民地上曾发生过的许多事情，回归后的今天，每逢节假日市民们仍在这里举行各种活动。

哈尔滨火车站就没有这么幸运了。

19世纪90年代产生于比利时的新艺术运动，在19世纪末通过法国传入俄罗斯。当时正逢中东铁路建设时期。哈尔滨火车站始建于1903年，1904年底投入使用，建筑形体扁矮、舒展，不完全对称，形体不乏雕塑感，曲线优美，动感十足，门窗洞口或呈椭圆形，或扁券，或方额圆角、马蹄形等，边缘饰以流畅的曲线贴脸。整个建筑体态优美，形象活泼，色彩摩登，体现了典型的新艺术运动的建筑特征。不少哈尔滨市民对这座老火车站记忆犹新。

新艺术运动在欧洲昙花一现，作品不丰，无论是规模还是品位，哈尔滨老

济南老火车站，现已拆除。

火车站的新艺术建筑都堪称世界级珍品。可惜这座火车站在1960年3月新建客运站时被全部拆除。

如果说哈尔滨火车站被拆除的年代还有些“遥远”，那么，令人不可思议的是，由德国著名建筑师赫尔曼·菲舍尔设计的、始建于1908年的济南火车站，却在国内建筑界“仿欧之风”劲吹的1992年，被完全拆除。

我在济南上过4年大学，多次进出济南火车站，其雄伟钟楼和宽敞的大厅深印在脑际。谈到曾引以为傲的老火车站被拆除，济南市民无不扼腕叹息。

济南火车站在中国近代建筑史上占有重要地位，是一座典型的日耳曼风格的建筑。采用不对称的布局，稳定均衡，高低错落有致，主次分明。车站由东西两栋楼组成。西楼为主要站房，供售票、候车、办公使用。东楼始建时被德

哈尔滨圣·尼古拉教堂

国人开设为邮政局，后改为货运用房。济南火车站站房是一座三层砖石、木屋架房屋。主入口前是宽大的石砌台阶，比例匀称、粗壮有力的石柱廊。候车大厅呈方形，圆形拱顶高达13米，方格式天花板上覆陡峭的双坡瓦屋面。南墙和北墙有高大的拱形高窗，镶嵌彩色玻璃，厅内光线明亮，通风良好，毫无压抑逼仄的感觉。厅内墙面、地面全为花岗岩，上有仿木装修的雕刻。东部低矮的绿色球形穹顶下是售票室，西部为三层辅助用房。云状曲线形的阁楼山墙与东部候车大厅的高大拱顶和拱形窗遥相呼应。圆形的四面钟塔楼嵌在候车大厅与辅助用房中间，突兀高耸，高达32.1米。钟塔穹顶绿瓦与东部售票厅的绿色穹顶上下呼应，形成建筑物的构图中心。济南火车站的货房也是由德国建筑师赫尔曼·菲舍尔设计的，分布在广场两侧。虽为两幢独立的建筑物，但其造型、屋顶形式、建筑材料和色彩等，与火车站主体建筑风格和谐统一。济南火车站不论是群体组合，还是个体造型，乃至精美的细部，都可称为20世纪初世界上优秀的建筑，是当时中国可与欧洲著名火车站相媲美的“建筑作品”——今天，有几座建筑可以称为“作品”？

而且关于老火车站拆除的过程也有一个传说。

据说接受拆火车站任务的民工队是以回收旧材料作为补偿的，原计划一个月完成，结果用了半年时间才最后拆净，可见当初德国工程师主持建造的这个车站有多么坚固，所用材料又是多么好，以致民工们都不忍轻易砸碎。民工们的艰苦劳动从回收材料中得到了补偿，可市民心里历史感的缺失又怎能够得到补偿呢？

1992年7月1日，随着济南火车站钟楼被拆除，车站大四面钟的时针永远停止在了这个时刻，这座著名的建筑从此永远从地球上消失了，而代之以毫无特色的一个火柴盒式的新火车站。

津浦、胶济铁路的修建虽然叠印在中国被侵略历史的底色上，但毕竟是中国走向现代的开始。同样在山东省，同一个时间段，当时在青岛当市长的俞正声就非常注意保护德国租界时期遗留下来的建筑，而且附近新建的楼房也要与旧建筑协调，使青岛形成了非常有特色的城市景观，成为吸引外资、发展旅游的一大有利条件。

我们曾经有过真正的欧洲风格建筑，可惜被拆毁，或者搞得面目全非了。我们可以列出一长串名单：

——建成于1900年的哈尔滨圣·尼古拉教堂。在很长一段时间里，是哈尔滨的标志性建筑。这座堪称建筑艺术珍品的东正教教堂，是由俄国建筑师包德列夫斯基设计的。这座教堂位于哈尔滨南岗区一外放射性城市圆形广场的中央。无论是从哈尔滨车站南望，或者从南面的中山路北眺，视线的终点都落在圣·尼古拉教堂八角形的尖顶上，其小巧绿色的球形穹顶，会使我们想起莫斯科红场边的教堂。这座教堂的体量并不大，高度和周边的建筑、道路的宽度十分和谐。这座教堂是木结构建筑，全部木构件均用榫接，未用一钉一铁。由于采用木构架井干式结构，内部形成高大的穹顶，其造型则采用俄罗斯木结构帐篷顶形式，堪称稀世文物。这幢建筑在“文化大革命”中被彻底拆毁，广场也因此变得空荡起来——与我们现在各地到处修建的缺少文化的“文化广场”相似。近年，周边的楼群生长起来了，又在教堂的原址上建了一座毫无特色的“阳光大厅”地下商场。

——当《太阳岛上》这首歌唱红全国的时候，已经很少有人知道，在松花江北岸的太阳岛上，也曾有过一座圣·尼古拉教堂。这是由侨居哈尔滨的俄罗斯东正教教徒在1924年开始修建的。教堂呈长方形，砖木结构，造型简洁，气势不凡。主入口上方设有方体八角帐篷顶钟楼。顶戴鼓座小洋葱头式穹隆。教堂主体为三角形双坡屋顶，屋脊上饰以六角鼓座顶托大型扁式洋葱头穹隆，而教堂后部圣坛部位脊顶上坐落着一个小鼓座洋葱头式穹隆。三座圆形穹隆大小高低错落有致，金光闪闪，上面耸立着十字架，在夏日的晴空下特别醒目。当时俄国侨民在太阳岛避暑期间，就在这里做礼拜。这座滨江临水的建筑掩映在绿树丛中，环境幽静，曾是太阳岛上最为诱人的景观。可惜也在“文化大革命”中被摧毁。

——1909年建设的山东咨议局办公楼，是一座西洋古典风格建筑。1912年，就在这座楼的大厅里，北上的孙中山先生曾做了关于“三民主义”和“建国大纲”的长时间讲演。这座有重要历史意义的建筑在20世纪60年代被拆除，其原址上建了住宅楼。

——天津原意大利租界内的意大利花园及马可·波罗广场，1924年修建，平面圆形，总体布局呈规则式，中心为罗马式凉亭，有喷水池及花坛。在紧邻花园的十字路口，建有一小广场。广场的中心耸立着高达十多米的纪念马可·波罗的科斯林式石柱，柱顶有一座铜铸双翼和平女神像。基座雕刻石像，周围有圆形喷水池。尽管现在中国许多城市都在修建“罗马广场”、“罗马花园”之类，但鲜有如此经典的意大利风格作品。现在，马可·波罗纪念碑早已被拆除了，虽然还保留一部分花园，但被并入了由原球场改建成的“第一工人文化宫”。天津租界内，原来还有法国花园。这个花园内立有法国女英雄贞德一手举剑、一手举旗的雕像。现在，这些花园原有的格局风格也被“改建”，破坏殆尽。

……

值得一提的是 1976 年被拆毁的哈尔滨圣母大教堂。

这座教堂是北京俄国东正教使团驻哈尔滨代表所在地，也是哈尔滨最大的教堂之一，可同时供 1 500 人做礼拜。它始建于 1903 年，建成后几经改建重建，于 1941 年最后完工，由俄国建筑师屠斯塔诺夫斯基设计。圣母大教堂宏伟壮观，充分体现出古罗马和拜占庭建筑的风格。高大的钟楼、中心拜占廷式帆拱穹隆及卷拱高窗，交相辉映，确为不可多得的艺术佳作。具有讽刺意味的是，在这座大教堂被拆除两年后，哈尔滨市建工局在原址上建起了一座“简朴”的办公楼，哈尔滨市建筑设计院也搬进了楼内。

几百年前，哈尔滨还是一个松花江边小小的渔村。今天，哈尔滨人仍然以其建筑风格而自豪，而这自豪源于为数不多的历史建筑。我不知道进出于设计院灰头土脸办公楼的工程师们有没有想过，这里曾有过设计技艺高超、堪称艺术精品的圣母大教堂，而这种出自前辈建筑师之手的建筑，只有在大学的课本中才能见到。

像所有远行的游子一样，我思念故乡。每一次踏上回乡的路途，在眼前浮现出一个个鲜活形象的同时，往往又不禁惶惑起来——我害怕那些应该被珍惜的风景，会被陌生的突兀“新貌”所代替。我的家乡黄岩只不过是江南滨海水乡一个普通的小县城，而它现在要“打造”成一个“国际化大都市”台州，与北京、上海相差无几。

旋转不已的古老车轮已经远去，甚至连辙印都难以寻觅。记忆中童年和贫穷的逝去是值得的，但游子心目中故乡的印记、启示和感激，也正在无可挽回地逐渐失去。

07 故乡古城神韵的消失

给一个人影响最大的地方是家乡，最让人牵挂的地方也是家乡。

我的家乡是东海边上的黄岩县城——现在则称为台州市区，是近年经济高速发展，也是长三角地区变化最快、消费最高的地方之一。

东汉时期的永宁县已不可考，黄岩从唐初建县至今，一直在沿海小平原的澄江南岸、方山西侧这块土地上，1 300 多年历久不衰。无可否认，古人在城市的环境优选、时空优选上达到了相当的高度，这是一个奇特的文化现象和科学现象。中国古代上至都城，下至州县，其选址与格局多与“风水”学说有关。黄岩显示了中国的一般县城规制和水乡城镇特色的组合。城周五门，街衢方整布局，秩序井然。其中心部位不立钟鼓楼，而建风雨桥及亭台，异曲同工，亦是水乡城市的特色。

黄岩城内有几条大街纵贯南北。与之相应，其城内水系南北干流也呈“川”字形。城内几条较大的河道统称为“五支河”。从里东浦直至小南门，连接永宁江与南官河，其他东西向的支河都由这一干流分出，组成了城中水系。说是五支河，其实大小河道总数绝不止五条，而多达七八条，如大寺巷、东禅巷、寺后巷就有三条较短的支河。最初开掘的五条河流，暗合阴阳五行，如流水循环往复，无穷尽也。五支河又与城西的山脉上五座峰峦遥遥相对，山水呼应，意象甚明。这是水运，也是地运。所以自宋元以来，历代都把疏浚整修城内河网当做市政建设的大事。

现在，与周庄、乌镇、同里等几个著名的水乡古镇相比，作为县城，黄岩要大得多。城内的街道与河道的分布，有几种变化。一是街与河相依，一边是街，一边是河，如天长街与天长河即是。另一种是街与河并行，屋宇临街面河，店铺林立，前店后河，如大街、仓头街——街与城内水上航运的主干道并行，古代沿河建有粮仓。

内河有舟楫之便，可载客运货。河与街或分或合，桥与桥欲断还连，车与

黄岩九峰桃花潭

舟启承转换，水埠与码头相望，交通绝无不便之感，达到了古人对水城格局的理想境界。

黄岩城的房屋宅院布局井然有序。如砚池巷中的砚池，对应于方山峰峦上的文笔双塔，富有美学的内涵。在砚池附近还有“奉常第”，其主人为王彦威，在清朝任过谏议大夫，并在军机处担任过“行走”官职。他是个有心人，任职期间，曾逐日抄录清末外交奏折。后来汇编成《清季外交史料》多册，是研究晚清外交的重要史料。其台门的门联是“礼仪之门是称世族，廉让之宅乃曰仁风”，这副门联虽然没有落款，字体潇洒古朴浑厚，疑为清代书画大师吴昌硕所书。

黄岩洞桥

古黄岩城北门、西门、小南门外都有街巷。北城门外澄江上有浮桥和码头，舻舳云集。城外街虽短，但热闹繁忙，海鲜咸货，应有尽有。城西的西街是条热闹的商业街，出西城门过五洞桥，与城外桥上街相连。庐舍毗连，烟火稠密，格外繁华。小南门外多埠头，是内河航船的停泊地。明清时期是黄岩民居建筑的高峰期，台门风格多种多样，风格迥异。有的有台门屋，有的则明显带有西洋风格。清顺治十一年，即公元1654年，定海镇总兵驻黄岩，三年后在黄岩城头设黄岩镇军事机关，指挥北到镇海、南抵玉环的驻军和水师。仅黄岩城内就驻有水师四营3 400人，战哨船几十艘，步兵2 500多人。虽然期间防区有所变动，如宁波守城营从黄岩镇划出改隶浙江提督，但黄岩作为浙江的军事重镇毕竟长达百余年，曾留下“靖海堂”等古建筑，和大校场、小校场、镇署巷、火药桥里等地名。古城斑驳逼仄的街巷中，在那些台门和儒雅的楹联间，原来也有堂堂剑气，怒海风涛。

黄岩城内河道的湮没始于20世纪五六十年代。

河道一填，河上的桥就可以拆除，街就变宽。先是填了城内几条主要河道，修了劳动路、青年路。这些街道名与当时发动青年进行义务劳动有关。到70年代末，城内除了一些河道的残迹外，河道已全部被填。90年代后，大拆大建的高潮出现了。

十多年前，我回到故乡时，还有一条比较完整的明清时代的商业街西街。清晨，我曾长久地在这条日渐凋敝的长街和小巷中徘徊，寻找明清时期的古建筑和庭院，寻找童年的记忆。这条街及其相连的长虹般的五洞石桥，写进了我的散文集《淡出九峰》。这时，台州市搬到了原来的黄岩县，原黄岩县境内三个集镇分成了三个县级的区，小县城的居民与农民一夜间成了“市民”。一位区委书记走马上任，据说此人的“魄力”很大，急于出政绩，不顾许多人大代表和政协委员，以及许多老百姓的反对，坚持大拆大建，下令拆毁明清商业街西街，进行“旧城改造”和房地产开发。在西街被夷为平地，成为一片瓦砾之际，这位区委书记东窗事发，因贪污受贿腐化堕落受到惩处。他唯一的“贡献”，大抵是他在“双规”期间写下的上万字的“忏悔录”，后来被纪检部门作为党员干部的反面教材下发。

七八年过去了，西街拆迁的居民还没有完全安置好，旧城开发改造因资金问题一再延宕。一年夏天，当我再次来到西街旧址时，拆下来的屋架木料堆积如山，其中不乏做工精致的窗棂雕栏，真是令人惋惜不已。在西城，有一些著名的台门和大户人家，其建筑从明清至民国初年的风格均有。有些院落本需要整体保护，但被悉数拆除，其石础、栋梁、花窗，至今堆放在孔庙的院中，任凭风吹雨淋。

位于黄岩城中心的孔庙是浙江省保存得最好的两座文庙之一，是省级文物保护单位。孔庙后花园小巧精致，有花径、水池、假山、亭台和古树。一位新区长上任后，瞅见一些城市公园拆除了高墙，决定拆除孔庙临街的全部围墙，人们可以随意进出。当地记者还在报纸上渲染“拆除孔庙围墙，亮丽城市一片”的“全新”观念和政绩。有些东西，你可以不信，但不能不敬。孔子是中国文化的一个重要符号，是儒家学说的源头，孔庙更是古代精神思想的殿堂。这位区长一年后因受贿问题身系囹圄，一些人于是推断是拆除文庙的围墙惹的祸。

现在，邻近的县市都保护、修复了一些老街古镇。一天夜晚，和几个朋友坐在澄江边上的茶室里，其中有人大代表、政协委员。他们盘算着城中哪几条老街还有保护开发的可能，载入《中国古代建筑史》的黄土岭古建筑群已经被毁，入选“中国民居邮票”的天长街临河民居亦已拆除。大家数来数去，竟找不出一条像样的老街，一座完整的古宅和院落。

和我的家乡一样，近年来我国不少城市一味地追求所谓“现代化”，把旧城里的历史地段和文化街区，看做城市发展的障碍，许多珍贵的历史建筑和文化景观，在街道拓宽，成片改造，和商业开发、房地产开发中被无情地摧毁。

对传统文化也需要“入门”和“出门”。

入门，要转弯抹角，熟悉门内的一切情况，从渊源流变到现状影响，读懂经典历史建筑的分布、间架、结构、神气和文化内涵，广泛地吸收一切优秀的文化遗产。然后出门，才能够求离求变求新。

08　江南小巷：一座古宅和一个老人

戴望舒的名篇《雨巷》，描写的就是江南的小巷："撑着油纸伞，独自彷徨在悠长、悠长又寂寥的雨巷……"

我们的孩子，还能看到雨巷，走过雨巷吗？

不见尘土飞扬繁花满眼，不见车辆如流喧闹叫喊。只需静静地走，静静地看。城市的小巷中，雕刻着走向文明进程中那些细微的，然而深刻的情节和印痕。不仅是建筑的式样，从一个斗拱、一个飞檐或一口古井上，从门式、窗式、彩绘、影壁和匾额上，甚至从断墙和残基上，我们都可以读出清、明、元，或者两宋和盛唐建筑的痕迹和流变。

但在古城、古街和古建筑的保护中，这些细节一再被忽略，甚至一些被请来的"专家"，由于种种原因也视而不见，还良心全无地为大拆大建叫好。

引起轩然大波的杭州孩儿巷宋代古宅便是一例。

南宋定都临安后，大约花了 20 年时间，致力于宫殿庙宇的建设，建成方圆九里的宫城，又进一步扩展外城。与北宋的都城开封一样，临安逐步发展成为集居住、文化、商业于一体的世界闻名的繁华都市。在西湖沿岸，楼台林立，园林争奇斗艳，寺观众多，正所谓"一色楼台三十里，不知何处觅孤山"。由于种种原因，杭州城内外宋代的建筑已经荡然无存。

仿佛父辈沉默的童年，仿佛母亲额上的皱纹，有过春天欢跃和冬日的霜雪的孩儿巷，沉默无言。

相传，这条小巷宋代专卖泥做的小孩儿，要买小泥人都得到这里来。杭州人喜欢词尾加个"儿"字，因而得名孩儿巷。小巷里还有一家药店，张同泰药店，它和胡庆余堂一样，都是老字号。走进药店，浓浓草木气息和药香依旧。

杭州孩儿巷 98 号是一组三开间五进走马楼。1984 年 3 月，杭州市下城区有关部门曾在延安路孩儿巷口立过一块石碑，上面有以下一段文字："孩儿巷，宋时名砖街巷，著名爱国诗人陆游曾居此……"陆游家乡山阴离临安不远，过钱塘江向东便是，只有一天的路程。求学游历、赴京投考、应试为官，陆游曾多次到过临安，先后在孩儿巷居住过数年，留下了不少诗篇。

陆游在淳熙十五年（公元1188年）再一次来到临安，先是被任用为军器少监，主管造御前军器，当时他已经64岁。次年，出任礼部郎中——大抵相当于现在正厅级职务，礼部为尚书省六部之一，执掌国家关于礼乐、祭祀、朝会、学校教育、贡举等方面的事务。《渭南文集》中记“淳熙十六年四月二十六日，车驾幸景灵宫，予以礼部郎中兼膳部检察……时寓居砖街巷南小宅之南楼”的记载。砖街巷宋代又称保和坊，即现在的孩儿巷，这是确定无疑的。诗人的《临安春雨初霁》中的名句：“小楼一夜听春雨，深巷明朝卖杏花”，使得“小楼深巷杏花”，就像诗人笔下的“沈园池水绿波”一样，几百年来成了人们梦魂萦绕之地。

江南的烟雨，反反复复地讲述着一些藏匿于小巷的故事。

民间相传陆游就居住在巷内98号古宅。

孩儿巷位于杭州市中心，连接着闹市区延安路，属于“黄金地段”。这里的房价连年飙升。1997年，孩儿巷被列入了杭州旧城改造范围。在中国，“改造”的意思是“脱胎换骨”，旧城改造也就是全部拆毁重建新建。

更加不幸的是，98号古宅还有个“虎视眈眈”的近邻，同巷62号的凤起中学。这个中学有其扩大的充分理由，学校用地不足10亩，学生跑步只能在小区道路上进行。1998年，学校申报扩建操场获得批准，包括98号在内的46户居民住宅划进了红线，学校办理好了房屋拆迁许可证。

1999年1月，住在老宅中的古稀老人钱希尧，也许只凭祖父留下来的一句话，也许只凭自己对故宅的热爱和自己执著的信念，向有关部门提出请求：“孩儿巷98号是陆游故居，要保护，不能拆！”

在决定杭州古宅孩儿巷98号的命运时，它是否是“陆游故居”成为争论的焦点?

日对清风，夜对明月。陆游在孩儿巷居住过，陆游是当时朝廷中的官员，还带着家属，自然不会住在简陋的宅院里。孩儿巷中留存至今最完整且有代表性的古宅只有98号。文献记载与推断结合有其合理性。民间口口相传也是文化遗产的另一种形式——非物质文化遗产。斑驳的老墙，青藤和苔藓，高高低低的石板路，透过时光尘埃，你可以怀想，可以体味，诗人跌宕起伏的人生与命运，哪些能看得真切呢?

2月，杭州市园林文化部门的一些专家来到这座院落考察，他们一路匆匆走来，一边匆匆看去。印象是清末民初的建筑，并否定了该宅是陆游故居。因陆游是“寓砖街巷南小宅南楼”，98号位于孩儿巷北侧，无法证明是“巷南小宅”。

被拆迁所驱动的非学术性质的考察调查，以及由此产生的“复函”，就变得有些可疑。

几个月后，40多户拆迁户已经搬迁。5月，推土机开了进来，推倒了这座五进院落的第一进和第五进。

孩儿巷98号里的6家住户中多数已经搬出，只留下了钱希尧等三户“钉子户”，度日如年，危楼摇摇欲毁。

幸亏，这位古稀老人不停地奔走呼号；幸亏，我们已经进入了一个信息传媒发达的年代。5月下旬，当地媒体就此事连续三天做了报道，引起了广大市民的关注。几天之内，有2 000多杭州市民络绎不绝地来到了孩儿巷，寻访陆游可能住过的小楼。门窗、回廊、楼道上精致的雕刻，永不干涸的八角古井，还有高达4米、厚1米多的古墙，许多人看后，都赞叹不已。人们纷纷在写给当时杭州市市长仇保兴的呼吁书上签了名，这就是孩儿巷98号引发的“两千人上书市长事件”。1999年6月21日，杭州市文物保护管理所也认为孩儿巷98号是“有历史价值的古建筑”，并做出了“立即停止拆除孩儿巷98号的紧急通知”。

认为是“事件”，在中国总有不祥之兆。

拆与不拆的争论中，拖了两年，冷处理了两年。

当今国内外大事不断，每天都有令人眼花缭乱的各种新闻，孩儿巷中发生过的一切，也风息浪止，似乎被人渐渐淡忘了。2001年4月，凤起中学扩建项目拆迁期限即将到期。既然热点已成为过去，又可以动手拆除了。据阮义山的《护城纪实》记载，2001年9月30日，杭州市政府第二次下文：98号建筑既非陆游故居，又不属于文物保护单位，且已破旧，限钱希尧在10日内搬出，由风起中学拆除。

但钱希尧仍坚持不搬。他说，这座院落是祖父钱启翰民国初年托诗友郁达夫买下的，郁达夫当时推荐该屋是陆游住过的。当一次又一次的电话通知，说明天要来拆墙，必须立即搬迁时，老人越发执拗起来。如果是房地产开发商，一个老人自然不是对手，况且有红头文件，现在开发商雇用打手，乱棒交加的强拆现象还少吗？幸亏是学校，还算文明。

2003年3月，在乍暖还寒的日子里，风起中学以“拒签房屋拆迁安置”将钱希尧告上了法庭。6月14日，杭州中下城区判学校胜诉。看来，运用警力“强制执行”、“强制拆除”，这个我们在不少地方媒体上出现过“拔除钉子户”的场景，也许真的不可避免了。

这时，一个关注着这个古宅命运的中年妇女，骑着自行车，急匆匆地来到了孩儿巷，她就是“退养”在家的陈珲。这位性格耿直的专家先后在杭州南宋临安皇城考古队和市园文局考古所工作过。她说自己只是一个古建筑的爱好者。尽管此前政府和校方请来过那么多权威专家，孩儿巷98号的钱希尧老人，头一次看到有人拿着相机、笔和尺子，接连几天对这座小楼里里外外，进行如此细致深入考察。陪着她的老人十分感动。

《新民周刊》记录了在拆与保的最紧关头的一个场景——

6月24日，接到校方催搬通知之后，钱希尧一连打了几个电话给陈珲。情急之下，陈珲将“发现宋墙”的消息告诉了当年在考古队接受采访时认识的一个记者，当时这个记者已是某报的一个部门主任——这就意味着有发稿权。按照国家对文物发现的新闻程序规定，应该先报主管部门，组织专家鉴定后再向媒体发布消息。但作为非官方组织的考察调查，陈珲缺少这个渠道，而且，时间也不允许，古宅随时可能会被夷平。

她与记者通话时，心情仍然惶惑不安：“我又不是专家……”记者回答：“我相信你，你就是权威！”为了给考古发现的新闻配上照片，赶往孩儿巷拍摄“宋墙”的记者最后问她：“陈老师，我们也想保下这座古宅。但你得告诉我，宋墙的把握到底有几分？”

陈珲认真想了想说：“百分之百！”

陈珲的自信是有根据的。

她最初想，对清末民初建筑只要看半天就够了。踏进这个院落，越往里走，越感到意外。专业知识和敏锐的观察分析力，使她感到这座古宅在清末民初的表象后面，存在更深厚的积淀。该宅严格按宋时强调的中轴线对称格局建造。前厅内金柱向内倾斜——我国古代早期建筑中的柱子，特别是檐柱，绝大多数并非笔直，而是微微向内倾斜，宋代《营造法式》中称这种处理为“侧脚”，并规定正面柱侧脚为百分之一，侧面柱侧脚为百分之零点八。从唐到元的实例中观察，多数超过这一规定。明清建筑中的柱侧脚很小，或者没有。宋代《营造法式》共 36 卷，3 555 条，是北宋官订的建筑设计、施工的专业书，与今天的建筑规范、设计手册相似，是我国古籍中最完善的一部建筑技术专著，也是研究宋代建筑、中国古代建筑必不可少的参考书。梁思成的主要著作中就有《营造法式注释》。不知《营造法式》的中国建筑专家学者，就如史学家不读《史记》、《汉书》一样，其学识就要大打折扣。

古宅前厅的“侧脚造”有元明时代的特征。硕大的石鼓式柱础，粗朴浑厚，不加雕饰，具有晚明特征。楼梯扶手呈明末清初风格。二楼窗栏的方格精美。在这里发现了“蠡壳窗”，陈珲一阵惊喜。以半透明贝壳充填窗格，是玻璃窗出现之前产贝壳的江南特有的式样。贝壳片半透明，既可避风雨，又耐久，靠手工磨制，工艺繁琐，所以当年只有富裕人家才用得起，清代中叶以后出现了玻璃，“蠡壳窗”也退出了历史舞台。这几幅窗格上，蠡壳仅存三分之一。岁月有时像纸一样薄脆，这古宅经历这么多年，这么多人居住，依然能保留原貌，真是难得！

——这窗格不仅仅是记忆的轮回。在这典雅的古风犹存的窗口，可出现过一袭如梦的青衫，抑或支箫红颜？

凝视中仿佛重温千年岁月。大量配套的雕花棂格门窗，令人留恋不已。

6 月 22 日，陈珲测量到墙。古宅西侧的一堵厚厚的版筑泥墙，下宽上窄，呈“宝塔形收分”——我国古代砌墙，受夯土墙的影响，逐步收缩减少，使墙身下宽上窄。宋代收分约为墙高的百分之十二。而后逐渐减少，元代已有不收分的做法，明清以来渐成定制，均无收分。经过测量计算，这堵古墙的有关尺寸与《营造法式》记载相符。在墙中还有增加墙体强度的“木骨”，这是明代以前的墙体特征。陈珲还在古墙上发现了刻花黄青釉瓷片，其中两片经我国著名陶瓷专家、原浙江省考古所所长朱伯谦鉴定认为，一块的年代为“北宋甚至更早”，另一块则“可能是南宋”的。接连几天，她白天去孩儿巷调查，晚上查阅资料。

“退养”在家的陈珲不一定比某些专家权威更有地位，更加“饱学”，为什么她却“独具慧眼”，能在错综复杂中找到串起历史简册的“线头”？

第二天，即6月25日，《将拆的孩儿巷98号根在宋代？》的新闻见报了。

陈珲在古宅中发现“宋墙”的消息，后经《人民日报》、新华社、中央电视台、中央人民广播电台、《北京晚报》及省市几十家媒体相继报道后，牵动了全国成千上万人的心。每天，关心支持，参观古宅的人不断。他们之中有古稀老人和孩子，有本地市民，还有许多来自北京、上海、广东、昆明、武汉等地的热心人。

杭州是南宋都城的所在地，可经过岁月的风风雨雨，留下来的宋代遗存已经极其罕见。特别是近几年，杭州正经历着翻天覆地的大建设，除了西湖周边地区还保留着一些古城风貌，如同一个盆景外，其他地区也在“脱胎换骨”。连我这个浙江人，每一次到杭州，都很难认得路了。

见报的文章引来了不少古建筑专家，在这些人中就有浙江大学建工学院老教授周复多。他考察过孩儿巷古宅后，又联系上了上海同济大学阮仪三教授。几天后，阮教授赶到杭州，对古宅进行了进一步考察研究。他完全同意陈珲的观点，并认为这“是全国大城市内仅存的一堵宋墙”。他说，全国宋代建筑能保存到现在的有城墙之类，但少有民居遗迹，城市中的民居更是少见，在那一页历史中，众多学者只能借着书本想象。而这堵宋墙是一本“活教材”，它包含的信息，是最牢靠也是最直观的。当天，在专家座谈会上，他就孩儿巷98

号古宅发表了总结性意见：这座老宅总体风格是清代中晚期古建筑，现在的建筑不断在原址上修建修缮，所以留下了丰富的历史文化信息。除了宋代的建筑遗迹，还有明代的柱础、“壳窗”等——“蠡壳窗”目前已很罕见，江南地区只有周庄、苏州东山和西山的古建筑中还有几幅。清代的雕花门窗上，还有19世纪的英文字出现，这很是稀奇。孩儿巷98号是杭州的一个重要历史“地标物”，价值数千倍于一幢新的豪华商品房。当天参加座谈的还有浙江大学区域与城市规划系、历史系、土木系等诸多教授。大家一致认为，孩儿巷古宅是一座“有生命的古建博物馆”。

此后，浙江省文物部门专门就孩儿巷98号的保护工作提出了意见。杭州市委书记王国平做出了批示：孩儿巷98号不能拆。

再后来，在这座古宅兴建陆游纪念馆的倡议，也被采纳了，并开始实施。

相比之下，孩儿巷的古宅真是幸运。

即使在著名的水乡古镇同里，也曾发生百年古庙深夜被拆毁，当地领导装聋作哑的怪事。

其实，同里只是名声大一些，拥有退思园等几个经典的私家园林，真正的风貌和古建并不完整。被拆除的古建筑南观庙与凭票参观的古镇只有一河之隔。南观庙始建于南宋，当时的名称是玉清洞真观，清代重建后命名为仁济道院。现在同里旅游介绍中也有这方面的内容：同里镇仍保存有三谢堂、承恩堂、侍御第、五鹤门楼、仁济道院等十余处明代建筑和退思园等清代建筑。文物部门明确表示，南观庙是属于不可移动文物，被列为吴江控制保护建筑。

不知为什么，这个古建筑所处的地方要“规划”一个居住小区。或许是古庙1 000多平方米土地的价值，使它难有安身立命之处。古庙没有钱老先生这样的主人，也无僧人道士。深夜，一群人行动诡秘，直扑古庙，突击拆除，第二天一早，人们发现满地都是推土机车轮印子。记者根据居民的反映来到了现场，并就此采访镇上负责城建的主任时，那人躲躲闪闪、顾左右而言他，竟回答：“不好确定，有可能是台风吹的。”

这是从哪里吹来的“台风”！？

2002年8月23日，社会十分关注的孩儿巷98号古宅拆迁与保护法律纠纷案，终于在杭州市中级人民法院庄严的法庭开庭了。钱老先生聘请的二审律师熊辉伦律师，在法庭上宣读了他的代理意见。这是值得倾听、振聋发聩、正义与真理的声音——

审判长、审判员：

这一案件，从一审判决10日内拆除到二审公开开庭审理，之所以引起大家的关注，是因为致力于历史文化名城建设的人们，在尽情感受“小楼一夜听春雨，深巷明朝卖杏花”意境的同时，却可能面对孩儿巷98号古宅将不复存在的严酷现实。在此期间，人们已经意识到伟大爱国诗人陆游的历史足迹和自己肩负的历史责任；已经意识到在开创历史文化名城之中与古宅结下的不解之缘；意识到了法律最终将是广大人民意志的集中体现。

我作为上诉方钱老先生依法聘请的二审律师，深感责任重大。自接受委托以来，对本案一审判决，进行了认真的法律分析研究。同时，充分听取了社会各界的呼声和意见，并积极向我国在古建筑、城建、规划等方面具有权威的著名专家、学者，进行了必要的咨询和请教。在此基础上，本律师通过杭州市人大代表周惠常委以紧急建议的形式，建议有关部门停止拆除孩儿巷98号拆迁许可证的法律效力。2002年7月29日，杭州市房管局正式决定，“停止拆除上述房屋”的具体行政行为，为上诉人保留古宅扫除了法律障碍。毋庸置疑，二审法院对孩儿巷98号古宅的最终法律处理结果，势必对社会各界产生极大的影响。

一、关于一审证据认定有误导对一审判决之法律影响问题（略）。

二、关于一审判决生效对本案标的之物的法律后果问题。

原判如果生效，孩儿巷98号古建筑将于10日内不复存在。具有历史意义的古建筑将灭失。文物的特征，在于它具有不可再生和不可逆性。一旦毁损，损失是不可估量的。我们不能再走“定海城历史街区”的覆辙，更不能只为一所学校的一小块用地造成永久的遗憾。

……

传说是陆游的故宅遗址，虽然尚有争议，但宁信其有，保存就可进行文学、史学研究，也是一种旅游资源。我们认为，对文物及古建筑的甄别和认识呈不断认识、认识、再认识的循序渐进发展过程。文保点也是逐个增加的。不能因此就可以说，尚未列入文保点的地方就不是文物和古建筑，就可以随意拆除。因此，正确处理好保护文物、古建筑与城市建设及经济效益的关系，已无法回避地放在我们法律工作者面前。

上诉人诉讼请求及目的决非为获取个人利益，只是希望通过法律的解决，尽一个公民保护国家文物的绵薄之力。众所周知，对上诉方个人利益而言，若拆除98号古宅，非但不会蒙受经济损失；相反，上诉人将在形式上以旧换新；在数量上增加居住面积；在生活上有质的提高。但作为炎黄子孙，守法公民（钱武肃王第34代后裔），明白自己的历史责任和法定义务。百年以来，钱家几代人无怨无悔地守护着古宅。冬去春来，年复一年，特别是近几年来，上诉人钱老先生对古宅呵护有加，“过大节”检查烟火，爆竹的火星有无飞进古宅，花钱配备灭火器以防不测；“下大雨”及时补漏，以免破坏；“刮大风”要及时进行加固，以防倒塌等等。这一切，只有奉献，没有任何的物质报酬。对于一个没有经济来源，仅靠已下岗的女儿供养，且生活窘迫的老人，这一切是可想而知的。这一切，为了什么？都是为了对得起国家，对得起社会，对得起下一代。这种奉献和守法，正是我们这个时代所期盼和向往的道德和法律完善统一。借此机会，我以一个从业十几年的专职律师，对钱希尧老先生表示深深的敬意！

……最后，我真诚地希望审判庭，通过这一系列有关古建筑的拆与保的审判活动，能够推动司法实践在这一新领域的发展与完善，加快保护历史文化遗产方面的立法进程，为依法治市提供新鲜的司法实践经验的同时，依法给上诉人有公平的交代，给热心人有公平的交代，给古建筑有公平的交代。

尊敬的法官以及所有关心、支持本案的社会各界人士：

中国是个历史悠久的文明古国。我们的祖先为后代留下了许多文化遗产，但由于历史和其他原因，现已寥落无几。面对这些不多的历史遗留的财富，我们应该倍感珍惜和爱护。让历史在我们这一代延伸吧，以无愧于先人留给我们的精神文化财富；无愧于杭州历史文化名城的称号；无愧于我们子孙后代。

以上代理意见，望合议庭采纳。谢谢！

2003年，我随世界文化遗产考察小组到法国里昂时，被安排在旧城的一家宾馆。来接我们的导游先在电话里问我们乘坐什么样的车，如果是大轿车，要到一个小广场换车，或步行20分钟才能到达。旧城的小巷太窄，大车开不进去。这家宾馆有上百年历史，虽然位于深巷，客房也稍嫌狭小，但由于悠久的传统和一流的服务，成为一家有很高知名度的五星级宾馆。

我了解到，无论是巴黎、里昂，还是意大利、西班牙的一些古城，多年来当地政府对旧城的改建，主要是在保护原有城市风貌的前提下，改善城内居民的生活设施，提高生活质量，如铺设排给水、供水供热管线等，从不大拆大建。有的地方政府还对维修老房子给予一定补助，在旧城开办商店、旅馆减免税收，鼓励居民在老城区生活工作。

韩城空荡荡的司马迁广场

四 审美，景区与景观

武当山遇真宫被一把大火烧毁。

在乐山大佛边，又冒出一个巴米扬大佛。

从街灯、广场，到八角场的石路，拉萨大昭寺周围历史建筑的细节发生了什么变化？

临汾：用人墙保护古城墙。

01　花型街灯风波：不可忽略的“细节”

2002年，西方媒体陆续以显著的版面，报道了西藏拉萨八角街地区历史建筑遭到严重破坏的消息。一些报道还配有图片，照片上突出了大昭寺周围现代化的莲花型街灯——这种街灯与大昭寺藏式的风格格格不入，甚至出现了“毁灭整个八角街地区建筑”之类的恶意炒作。这些消息的最初来源，竟是世界文化遗产地的一份反映性监测报告。西藏和拉萨是国际上的敏感地区，引起人们的强烈关注是很自然的。

有关国际组织专门派两位专家奔赴拉萨，进行实地调查。

在西藏停留期间，世界遗产地保护组织副主席尼西摩拉一行，先后多次到八角街和大昭寺核实情况，并认真研究了中国官方提供的信息。拉萨副市长介绍说，拉萨的旧城改造并非是今日始，这项计划开始于20世纪70年代，主要是为了改善当地居民的居住条件和环境。从1979年~2001年间，政府总共投入了2.46亿元人民币，翻修了227座老宅，重新安置了8 671个家庭，增加了48万平方米的居住面积。

要几百年来的老旧风景一成不变是不现实的。当西藏民歌《逛新城》唱遍全国的时候，拉萨的面貌其实并没有多大的改变。可称得上“翻天覆地”的一页也只掀开于二十多年前。

平心而论，在粗疏而巨大的空间和时间里，拉萨的辉煌除了布达拉宫、拉卜楞寺、大昭寺、小昭寺和一些贵族的宅院外，过去多数居民的住所低矮、破烂不堪，街道路面坑坑洼洼，尘土飞扬。拉萨的旧城改造，使多数市民的居住条件得到改善，也出现了许多现代建筑街区。拉萨河畔城市原有风貌也有了很大改变。花 10 元钱打出租汽车，就可以到达拉萨的任何地方。我漫步在街头，不少地方看起来已如同一座内地城市。人们告诉我，这些“煞风景”的建筑多数出现在 20 世纪八九十年代。还有一些明显的“败笔”，如在布达拉宫附近修建了游乐场等，仅仅热闹了一阵，现在不得不拆除。

近年来，旧城和古建筑的保护被提上了议事日程，特别是在布达拉宫、大昭寺和达赖的夏宫罗布林卡被列入世界文化遗产名录后。

拉萨近年来已经注意到了恢复和保留藏式建筑风貌。1997 年，西藏自治区政府以主席令的形式，颁布实施保护管理条例。此后，中央财政投入了 3.3

拉萨“夏宫”罗布林卡

亿元巨资，对西藏三大重点文物布达拉宫、萨迦寺和罗布林卡进行了抢救、维修和保护，并列入了国家重点工程。一个骤雨初歇的日子，在拉萨有关部门官员的陪同下，我在布达拉宫各层上上下下，走得上气不接下气，察看各个施工现场。他们让我多看一些，了解抢救维修工程进展情况，也表明中央的资金没有乱花。

20世纪50年代建造的“夏宫”罗布林卡，是藏式建筑与内地古典建筑完美的结合，是一个杰作。我不禁感叹，如今这样的建筑怎么鲜见了呢？

彤云密布的傍晚，电光闪闪，我又一次来到八角街，大昭寺的金顶烛光一般燃烧着，熙熙攘攘的人群潮一般涌动，我长久地徘徊，长久地沉思，直到稀稀落落的雨点洒落下来。

大昭寺前人已散尽，空旷的广场上雨水激溅。

这些天来，在忙碌和兴奋之余，隐隐有不舒服的感觉堵在心头，在倾盆的大雨中，我突然明白了：大昭寺前的广场太现代了，八角街的石路太平整了，仅这路面就经过几次翻修折腾。一位专家告诉我，原来八角街的石路是用块石砌成的，虽然不很平整，但原始粗犷。法国巴黎香榭丽舍大街，不也是这种石砌的路面吗？几百年来，人流涌过，凹凸不平的石路早已磨得很光滑了，这是岁月与历史打磨过的。

有钱了，怎么花？有的人觉得，这石路不好，不够现代，给拆除了，先是浇成了平整的水泥路。这几年，看看水泥路又不行，重新铺上了石路，可这石路，每一块石头都切割打磨得平平整整的，严丝合缝，如同北京王府井乏味的步行街。宽大的广场、路面、街灯，都是城市的细节，细节是生命的根须。走在这样的平整路面上，被小贩们的叫卖包围着，很难唤起行走在八角街那份神圣、自由而又沉甸甸的沧桑感。

后来，我在布达拉宫和小昭寺中看到了古老的石砌的甬道，深邃，幽深。阳光从甬道尽头倾泻进来，游人的剪影鱼贯而行。我伫立着，取出了相机，屏住呼吸，随着咔嚓咔嚓声——突然，掠过一种岁月像风、灵魂像风的感觉。

拉萨市政府1998年在旧城确定了90个传统的住宅为历史建筑。一些翻修

西藏布达拉宫深遂幽深的通道

西藏布达拉宫

和重建项目正在展开。按照西藏的设计风格，藏式的窗户、屋檐、檐口、地板的形状等等都是必不可少的。专家认为，更重要的建设设计元素，如建筑群的规划和规模等，以及建筑与周边环境的协调，更值得关注。

苏公塔又被称为吐鲁番塔，是新疆伊斯兰教艺术的杰作。

它位于吐鲁番城东南约两公里处，和葡萄沟、火焰山、交河高昌故城一样，是游人必到之地。苏公塔清代乾隆年间建造，距今已有两百多年的历史，这组风景由奇丽的砖塔和宏大的清真寺组成，夺人心魄。该塔是吐鲁番郡王苏赉满二世为纪念和表彰其父额敏和卓的功绩而修建的。额敏和卓是鲁克沁王后裔，曾率吐鲁番人民徙居敦煌一带，垦荒耕种。因维护祖国统一，他在平定准噶尔、大小和卓的斗争中屡建功勋，因此被封为郡王。

苏公塔高耸壮观，塔身呈圆柱形，通高 44 米，底部直径 10 米，是新疆地区现存最大的古塔，也是全国重点文物保护单位。此塔外形古朴，构造独特，工艺精细，塔内既无基石，亦无木料，全部以砖块筑成，外面叠砌成各种花纹，有菱格纹、水波纹等共达 15 种之多，富有韵律感。塔体于不同方向和高度，筑有 14 个窗口，塔内有 72 层台阶的盘道，人们可拾级而上，直达塔顶。从 20 世纪 80 年代起，我曾五次到吐鲁番，多次造访苏公塔，每一次都有久别重逢的感觉。

苏公塔与近旁紧紧相依的清真寺，构成一个统一的整体。寺院为长方形，寺门朝东，呈尖顶拱形。寺内用作礼拜的中央处正东筑一拱顶大龛，与西面大龛相对，南北两面各有 20 个拱顶相连。据传苏公塔和清真寺都是清代维吾尔族建筑大师伊布拉音等人设计建造。维吾尔族的经典建筑，当代与古代不同，新疆南部与新疆北部有异。有一些古建筑可以“修旧如新”，但有一些标志性的“细节”却是万万动不得的。

近来，在当地文物局领导的主持下，对其进行了维修。本来，对古建进行维修是必要的，但却花了大量资金把周围环境做了“现代艺术”处理。一些专家认为，这就未免“太过”，看起来“美观”，实则破坏了原貌，少了历史的真实感和厚重感，也违反了《文物保护法》。如修了个彩色大型花式喷水池，还建了个不伦不类的圆柱门，完全改变了原有历史建筑的古朴环境。每一座清真寺都有其源流、派别和历史，令人遗憾的是，对清真寺也没有按原样维修，而是用四方棱柱束腰木柱代替了原来的原木木柱——在上面我们再也读不出其生命的年轮了。

02　谁在克隆巴米扬大佛

2001 年早春，在中亚荒凉的巴米扬谷地，腾起了一阵阵烟雾，在剧烈的爆炸声中，两尊举世闻名的大佛被塔利班炸毁。

巴米扬大佛作为人类文明的遗产，一直受到保护，旅游业也成为当地的主要产业。巴米扬大佛被彻底破坏，引起了国际社会的强烈关注和同声谴责。在大佛毁灭前后揪心的日子里，各国文物保护和佛教各界人士，也曾热议过如何修复或者复制巴米扬大佛——但最终这些议论都归于沉寂，因为重建工程不但费用巨大，而且易地复制出来的巴米扬大佛，与真实遗存无关，其宗教文化、历史科学价值都不复存在。

从这年 7 月开始，四川乐山一家公司神秘地赶造巴米扬大佛，地点是在乐山大佛左侧约一公里处的连心山。这家公司为什么不计成本敢于投入？

商业投入需要市场，要有回报。任何人造和仿制的景观，都需要游客的认同。如前些年各地一哄而上的大观园、西游记宫，其中不少景点就门可罗雀，但乐山的“巴米扬大佛”却不愁。因为近旁就有一个“寄主”，即世界最大的坐佛乐山大佛，借佛造“佛”，风生水起，甚至无需进行炒作宣传。每天到乐山大佛的游客如云，假如能把一半游客“吸引”到复制的“巴米扬大佛”上来，也有可观的门票收入。

从东方佛都公园大门进入，有一条小路通往复制现场。施工期间，路口有专人把守，所有游人均被拒绝走近。连心山脚下就是岷江、青衣江、大渡河的交汇处。施工一开始，山坡上就被遮得严严实实的，工程显得神神秘秘，就连江上的船工都不清楚大佛是个啥模样。

乐山“巴米扬大佛”的下面山脚边，有一段围墙。翻过围墙才能看到大佛的“克隆”现场。距大佛足下 200 米远的缓坡上修起了台阶，大佛是在山腰处依山开凿的。巴米扬大佛被炸毁的那些日子里，国际社会试图复制巴米扬大佛的一些设想也见诸报端。这时，乐山市一位领导建议在当地“打造”巴米扬大佛。乐山有世界上最大的坐佛，在乐山大佛脚下的江面上乘船，远远望去，江畔起伏隐隐的山形，还能辨出卧佛的身影，如果再“请来”一尊世界最大的大佛，“借佛生财”，二加一就大于三了。不知是在什么场合，宴请、聚会还是座谈，领导这个想法与老板一拍即合。有钱，说干就干，出资委托四川美术学院有关专家按原比例设计复制巴米扬大佛。

还是说说被冷落了千年的巴米扬大佛吧。

阿富汗中部巴米扬险峻的河谷，是连接中亚和东亚的交通要道，自古就是佛教徒朝拜之地。巴米扬大佛依山而凿，一尊凿于公元 1 世纪，高 36.5 米，披蓝色袈裟；另一尊凿于公元 5 世纪，高 52.5 米。

唐代玄奘法师西行取经，翻过葱岭之后，途经巴米扬河谷，瞻仰了雄伟庄严的佛像，崇敬虔诚。《大唐西域记》中有云：“王城东北山阿有石佛立像，高百四五十尺，金色晃曜，宝饰焕烂。东有伽蓝，此国先王之所建也。伽蓝东有鍮石释迦佛立像，高百余尺，分身别铸造，总合成立。”

玄奘是贞观元年，即 627 年从长安出发的，贞观十九年回国。《大唐西域记》是按照唐太宗的旨意，由玄奘口述、协助译经的辨机记录完成的。这两尊立佛和寺院，都属“国家寺院”，当时为了建造立佛，阿富汗国王倾尽了国力，用光了国库银两，还演出了国王及妻儿赐舍进寺院，又被群臣赎出的闹剧。这国王有些像南朝的梁武帝。

令人惊异的是，法师有如同神助的超强记忆力和观察力，真是非凡夫俗子可及，对于多年前取经途中经历的往事，仍记得清清楚楚，连佛像的高度几乎都分毫不差：一尊高“百四五十尺”——52米左右，另一尊“高百余尺”——30多米。“鍮石”即铜矿石，记载中“披蓝色”袈裟的，应是一尊镀铜的大佛，铜金属氧化后呈蓝绿色。受地形的限制，乐山市要打造的，大约就是这尊低一些的立佛。

复制在技术上不成问题。值得质疑的是易地“克隆”巴米扬大佛究竟有多少价值？还有，需要关注的是，遮遮掩掩开凿的“巴米扬大佛”山崖，正是全国重点文物保护单位麻浩崖墓的核心区。

麻浩崖墓是汉代乐山人仿生人住宅、凿山为室的墓葬形式，被史学界称为“南安各墓之冠”，共有崖墓500多座，宛若一座笔立的山城浮雕。这些崖墓中，文物遗存十分丰富，保存有世界现存最早的佛教石刻造像，真实地反映了汉代西南地区政治经济、生活习俗、建筑和雕刻艺术。1998年，麻浩崖墓被国务院列为全国重点文物保护单位，此前的1996年，麻浩崖墓与乐山大佛、四川峨眉山一起，共同被列为“世界自然与文化遗产”。国家还成立了乐山崖墓博物馆。据《南方周末》报道，1989年，为了保护好这些稀世珍宝，四川省人民政府发文同意征用崖墓比较集中的明月村740亩土地、林地，作为麻浩崖墓群保护用地，但这些措施并没有很好地被执行。近年来，对麻浩崖墓的破坏还在一步步加深、升级。1994年，在崖墓的740亩保护用地范围内建设的东方佛都公司，正式对外营业。这家企业先后制作出许多大大小小的佛像，但“佛都公园”游人并不多。2001年初，东方佛都进入了麻浩崖墓的核心区，大肆“打造”37米高的巴米扬大佛，自上而下从头部开凿立佛。施工者主要来自重庆，近百名工人昼夜轮流不停地施工，致使麻浩崖墓保护区遭到了严重破坏。

复制巴米扬大佛工程，一开始就遭到了乐山大佛景区管委会的反对。2001年5月、2002年3月，乐山大佛景区管理委员会分别向乐山市文化局和乐山市政府递交了报告——《关于东方佛都公司在麻浩崖墓违章施工的情况汇报》和紧急报告。期间，景区管委会还“多次书面及口头制止非法施工”。但这一切都未能使东方佛都打造巴米扬大佛的工程停止下来。向当地政府的反映也如同石沉大海。2001年底，世界银行文化遗产保护专家唐纳德·汉克来到四川考察，在乐山发现了正在建造的“巴米扬大佛”，十分不解，就此当面向国家文物局和四川省文物局提出了质疑。

《南方周末》的报道责问，一家公司的违法工程为什么能如此肆无忌惮地进行？原因显然是，当地政府“对此保持沉默”，既未批准也没有否定。于是有人怀疑，在沉默和回避之中，是不是还有一种默契？在复制工程快要完工时，消息逐渐通过媒体发布出来，这些报道大都是正面肯定和宣传，如乐山大佛又添新景观之类。于是，克隆巴米扬大佛引起了全国的关注。

国家文物局十分重视这一情况。2003年春天，国家文物局一位副局长亲自带队对西藏、四川的几处世界文化遗产的保护状况进行了现场检查和调研。到乐山后，召开了座谈会，与当地政府及文物部门的负责人座谈，交换意见。国家文物局的态度是明确的，认为在乐山大佛边上打造巴米扬大佛性质是严重的，已经对麻浩崖墓与乐山大佛造成了一定影响。

沉默终于打破了。

乐山市委一位副书记代表乐山市委、政府表态：仿造“巴米扬大佛”是企业行为，是违法的；“巴米扬大佛”虽然对文物没有造成直接损害，但对景观环境有不良影响；该事件反映了政府相关部门监管不力，大佛景区管理体制不完善。事件被曝光后，乐山市委市政府已经采取了补救措施。同时要求新闻单位不炒作，对采访一概不接待；将大佛严密封闭，不对外开放；停止一切附属工程；请文物保护、世界遗产专家现场考察研究论证，并提出处理意见，市政府将依据专家意见做出处理决定；认真学习贯彻文物法，提高认识，吸取教训，坚决杜绝此类事件的再次发生。

峨眉山—乐山大佛是世界文化与自然遗产。一家企业如何能进入乐山大佛地区，而且在保护区内建造了“东方佛都公园”，仿制出数以千计的各地佛像，而且还在麻浩崖墓附近打造了“巴米扬大佛”？——问题的关键，正如乐山的官方意见所说的“管理体制不完善”。

体制上的问题在哪里，怎样造成的？

原来，东方佛都公司是在市场经济的大潮中，由乐山市文化部门建立的“以景养景”的企业，乐山大佛是由文化部门主管的，于是其公司有了进入“大佛景区”的优先权。后来虽然经过改制、脱钩等，但这家公司已经在大佛景区“扎根”，而且取得了一片景区几十年的“经营权”。问题“遗留”下来了，就像父母与孩子虽然已经分家，但你要让他搬出去住，自立门户，不那么容易。

不仅仅是乐山大佛。

一些地方政府和有关部门文化遗产保护意识淡薄，重开发、轻保护的现象普遍存在。为什么称为文化与自然遗产？其核心价值是什么，保护的意义何在？对此许多人不甚了了。

一些景区和古迹，从准备申报世界文化遗产时起，就需要投入资金，进行环境整治和宣传包装。其出发点很明确，就是为了拿一块旅游“金牌”，提高知名度，吸引游客。申报成功之后当然要加强开发利用，把投下去的钱赚回来。有的景区花的是银行贷款，借债还钱，天经地义。

宣传材料里讲的“双赢”、“开发与保护并重”只是做做表面文章。申报前的评估是一回事，拿到“金牌”后又是一回事。只开发不保护、超负荷利用、不计后果地开发，盲目扩张建景区和服务设施——总之“把蛋糕做大”。事实证明，增设人工化景点和游乐项目，兴建宾馆、餐饮、店铺一条街等，往往把景点弄得不伦不类。

黄山在皖南的徽州境内。

徽州是一个有着深厚商业与文化积淀的地方。

黄山与徽州的关系，是一个景区与一座城市的关系，就像衡山与衡阳市、泰山与泰安市、西湖与杭州市，以及雁荡山与乐清市、华山与华阴县。

20 世纪 80 年代，徽州撤地之时，终于把黄山市的名称从黄山所在地移到了徽州，不知道是不是为了利用黄山来提高徽州的“知名度”。

徽州是不是要改成黄山市，争论进行了十多年，至今还在继续。但有一点是可以肯定的，其中隐含了某些领导以黄山的旅游业“带动”徽州经济发展的初衷。

有的游客从黄山市下火车，却发现阴差阳错，只是黄山市政府所在地屯溪镇，离真正的黄山还有好多路。原来的黄山市改为“黄山区”后，山上与山下被分为了两个县级行政管理部门。

徽州从地图上“消失了”。

是文化、景区与历史定位的迷失？

这几年，专家们一再谈到黄山北海景区的“城市化”问题。

根据黄山风景名胜区规划，应该是“山上游，山下住”。由于山上的黄山风景名胜区和山下的黄山区行政上分设，互不隶属。为了使“肥水”不流向山下，山上搞了很多宾馆餐饮，为了留住游客，下午索道早早停止运营，致使山上居住的游客和管理人员不断增多，景区“城市化”的趋势加剧。山上人多，就有水源的供应问题，于是就修建大坝引水上山。发展旅游带来的很大一部分经济效益，归了上市企业，由广大股东分享，或用来填补其他经营造成的亏损。而黄山周边地区，并未从黄山的旅游开发中得到太多的好处，反而有贫困化加剧的现象。

论及景区或自然遗产的管理体制混乱、商业化经营的原因，地方决策者均称国家投入太少，地方政府资金缺乏，无力进行整修和保护，不得不引入“社会资金”，改造基础设施，以“提升品位”。企业化经营——把自然与文化遗产交给公司经营，“捆绑上市”。身份既是政府官员，又是上市公司的老板，各种好处都占了，当然乐意。

我在调查中发现，不少景区都有盲目开发的项目，如兴建宾馆、扩大景点，有负债治理留下的巨额贷款。景区有什么可经营的？世界上没有免费的午餐，投入者的回报主要着眼于“门票”。

门票是最稳定的，只要不断提价就能增加收入。峨眉山在“上市”时规定，每年门票收入的50%（一年3 500万元左右）归上市公司。企业的着眼点是经济效益，是滚动发展，这无可厚非。于是，余下来的钱，除去管理费用，用于保护景点的资金，往往并没有增加，反而有所减少。

——世界文化和自然遗产地的保护部门都是国家的“事业单位”，在“铁饭碗”越来越少的今天，垄断着国家资源的这些单位，往往还被有的领导不断塞进有关系的人员，更显得机构臃肿，冗员过多。

一个著名石窟保护和管理经费严重不足。我问博物馆馆长，80元一张的门票价格不低啊，而且几乎是纯收入。一个年产值几亿元的企业，哪一家有三四千万元的利润啊？

博物馆馆长说出了经费不足的主要原因。他说，申报世界文化遗产时，贷了一些款。本来还贷是有能力的，但门票收入大部分要上交地方财政，这是当地财政收入的主要来源之一，留给我们的就很少了。博物馆有一百四五十人，其实只要一半人就够了。可现在有用的专业人才进不来，又不得不接收安置领导的关系户。

泰山前几年提出要把泰山极顶建成一个“热闹非凡的天上人间”。

北京大学教授、世界文化遗产保护中心主任谢凝高是我的同乡。一次，国家文物局召开了有关文化遗产保护的座谈会，谢先生一发言，我就听出了极浓的乡音，再后来，就和他成了朋友。从20世纪50年代初开始，他曾数十次登上泰山。他说，登泰山在于一个“登”字，“登山如读史”，沿途有多少历史文化遗迹，有多少自然景观、摩崖石刻啊，这些都需要细细地领略。

“五岳独尊”的泰山是神圣的。过去连皇帝到泰山都要下马步行登山，更不用说百官了。

登泰山至少需要两天时间，先在山下住一晚，拜谒东岳庙，再从一天门、中天门到南天门，斗母宫、经石峪、壶天阁、云步桥、五松亭、升仙坊，一路上慢慢走认真看，登上玉皇顶已是黄昏。在天街上徜徉，次日凌晨，早起观旭日东升，云海玉盘。现在，修建了三条索道，每小时往泰山极顶上的运量增加到1 500人。用这样的速度，每天把数万人源源不断地送到0.6平方公里的岱顶上去，常常人满为患。花几十元钱买一张索道票，几十分钟就登顶了。旅游也有快餐，游客方便了，两三小时就可游完泰山岱顶的主要景点。不少游人坐车来，坐车去，拍几张照片，无需在山下住宿消费，自然也体味不到自然和文化的意蕴。主要受益的是索道公司，对发展当地经济的好处也不多，泰安的老百姓和专家对此有不少意见。

木已成舟。再改，又要影响多方面已形成的利益格局，也难。

管理体制，触及了一些文化遗产保护的深层问题。

一个景区，文物、宗教、建设、林业、旅游、环保等多个部门分割管理。存在有利益大家争，遇事互相扯皮的状况。其表现是一个景区有多个桂冠："国家森林公园"、"国家级风景名胜区"、"国家地质公园"、"自然保护区"、"全国重点文物保护单位"、"4A 旅游区"、佛教或道教协会，等等。部门管理、地方管理，条块交叉。结果是谁也管不了谁。

陕西省秦始皇陵区文物十分丰富。负责秦始皇兵马俑博物馆文物遗址管

拉萨色拉寺前

理的是陕西省文物局下属的秦始皇兵马俑博物馆。负责秦始皇陵区文物遗址管理的是秦始皇陵文管所。仅秦始皇兵马俑博物馆的年门票收入就超过了一亿元。1998年底，陕西省颁发了《关于深化旅游体制改革、加快旅游产业发展的决定》，根据这一决定，由文物保护部门交由陕西省旅游集团公司负责全面经营和管理。

这一决定引起了文物部门的强烈反应。加快发展，就是把文物简单地变成旅游资源？兵马俑博物馆对全国的文物保护工作来说具有指标性。如果按照这一思路发展下去，北京故宫博物院、八达岭长城、敦煌莫高窟、龙门石窟、云冈石窟、布达拉宫、曲阜孔庙，等等，都应该交由旅游企业管理经营？

秦始皇陵周边保护区和阿房宫遗址等重点文物保护地区，因缺乏有效管理，人为破坏严重。曲阜孔庙交由一家深圳公司管理后，发生了水洗“三孔”的事件，还有，在汽车送货的过程中，撞断了一块古碑。这些都引起了全国的关注。

2002年底召开的全国文物工作会议上，中央领导针对陕西省改变秦始皇陵等文物保护单位管理体制的错误做法，提出了严肃的批评，国家文物局局长也赶往陕西，会同当地政府专题研究纠正这一问题。

文化遗产是一项公益性、社会性事业，保护管理工作的专业性、科学性很强。由公司承包经营后，往往只注重投资回报，采取掠夺性经营、短期行为，游客越多越好，门票不断提价，而在保护和管理上却漏洞百出。所谓“所有权”与“经营权”分离，不能有效地管理，只用来赚钱，精神文化功能和社会公益事业的性质流失，所有权就成了一句空话。

黄山、峨眉山等文化遗产和风景名胜区“捆绑”上市，还有一大批后来者跃跃欲试。如果不是被紧急叫停，最后上市的早就不只是两家了。

03 武当山遇真宫："破房子"大火映见了什么？

武当山古建筑群与故宫、颐和园、长城齐名，被誉为"挂在悬崖上的故宫"。

1994年，武当山古建筑群正式被联合国教科文组织列入世界文化遗产。该组织在世界文化遗产申报书上写道：这是世界上最美妙的地方之一，这里融合了感化的智慧、历史建筑和自然的美景，中国伟大的历史依然留在武当山。

遇真宫位于武当山下武当北路，是一座纪念道教先贤张三丰的大型文物建筑，也是武当山著名景点之一。整个建筑群占地面积5万多平方米，现存宫门、配殿、廊庑、真仙殿等建筑40多间。张三丰为武当拳的创始人，遇真宫是明朝永乐皇帝专门为张三丰建造的，至今已近六百年历史，现存建筑主要为清代。

武当山管理部门把遇真宫租赁给私人开办武术学校，造成了隐患。2003年元月19日夜，遇真宫大殿突发大火，武当山旅游区内无消防站，9辆消防车从十堰和丹江口市赶来灭火，可附近找不到消防水源，消防车只能到远处取水。这场火烧了两个多小时才被扑灭，遇真宫化为灰烬。

两天后，中央领导在一份关于武当山主殿遇真宫被烧毁的内部材料上做了重要批示："遇真宫主殿被毁，甚为可惜。湖北省政府要查明原因，严肃处理。各级文物管理部门要认真吸取教训，加强和改进文物保护工作。"

又是管理体制问题。

"武当山旅游经济特区"这一管理体制的特点已无需多做说明。文物管理只是管理局下属的一个科级部门。资金缺乏，仍然是一个主要理由。就在这场大火之前，管理部门刚刚把另一处重要古建筑太子坡修缮完，作为招待所创收。

在得知中央领导批示后，湖北省委书记俞正声赶到了现场。

站在大殿的遗址上，面对大火肆虐后残存的几堵墙壁，俞正声神情凝重。

陪同的武当山管理部门的人，为了缓和气氛，委婉地提示，遇真宫历史上几次毁损，现在烧毁的遇真宫大殿只是清代复建的"破房子"。

俞正声毫不客气地指出："不要淡化遇真宫的文物价值。你说它是'破房子’，可它在文物专家的眼里是价值连城的东西。我和你们一样，都不懂它的价值，这只能表明我们的文化修养不够，专业知识不多，但不能够通过贬低它的价值，来逃避我们应当承担的责任！”

随后，俞正声一行来到了太子坡。这里的古建筑修复后改作招待所，经媒体曝光后，引起了各方的关注。俞正声对陪同的当地负责人说：“我们要正确对待媒体的批评。文物部门在主管的古建筑中建招待所，知法犯法，性质恶劣，对直接责任人予以严肃处理是必要和正确的。文物保护是第一位的，在保护好的前提下，才谈得上合理利用。当利用与保护有矛盾时，首先要服从保护。搞好武当山的保护，必须理顺管理体制，改革内部机制。”

“水洗三孔”、黄山北海的城市化、武当山遇真宫大火、乐山打造的巴米扬大佛……终于，向商业和金钱海洋急速滑落的文化遗产、自然遗产保护工作，走到了一个拐点。

一些明显的败笔正在设法被“弥补”。

都江堰与青城山拆去了前几年建造的两条单轨车道和横跨在宝瓶口上的索道，恢复了原貌。

洛阳龙门石窟拆除了不伦不类的“龙宫”旅游景点。

泰山也开展了景区环境综合整治，清除了商业广告牌和烧烤棚屋……

但有一些却永远无法补救，遗产正在无可挽回地变成“遗憾”。

04　临汾：用人墙保护古城墙

大凡到过山西临汾的人，对见到的那些熟悉的景观都不免感到诧异——怎么这样搞笑，谁把天安门“移植”到这里？

近几年，山西南部城市临汾引起全国注意的新闻不太多。

回想一下，除了时不时有一些矿难报道外，印象比较深刻的也就是这么几则：1998 年重点文物保护单位尧庙大火，古建筑被毁；连续几年居全国大气污染最严重 10 个城市的末尾几位；尧庙广场建成，还有座高达 50 米的“天下第一门”——华门；2005 年《新华每日电讯》等报道了临汾的“天安门”，引起不少人的热议；2005 年夏天，临汾古城墙被毁，文物局干部职工组成人墙阻挡施工车辆……

临汾是山西省数得着的古城，地处太原和蒲州两大重镇之间，在政治文化领域占据着颇为重要的地位。临汾盆地不仅是交通线上的要冲之地，同时也是中华文明的发祥地之一。

在久远的古代，黄河流域发达的汉族文化沿着汾河北上，与北方游牧民族南下，两种文化乃至军事上的碰撞，也多在这一带展开。

厚厚的黄土地下，深藏着许多先人留下的足迹，有许多难以胜数的往事。

《后汉书・郡国志》河东郡平阳国条记载：“尧都此”。

平阳是临汾的古名。临汾西南的汾河对岸有一座平缓的小山，至今仍叫做平山；一条清溪，从山麓流出，这就是平水。自古以来，就有一些学者相信平阳是尧、舜、禹三代都邑的所在地。陶寺文化遗址和 1998 年春天在尧庙乡下靳村发现的下靳古墓群，经考古发掘，证明尧都确系平阳。

清初著名剧作家孔尚任应朋友之邀撰写《平阳府志》，在临汾待了一年左右。传说中的尧都就在平山一带，他游览平山和平水时写下了以下诗句：

远隔红尘世外幽，宜人景物失乡愁。
含烟店柳从容发，破冰山泉放肆流。
古寺春寒须载酒，重峦雪霁好登楼。
风雷龙子何年去？遗事闲从父老求。

临汾曾有不少古迹和古建筑。诗中所说的“古寺”大抵是指平山龙子祠，这是一座规模很大的庙宇。“风雷龙子”，则是指晋永嘉三年（公元 309 年）

匈奴刘渊定都于此，在这里修筑“陶唐金城”时的一个传说。我不知道这些古建筑今天是否依然。孔尚任“重峦雪霁”时要登的楼，应该是临汾城内雄伟的大钟楼。这是一座建在高高台基上的三层楼阁，站在这座楼上，目光越过城墙，可以遥望城南的尧帝庙和西南的射姑山。这座大钟楼不知始建于何时，但孔尚任时代肯定已经有了。据《山西古迹志》记载，钟楼里原有一口金代铁钟，钟上铸有以下铭文：“大金明昌七年（1196年）四月十六日。皇基永固，宰辅千秋，国泰民安，法轮常转，南无一万五千佛，南无五十三佛。”

我从潼关、晋南返回时夜宿临汾。

清晨早起，打车去看尧帝庙。临汾虽是古城，但现在城内面貌一新，很少有特色的建筑。尧庙大门外，开辟出宽阔的“尧庙广场”，略显空旷。

一回头，不经意中看到了雄伟的“天安门”。

“天安门”正对着尧庙大门。

——红墙黄瓦的城楼、城楼上飘着红旗，天安门前小金水桥和华表一应俱全。金水桥前还有国旗座和旗杆，五星红旗高高飘扬。

因为人很少，独自在广场上转了一圈，拍了几张照片。发现还有类似“天坛”的建筑，以及高耸入云的汉白玉雕饰而成的“中国第一华表”。这华表与天安门广场上的一模一样，只是硕大无比。翻翻买来的小册子，得知此华表高达21米。在广场的最西端，建有像城门楼，又有些像我们在影视屏幕上看到秦汉时期高台楼阁状的“华门”——这仿古建筑同样“高大雄伟”，拔地而起。此门称之为“天下第一门”，高达50米，是2004年12月29日落成的。

在此建这样高大的门楼台阁依据是什么？当时只觉得有些不伦不类。回宾馆后，把看到的告诉朋友，他们都笑了，你才知道这里有“天安门”和“中华第一门”啊？

后来，在《新华每日电讯》看到相关的长篇报道，才知详情。

新华社记者孙春龙在报道中说，华门广场的设计和策划均出自“昔日政治明星”宿青平之手。2001年宿青平担任尧都区区长后就开始修建广场，此后，对这些建筑的议论一直是临汾官场及民间的重要话题之一。是什么动力让这个政治明星修这样的建筑呢？

对于“天安门”的提法，临汾市尧都区区长宿青平在采访中多次纠正，“我们这不叫天安门，天安门是七个门洞，我们只有五个。”在临汾市官方的所有资料中，这个被民间称做“天安门”的建筑被称为“观礼台”或“立体中国地形图”。最初，宿青平只想修一个观礼台，而正在施工时，来了一个老太太看热闹，说为什么不修个天安门。

“听了老太太的话，我当即决定，改变图纸，仿造天安门。临汾市的大部分老百姓一辈子也看不到天安门，给老百姓建一个天安门难道不行吗？”宿青平解释说。

山西临汾尧庙

临汾市的一位出租车司机称，“天安门”大概建于2002年，“那时我还在上学，落成剪彩时各学校都组织了好多学生去，当时宿青平就坐在‘天安门’上，很是威风。”

报道说，临汾市尧都区一位煤矿负责人说：“政府没有钱，却要修‘天安门’、‘华门’这些毫无实际意义的东西，并多次强行向我们摊派。”为了修华门广场，他向当地政府“捐”了20多万元，“不捐不行，不捐的话你的煤矿就通不过验收”。

对于强行捐款，宿青平并未完全否认，“让一些企业家为社会做点贡献，都不愿意。”宿青平称，这些建筑总共花费7 000多万元，除贷款外，就是社会集资和借款。

临汾市古城煤矿借给政府500万元，“我开始只想借200万元，古城煤矿的老板一下子给了500万，而且后来向我表示，这些钱不用政府还了。这种精神多么高尚呀！”宿青平说。

据记者了解，“借款”达到500万元的还有临汾市同世达焦化实业公司，而在10月11日召开的山西省打击违法排污损害群众利益突出问题交叉检查动员会上，该公司因“拒不执行环境处罚”被环保部门列为11个典型环境违法案件之一。上述官员称，除向污染企业集资外，在修建这些建筑时，一些“黑煤矿”也“捐”了款，“这无疑是另一种形式的官煤勾结”。

新华社的报道说，临汾市的一位官员透露，一位中央领导在2003年3月来临汾时，为了不让他看见“天安门”，在去尧庙参观时没敢让他走正门。但在参观结束后，这位领导径直从正门走出来，一眼看见“天安门”，陪同的地方官员都躲到了一边。宿青平向中央领导做了一番解释，天安门是中国建筑的精华，是为了让临汾的老百姓能感受到天安门才修建的，“当时领导‘哦’了一声，但宿青平把这当成对他的认可，又修这修那，到现在修成了这个引起更大争议的华门”。

新华社的报道说，曾任山西省侯马市委副书记的宿青平，是著名作家张平的反腐小说《国家干部》中主人公夏中民的生活原型，也曾是媒体热捧的一位政治明星。

生活原型与小说中的人物不能混为一谈。因没有看过《国家干部》，也不好评论。

我一般不看当代作家写的“反腐小说”或“改革小说”，包括那位对气功和人体特异功能很有研究的作家写的，因为我不相信改革家与大气功师是同一类值得歌颂的人物。另外，不看的理由，一是往往翻书没看几页，便觉出了假——专业作家缺少生活，凭一些道听途说的故事虚构编造，情节、细节经不起推敲。二是主人公也多有类型化、脸谱化的倾向。这些改革英雄或反腐斗士，走马上任伊始便卓尔不群，坚定执著，志向高远。办事大刀阔斧，雷厉风行，敢于拍板，我行我素，一言九鼎。用现代的眼光看，这些人物的行动往往带有强烈的指向性素质、能力和品格特征，而且左右都有一个女记者之类的“红颜知己”。政治上出人头地与声名狼藉，往往只有一步之遥，如果换做“文革”时代，便可能是“反潮流”英雄的样子。

说远了，还是回到天安门上来。

天安门在中国是有政治意义的。现在，对于临汾建“天安门”、华门、华表之类的“政绩”，报道已经很多，争论也还会继续，但不应该“上纲上线”。事实上，在这一点上争论不休已经没有什么特别的意义。有的已经超出了这些建筑的本身，涉及其他方面的问题，有极大的“杀伤力”，应该就此打住。

还是说说尧帝庙吧。尧庙的历史可以追溯到久远。

现在这个位置上的尧庙，始建于唐高宗显庆三年（公元 658 年），元碑《山右石刻丛编》卷 26 有录，当时的规制不大。《太平寰宇记》记载，尧庙原来在汾水西岸，晋元康年间（公元 291 ~ 300 年）移至汾河东岸，显庆三年移至今址。

元代，尧庙曾大规模拓展。《元史》本纪记载，世祖中统四年六月在平阳建帝尧庙，并赐田 15 顷。庙宇占地曾扩展到 700 顷，整个建筑共达 400 多间。其后，由于地灾、战乱等原因，屡毁屡建，现在保存下来的建筑大多是清代中晚期以后的，1965 年尧帝庙被列为省重点文物保护单位。其中最重要的建筑是尧帝庙五凤楼和广运殿。尧帝庙广运殿为重檐歇山式建筑，正面十一间，进深六间殿名原为正广运殿。除前面三间外，全部筑有墙壁，下面一层在墙壁上开有窗户，上面刻有精细的浮雕。在殿外立有元代《三圣庙碑》、《增修尧舜庙记》和明代《圣庙祭祀记》等碑。

1984 年，广运殿在落架修理中，发现了明代石柱遗迹，知原尧帝庙规模更为宏大，经国家文物局批准，决定按明清时代规制重修。

这几年尧帝庙大修大建不断，而且越修越新。

80 年代，尧庙大修。1998 年，尧庙大火，广运殿木结构古建筑全部被毁，原柱础为唐代珍品，也被焚毁。不久后广运殿重建，可古建筑已经“脱胎换骨”，尧帝像等也多次进行了重塑。殿前有尧井，据传尧帝在平阳建都时所开凿，清代建有八卦亭覆在井上。2002 年，为了恢复所谓“元代井台格局”，把清代古亭拆除，用一整块花岗岩雕刻了井口，周设青石围栏，真文物变成了假古董。尧井于是就像一个新造的景点，既不“典雅”，也不“古朴”。近年，投入巨资，将几年前重修的帝尧和四大彩绘泥塑像改换成了铜像。其中仅尧帝像就高 5 米，重 8 吨。称为“宫内第一联”的广运殿楹联，被换成了区长宿青平撰写的。

尧生活在距今四千多年以前，当时生产力落后，即使是部族的首领，生活也非常简朴。尧帝庙南约 4 公里的伊村，倒是透出了一些远古农耕社会的信息。据传这个村就是尧帝故乡，有古风犹存的“茅茨土阶址”。古遗址周围长着很多酸枣树。时光倏忽，草木依然。这里原围绕着约一公里长的土墙。东面与南面有门，东门额书“古尧帝都”，南门额书“尧帝故里”。南门外的台地尽头下临汾水，雨水在这上面冲蚀出一条小沟。沿沟立一通明代石碑，上书“帝尧茅茨土阶”，碑阴有《尧封茅茨土阶记》，这座巨碑除了明示“尧屋”的所在地之外，还隐含着告诫后世权贵，应以尧帝为榜样，廉洁爱民的良苦用心。

真实都深藏在厚厚的黄土中。

当然，尧帝故里只是传说，真正的居住地已不可考。

“茅茨土阶”——当时尧帝居住的也不过是简陋的土台茅屋而已。在村西南一带旱地里，不时可见散落着的汉代风格的陶片。这片风雨剥蚀的苍凉土地上的遗迹，和不断折腾、愈修愈奢华的尧帝庙，形成了强烈的反差。

尧庙每年都有民间庙会，当地人称皇会。原在庙前开阔空地上，多是些苇席搭的棚子，过后即拆除，并不影响整体景观。而现在的庙会，多了些官办的色彩。

有专家指出，如果要在某片空地或景区中，建一些“微缩景观”或者“巨型景观”，也不是不可。现在政治上应该没有“犯上”之类禁忌。没有禁忌，并不意味着可以异想天开，随心所欲，不少人心中，还是隐约有一条红线的。问题是，现在把“小天安门”、“小天坛”、巨型华表，和近二十层楼高的几座仿古建筑组合在一起的所谓“华门”，都“堆到”尧庙大门口。新建的“尧都大道”更是宽40米，与国内许多城市的新区大道相仿。当地提出要向外拓展，把“无形资产”变成“有形资产”，在尧庙周边建设旅游经济开发区，形成重要的经济增长点。尧帝庙真有不能承受之重啊！

尧帝庙是供后人瞻仰祭拜的地方。

这些轻佻的模仿性古建筑和所谓景区，用孩子的话说，有些“搞笑”。说重一些，既是对天安门、华表等重要历史建筑真实性的抹杀，更是对尧帝庙文化遗产真实性的亵渎；既影响了尧庙的历史景观，也破坏了凝重、庄严和肃穆的环境。

在晋南，在临汾，更多的与尧帝有关或无关的古代遗址或建筑并无人关注，正不时遭到毁坏。

清晨，穿过寂寥的街区，我曾寻访临汾城南的南禅寺，这座始建于金泰和四年（公元1204年）的古刹，一片破败的景象。这座寺院正殿与后面的观音楼，都是清代中期的建筑。但临汾市最令人震惊的，却是古城墙的破坏。

临汾古城始建于北魏时期，城墙四周各埋铁卧牛一尊，故有卧牛城之说。目前，现存的残面，大多是明代城墙遗迹。临汾县志记载，明城墙城垣周11里288步（约5 980米），高15米，墙体外包[illegible]砖。基座宽30米，顶宽18～20米，呈坡梯级形状。环城池深8.[illegible]米，宽9.3米。城墙上可以驰车马，树旌旗，城高池深，十分壮观。[illegible]年解放临汾时，攻城战斗激烈，这支英雄部队前赴后继，因而获得“临汾旅”的称号。解放后临汾城墙大部分被拆除，现仅存东城墙13.8米，北城墙150米，西城墙毗邻临汾军分区后院，所以毁坏较少。它是目前临汾古城墙保存最长、最完整的一段，约为800米。2004年被临汾市人民政府公布为首批市级文物保护单位，并明确了保护范围。

2005年夏天，就是这段历经1600年灾变后留存下来的临汾西城墙，遭到了严重的损坏。原临汾民康制药厂为了在此建宿舍楼，越界挖古城墙做地基。这个企业属于霍州市地方企业，已破产，厂里人员回到原厂址建住宅楼。他们肆意挖毁城墙用做住宅地基。该制药厂在建楼施工之前，未经文物、建设、土地等相关部门批准，施工中又造成文物本体损坏。文物管理部门实地勘查，发现1号楼基西侧已进入保护范围之内，2号楼基北侧距城墙仅2.7米，也置于保护范围之内，西北侧竟挖掉城墙本体，损坏城墙20多米，初步测算，遭破坏的城墙面积足有百余平方米，挖毁体积达千余立方米。同时，1、2号楼均在文物保护单位建设控制地带之内。

事情发生后，临汾市文物局会同尧都区文物旅游局，多次向建设单位发出通知，要求停止施工。市领导也曾在报送的紧急报告上做了批示。但都仅仅落在纸上，并无具体有力的措施，损毁古城墙的行为仍然在继续。临汾文物局无奈之中，组织全体干部职工，来到施工现场排成人墙阻止，并和施工单位发生了冲突，一些人受伤。他们日夜值班，在无助之中，求助于新闻单位，这一事件经报道之后，引起社会的强烈反响和上级的重视，这段城墙才被保存了下来。

2005年底，在四川成都召开的全国文物工作会议上，临汾文物局领导在大会上发言，介绍了他们如何用血肉之躯，在烈日下阻挡非法的施工车辆。在那些日日夜夜里，群众如何为他们送茶送水，文物局人少力薄，下属的文博和文保单位的职工也赶来支援，参加静坐。

在这片古老的土地上，尧帝庙一修再修，在庙前修大广场，建“天安门”、“天坛”，和高度超过巴黎凯旋门的“华门”，树立无出其右的高大“华表”，旅游商业和经济区也正在轰轰烈烈地开发。与此同时，面对古城墙的破坏，在长达半个多月的时间里，当地领导未采取有力措施加以制止，文物部门无能为力，只好用人墙来保护古城墙。

这反差强烈的两件事，不是特别耐人寻味吗？

05 城市的官府、广场与园林

几千年来，中国官员有不解的官府和官邸情结。

如果说完全没有文化也不尽然，至少这是官场文化的体现。官府建筑，是权力和权威的象征。

在封建社会里，等级森严，州、府、县的衙门，在营造中要受到诸多的限制。远不像今天这么开放和自由，满怀壮志地营造豪华气派巨构——书记、市长、县长就是“整出”天安门广场、“整出”皇宫、中南海、白宫来，也没有人说你大逆不道。山东半岛某县，在很有气魄的办公大楼前，修建了如同北京天安门广场大小的广场——我到那里参观时，正值夏天，偌大的广场空空荡荡，除了草坪就是鲜花，没有几棵树，走在广场上酷热难耐。一个县城有多少人？真是显摆啊。坐在这么一幢办公楼里，一把手二把手，俯瞰着他们的“领地”，俯瞰着芸芸百姓，感觉一定极好。

中国古代城市建筑形制“发育”得很成熟。

官邸、衙门、府第的建筑都有标准与规范。

除了皇宫和皇家园林以外，州县的府署、衙署，多处于城内略偏的位置，不敢雄居中心。县与府，至多是三进院落。知县、太守兼地方法院院长，“三堂”会审，也只不过是三堂而已。我在晋西北一个穷困小县，看到原有县衙老屋，用做县科委办公室已嫌拥挤。

不论大小，一座城市中，要先有一些标志性的楼阁，如钟楼、鼓楼、更楼、牌坊，等等。这些景观建筑处于东西南北几条“十字大街”交叉口处。此外，还有庙宇（包括文庙、武庙、城隍庙等）、谯楼、戏楼、望楼、古塔等各种标志性建筑排列有序，这些除了发挥其功能外，还能美化街景，增加城池的美学效果。

此外，书院、佛教寺院、道观、祠堂等，是古代城市中不可忽略的公共建筑。庙宇是人们的“精神家园”，在建筑上也有一定规制。地方州县各级领导，即使最有魄力，也不敢把衙门建得比孔庙更加高大雄伟。

等级，有其“落后”的一面。但它毕竟是对无序、膨胀和失控的一种限制。“反对形式主义和官僚主义，不搞劳民伤财、沽名钓誉的形象工程，纠正虚报浮夸、强迫命令的恶劣作风，反对奢侈浪费”……原则早已有之。没有了型形制规范，又缺少自我约束，虽有“三令五申”、“狠刹”，往往令行而不禁不止。城市“旧城改造”、新区建设中，位于区域中心引人注目的非行政办公大楼莫属。大楼前再建西式广场、喷泉、草坪。夜晚灯火辉煌。即使与古代相比，很难说这种规划和建设理念，究竟是进步还是倒退？上行下效，在一些地方小城镇建设中，乡镇政府也多成了中心，建有当地最好的楼房。

在参观过保定的直隶总督衙门后，十分感叹，想不到当年李鸿章的办公室，才这么一个院落，几间房子。现在不用说省地市，大军区省军区，就是全国一千多个县市政府，哪个不比直隶总督府气派？还有乡镇的办公楼，比直隶总督衙门大的也不少啊！

中国古典园林植根于东方哲学、生态学和美学。

城市宅院都有墙，不能无限扩大，土地一直很珍贵。中国式的园林景观文化可能与此有关，在有限中追求无限。尽可能地接近自然的原始状态，庭院中也尽可能地有一种置身于自然的感觉。正像《老子》中所说的，“人法地，地法天，天法道，道法自然”，从而达到人与自然互为感应，互为交融，天人合一的境界。这与西洋草坪花园有很大的区别。

因此城市宅院美化的宗旨是模山范水，示其自然率真，而摒弃人工的整齐划一。在具体手法上则采用凿池、筑山、引水、叠石这几样手法。亭台楼阁，

米脂李自成行宫木结构建筑

也多有文化意蕴与建筑特色，有一种亲和力。

这些造园手法大抵在东晋时就已经常见。如王羲之在《兰亭序》中写的“曲水流觞”。夏日天气酷热，引郊外山泉或溪流入园，可使人有清冽之感，减少暑气，同时也增添许多风情。宋以后的中国园林，尤其是南方的园林，筑山叠石多采用具有“漏、透、瘦”特点的太湖石，透出诗意、禅意和画意，耐人细细玩味。中国传统的园林文化沉淀非常深厚。宋代诗人苏舜钦在苏州建沧浪亭，并留下了“一径抱幽山，居然城市间”——这大抵是最早的“城市园林”吧。元代禅师维则在《狮子林即景》一诗中有“人道我居城市里，我疑身在万山中”的描述。明代文徵明在《拙政园图咏》中写道：“绝怜人境无车马，信有山林在市城。”

西式广场草坪少有灌木树木，不仅大面积草坪的维护不易，耗水量大，而且生物量也比不上乔、林、灌、草组合的中式园林，净化空气的功能差。冬天，北方城市中草坪一片枯败。前些年，申奥检查团来京前，长安街等主要街道两侧枯黄衰败的草坪一夜之间突然变得绿油油，引起了国际有关组织和人士对“作假”的怀疑。后来解释说，喷洒的是一种带色的“肥料”，不是特意为了染色。现在，各地都在“打造”适宜居住城市，房地产商打出“山水豪宅”、“亲水家园”、“珠江俊景”之类，这些都只是“卖点”而已。哪一处真有城市山林的感觉？

空间大小，占地面积多少，并不是评价生态环境的标准。相对于西式草坪花园，中式园林占地较小，但布局自由，景象丰富。自然生态与精神文化生态浑然天成。山石泉池，水木明瑟，曲径通幽，楼台亭阁，闲轩静室，人文气息浓郁。皇家园林规模宏大，其实占地并不多。如承德避暑山庄，全园面积不过5平方公里。更不必说过去的私家花园之类了。壶中天地，更是要求在有限中见无限。

我到古镇同里，占地仅七八亩小小的退思园中，转上几个小时，还觉得没有看完，尚未尽兴。当地一些老人，在水榭里一坐就是一个下午。我到浙江沿海一个乡镇45亩的西式大广场，一眼望得到边，市民们“玩得住”吗？

我是不太相信蜂拥而至的一些系花领带的专家的，所谓研究与学术，只是在东方文化文明“废墟”上进行并不高明的清算：

——什么“从宗教建筑与世俗建筑的比较看，在西方，最辉煌、艺术成就最高的建筑是教堂和庙宇，而中国，最辉煌、艺术成就最高的建筑却是皇宫和皇陵。耐人寻味的是，世界上凡是供人享受的皇家建筑远远超过供神使用的宗教建筑的国家，后来都衰落了”。

——什么“客观形势已不允许中国建筑从自己的国度里孕育出自己民族的建筑新胚胎”。还有什么反思“墙”文化，中国人“眼界越来越小，以致坐井观天，夜郎自大”。

——什么中国建筑风格“两千年一贯制”，而欧洲的石构建筑，其风格上的更新换代“至少在一打以上”；“中国木结构是农耕时代的产物，也已走完了它的历史进程”，等等。

更为离谱的是，专家得出中国从明代以来的落后，竟然是由于文化落后所致，特别是与中国人的居住建筑的“落后”有关。在这些专家们看来，中国人只要住进洋楼，就能放眼世界，赶上西方发达国家了。

我早学会了沉默，可有时又不能不说。无术的学术和虚伪的文章，理论的荒谬简直不值一提。“博导”唾沫横飞的演讲，听得人浑身起鸡皮疙瘩，不舒服。

正是由于“专家们”的合力清扫铲除，中国传统审美、文化和精神，更难在当代城市建设中延续下来。像“园外有园，园中有宅；宅外有园，宅中又有园”的包容性群体格局，在今天房地产开发中还能见到吗？

周维权先生在《中国古典园林史》的自序中写道：“中国古典园林作为古典文化的一个组成部分，不仅影响着亚洲汉文化圈内的朝鲜、日本等地，甚至远播欧洲。……18世纪中叶，欧洲人开始知道在遥远的东方存在一种与当时风行欧陆的整观式园林全然不同的中国造园艺术，犹如空谷足音在欧陆引起强烈的反响，开始了欧洲人研究中国园林、仿建中国园林的风气。英国皇家建筑师钱伯斯曾经游历中国，归国后根据他的见闻著书立说，宣扬中国园林，修建中国园林，逐渐形成造园新风，又从英伦三岛传播到欧陆，时兴于当时欧洲许多国家的宫廷、府邸。”

两个多世纪过去了，中国古典园林饮誉世界，蜚声全球。当园林在当代中国衰落时，东方园林却在不断“走向”世界。

1980年，以苏州的网师园殿春簃庭园为范本，在纽约的著名大都会艺术博物馆建成了风格疏朗淡雅的“明轩”——这实际是中国园林的整体“出国”。

1983年，以岭南园林为主要范本的“芳华园”，在德国慕尼黑国际艺展中荣获联合大会金质奖和德意志联邦共和国大金奖。

1986年，温哥华建成“逸园”，获国际城市协会特别成就奖。

1993年，美国佛罗里达州建成了“锦绣中华—苏州苑”。

此外，还有以北京北海静心斋为范本在英国建成的“燕秀园”；在荷兰建成的“名胜宫”；2000年在美国俄勒冈州波特兰市建成的“苏兰园”。

……

观念在变，美的标准不是一成不变的。人的心理很复杂，越熟悉的东西也往往越不珍惜。中式园林在许多城市建设中，已被悉数抛弃了。

06 谁来补上美学这一课

新华社的一篇报道题为《城市建设需要补上美学这一课》。

问题是，谁来当老师？给谁上课？让书记、市长和房地产商来做学生吗？

刘勰在《文心雕龙》中说："振叶以寻根，观澜而索源。"这也不是一日之功。

短短几十年，从工业化到现代化，当代中国的城镇化是一个压缩了的过程，变化大、速度快。城镇化和城市建设的指导思想尚不清晰，经济建设与文化传承上的盲目和错位，实践和理论上存在混乱甚至矛盾也就不奇怪了。如果顺畅，一个人只需十几年甚至几年，就可从普通的公务员或企业技术人员，"提拔"到省地县各级领导岗位上。职务升迁的过程中，领导干部和后备领导干部只进党校和行政学院，很少再有系统学习的机会。如果仅仅是管理，也许不需要太多的历史文化、建筑规划的专门学问，但在城市大发展、大扩张的时代，决策者相关的知识不够，科学文化缺失，甚至心理上的准备不足，后果十分明显。

三五年可以打造出政绩，但绝对打造不出一个城市的文化、风格和精神。把城镇化简单地理解为通过行政和市场经济的手段，把城市"做大做强"。用城市的变化来美化自己政绩的脸面——于是宽马路、大广场、豪华办公楼成了城市"名片"。没有钱，在"经营城市"、"资源变成资本"、"滚动发展"的口号下，集中精力通过拆迁，征用拍卖城市周边农村的土地，以筹集资金。脱离实际，盲目攀比，着力在扩大城镇规模和形象工程上下工夫——与此相配套的还有超越当地经济发展水平、劳民伤财的所谓“节庆活动”、“亮丽工程”、“夜景工程”。

一个偶然的机会，我来到北部湾畔。看到一个常住人口加上流动人口只有5万人的小城市，修建了足可容纳10万人的空荡荡的大广场、大喷泉。陪同的一位当地同志说，还有更“搞笑”的——他把这两个字说得很幽默——我们这座城市三面临海，有称做金沙滩的海滨浴场，市里面的领导还要在市内建一个人造沙滩。城市位于海流的出海口，海湾和河口潮水的冲刷，形成了一个深槽，港口泊位就在深槽边分布排列。市里先是填了几千亩海滩，又在河口边花几百万元堆沙建了个200米长的人造海滩作海滨浴场。他们在上游倒沙铺沙，我们就在下游的港口挖沙。海滩是自然形成的，是水文、湾流和海岸地质条件共同作用的结果，那是你能用人工堆出来的？沙倒下去，就冲走了，我们这里是半日潮，一日两次，还有雨季洪水下来，岸边的沙全没了。现在这个“人造沙滩”就扔在那里了，因为流急，游泳还死了40多个人。此外，由于填海造成湾内面积缩小，过去不淤的港口，现在淤积明显加快。

我问，还有“搞笑”的吗？

他说，几任主要领导一上任，都跟被称为王府井的主要大街“过不去”、对着干。道旁种花换成种草，种草又换成种树，种树又换成种花。还有，街灯也换了好几次。

在中部的一个贫困县，当地同志告诉我，老百姓有一个说法，叫做“城里像欧洲，城外像非洲”。新上任的县委书记为了在尽可能短的时间内创造出令上级刮目相看的政绩，便在全县搞“大灯光工程”，不但县城主要街道，还要求乡镇政府所在地也“一律亮起来”。山区乡镇政府所在地，一到晚上行人不多。每晚的电费要上千元，一些地方感到负担不起。那天，当地领导带我去看他的一个政绩，即在县城的河边修了一个西式的文化广场。广场很大，几何形的草坪整整齐齐。走着走着，天忽然下起雨来，雨点大而密，大家无处躲藏，都狂奔起来。

还有一次我到西南某市，看到城市中开发了一半的东方广场长满杂草，荒草间到处是车轮的辙印，成了一些人的“免费练车场”。我问工程为何停了下来，当地的一个同志先怪异地一笑，然后吞吞吐吐披露，说这工程是原市委书记定下来的。当时省委书记来考察时，市领导陪他参观，做了汇报，得到了省委书记的肯定。省委书记当场答应建好后再来我们市。可只过去了一年，省委书记就调动了。今年市委书记也调离了，这项工程还留下不少没有处理好的问题，像土地征用、工程款等。这个烂摊子，现任的也不想收拾。

建设部的官员2004年9月25日透露，中国662个城市、2万多个建制镇中，约有五分之一的城镇建设存在“形象工程”——其实这个估计还是相当保守的。新华社报道过安徽某县级市建了个占地几百亩的文化广场，附近农民把“文化广场”当成了晒谷场。

2006年初，我又一次来到了苏州。

那天夜里，桨声灯影，在航船上看古城的夜景。苏州城在20世纪五六十年代被破坏过一次，但在后来的工业化和城建中，旧城被保留下来了，没有再遭破坏，近年不断对古城风貌进行了修复，每年吸引几千万国内外游客前来参观。为了确保其闻名天下的园林和余下的小街小巷不被毁掉，新区规划在古城之外。新与旧交相辉映，使苏州成为中国吸引外资最多、经济实力最强的城市之一。

在城市建设中追求高、大、洋——造价达30亿元的国家大剧院在这方面是“当之无愧”的冠军。有人算了笔账，如果均摊到每一座位，要近70万元，每天空调电费要10万元。国家大剧院工程的一个负责人接受记者采访时说，大剧院是“国家标志性工程”，“它的水平和法国的巴士底歌剧院、日本的新国立剧院并驾齐驱，在某些方面比它们更先进些”。“如果说歌剧院是世界最先进的之一，戏剧场就是世界最先进的了”，要体现人民性，“为人民服务”。记者问如何能做到这一点呢？这位负责人说，一是政府补贴，体现公益性，必须有政府补贴；二是大制作演出一定要有赞助；三是建立大剧院艺术发展基金，由企业、政府、个人捐助；四是演出模式两条腿走路。

这就是说，国家投巨资建了它，还得不断花钱养着它，才能存活。

中国文化体制改革正在不断深化，许多艺术院团经历着改革的阵痛，处境艰难。城市中原有的电影院、剧院，传统观众减少后，有的关门，有的开展多种经营，数量锐减。一些地方剧团改制后，成为草台班，为了生活，不断地赶场，演员们一年要演300多场戏，基本的演出条件都难以保证。

脱离实际地片面强调“跨越式发展”，争当一流，内在的冲动难以遏止！

一位德国历史学家曾对中国城市设计者说，我们现在有的，你们将来会有；而你们现在有的，我们永远不会有。城市建设和发展中的短期行为，急于求成，造成的不少失误，有些可能要几十年后才能看清全貌。

丝绸之路上的汉代烽燧

五 西北：缺水背后的真实

内陆河断流萎缩，水量锐减。

下游绿洲生态环境不断恶化。

也许没有人告诉过你，西北是人均水资源量丰富的地区

——河西走廊人均水量是海河流域的四倍。

从石羊河、黑河、疏勒河，一个个耗资巨大的引水工程建成。

西北缺水与生态危机的背后是什么？

是谁把唐玉门关没入了水底？

01　河西走廊的河

西出兰州，过黄河，越乌鞘岭，进入河西走廊，展现在我们眼前的是另一派风光。

亘古如斯。壮阔悲凉、夺人心魄的风景，就是雪峰、河流、村镇和戈壁滩的组合。

河西走廊位于黄河以西，地处祁连山以北，合黎山和龙首山之间，这里古代是连接中原和西域、中亚的重要通道。“走廊”因而得名。

河西走廊有自己的河，属内陆河。

河流一律发源于祁连山，发源于冰峰雪线，由南向北或西北，最后汇成并止于沙漠中的湖泊。

我曾深入祁连山的水源涵养林区。潺潺的小溪蜿蜒于高山草甸，注入明镜似的湖泊。在山中，水流很快积蓄起了足够的能量，水一旦叫了河，就会显示出一种生命的意义。冲出峡谷时的欣喜与狂欢，流过草滩绿洲时的优雅与雍容，冲向沙海时的无畏与勇敢，都是你无法忘记的。

河流渐行渐远，步履慢慢变得沉重，一条条内陆河最终都消失在戈壁大漠深处——往往，在尾闾还凝聚成湖泊或湿地。无论长度可与辽河、海河、黑河、疏勒河、钱塘江相比的，还是不知名的小小的季节河，西北每一条河流都似乎走得太匆忙、太急促！

世代更替，江山位移，流水无意，绿洲常新！

如果认为河西走廊是个水资源严重短缺的地区，那就大错特错了。

二十多年来，我一次又一次地走过西北，走进祁连山与天山上的林区。从涧水急湍滚涌的峡谷，直至沙海中干涸的河道——我们毕竟成熟了，人云亦云不是我的性格。

国情是什么？区情是什么？

专家们可以随意评说，地方政府和部门筛选的各种数据都是有选择的，着眼于某种具体的目的。为了吸引外来投资，宣传资源丰富是一种算法，强调部门工作重要性时又用另一组数据。

不幸，急功近利被裹上了各种色彩的包装，还冠以“科学”之名。这也是一种自欺欺人的资源观——抛开各种概念不谈，中国人为什么“退化”到连“地大物博”都不敢说了？960 万平方公里的土地不大吗？中国辽阔的土地上，矿产、森林、水资源难道不丰富吗？

世界银行在一份报告中说：“中国拥有非常丰富的水资源，但分布很不均衡。中国的南方人均可利用的水资源较多，而北方较少。”——这是一个比较客观的评价。都在喊缺水。中国的水到哪里去了？

世界银行未论及中国西北的水资源。

要讲清楚其实只需抽一支烟的工夫。

国土面积、耕地面积、水资源量与人口是几个完全不同的概念。任何两个组合，都能得出完全不同的结论。比如说西北地区多年平均水量为 1 635 亿立方米。如采取国土面积与水资源量组合方式，西北广袤的地区，水资源仅占全国总量 6% 左右，水资源自然是非常紧缺的了。

“人均”是中国经济和社会发展理论中各个指数的特征。如果离开了人，遑论土地面积与水资源，就像讨论荒芜的月球与火星表面一样，将没有多少现实意义。中国是一个人口大国，人口是“深度忧患”的基数，我们还是按照专家们常用的“人均”这个算法吧。

数字虽然比较枯燥，却是不可缺少的。

没有人告诉你这个事实——我国内陆河区平均每公顷水量 2.2 万立方米，

居延海胡杨林

是我国华北、东北地区的3倍；人均水量6 290立方米，是全国人均水量的2.4倍。从这个意义上来说，西北水资源实在是比较丰富的。一说水资源，人们往往会想到河流纵横、雨量丰沛的南方。可你没有想到，西北内陆河地区按单位耕地面积水量和人均水量，是广东省人均的近3倍。

现在连水资源最丰富的广东省，也在宣传人均水资源量不到全国的平均水平——这些都成为推动水价不断上涨的理由。

若中国南方人口稠密的诸省，真的达到西北的人均水量，将是一幅灾难性的图景：洪水不断、水患肆虐，珠江三角洲等将成为一片汪洋泽国！

河西走廊水资源与其他内陆河地区相比相对少一些，平均每公顷水量1 235立方米，但仍是我国北方的1.6倍，是海河滦河流域的3倍。人均水量

1 713 立方米，虽比全国人均低，但仍是我国北方人均水量的 1.8 倍，海河流域人均水量的 4 倍，以色列人均水量的 5 倍！

02 雪山——湿岛

与极端干燥的非洲撒哈拉大沙漠不同，与澳大利亚平坦古老的大陆有异，降雨稀少的中国西北为什么有比较丰富的水资源？

我们不能简单地用沿海平原的降水气候来推测祁连山、天山等山地的大气降水特征。中国西部尽管地处亚洲腹地，这些干旱地区的一个重要特点，就是周围有高大山脉环绕。直插云天的峰峦拦截了高空中的水汽，在山区形成一块块“湿岛”，凝云致雨，四季飘雪。在那些人迹罕至的地方，降水和冰川哺育了内陆河，在这些河流经过的地方，出现了片片生机盎然的绿洲。

冲出祁连山各个谷口的河流多达 60 条。

从东到西，放眼望去，雪浪翻滚、激流汹涌的大河依次是石羊河、黑河、疏勒河和党河。河西走廊水资源总量 70 多亿立方米，内陆河出山口流量 66 亿立方米，占河西走廊实有水量的 90%。

这是一种神奇的血脉。世界上的外流河，越到下游，汇集的支流越多，水量就越大，河面越来越宽阔。而西北内流河则不同，中游可能还有一些支流汇集，但到下游，再无补充的水源，流向盆地或沙漠的深处，时断时续，成为季节河，直至完全消失。

——如同四季更替，如同生命轮回。从这个意义上说，内陆河完全没有弃水和余水问题，它的每一滴水都滋润了土地、养育了绿洲。

河西走廊还有一个奇特的现象。

河流出山后往往要经过地表水和地下水的多次转换。

不少河流穿峡出谷，在流经冲积扇砾石滩时，潜入地下，又在盆地或地势低洼处涌出，形成泉群。

河西走廊地下水资源高达 42 亿立方米，其中有一些地下水资源与地表水重复。此外，在河西走廊地表 300 米以下的地层中，大约还有 7 000 亿立方米以上地质历史时期形成的深层静储水，其性质类似于矿产资源，开采后难以补充，不能无限制利用。超采深层地下水将导致水位下降和生态环境不可逆转的恶化。

我们惊叹大自然无与伦比的造化。

在地下特殊的构造中，水的这种运动和赋存状态，减少了蒸发与损耗。“河水”隐遁不显地汩汩流动，无论烈日与漠风，如何击溃地表的生命和土壤，西北大地始终保持着不息的命脉。历代无论引泉打井提水，还是筑坝修渠、引水灌溉，都要明地理，察水情。新疆吐鲁番火焰山下的坎儿井，则是人类通过暗渠引流天山雪水形成的含水层灌溉农田的杰作。

03 谁废江河万古流？

水利与水害是相对，又是相生相依，甚至互相转化的。

与江河打交道时，我们睿智的祖先比较“谦逊”，经常用的字眼是“治水”。

治，是指治理，有“安定”或“太平”的含义。

治水更有明确的指向：道法自然，疏通水道，筑堤设堰，消除水患。先贤们在治水中表现出了非凡的大智，精湛、深刻而丰富；他们创造出的惊人业绩，高山仰止，震烁古今。

某些遗轶的、史诗般的伟大往事，成为历史时期人类科学发展的一束光明与渊源。它们往往并未写进先祖遗典，而是散失在江河大地，深刻在人们的思想和记忆里。

公元前256年李冰父子修建都江堰，引岷江之水灌溉成都平原，使这一地区从此“不知饥馑，时无荒年”。他们创造出的“无坝引水”，竟鲜有后来者。

公元前219年开始开凿的灵渠，沟通了长江与珠江水系，其航运长盛不衰，成为岭南与中原的主要交通线路，直至京广与湘桂铁路建成以后。灵渠今天仍兼有农业灌溉与城市供水的功能。

大约2 500年前，吴王夫差挖邗沟，开通了连接长江与淮河的运河。公元612年，隋朝开始修建大运河。运河繁荣于唐代，取直于元朝，明清历代经多次疏通，形成了今天的京杭大运河，全长1 780公里，沟通了钱塘江、长江、淮河、黄河和海河五大水系，至今仍居世界人工河之首。

创建于公元前100多年的宁夏引黄灌区，唐、宋、元、明多有修复与创建，历2 000年而长存。其工程的基本原则是著名的“无坝引水”——即不拦截黄河，从岸边一侧修建一条垒石坝伸向河中，导黄河水入渠。

在南方太湖流域等地，前人修建湖堤海塘、圩田水路连为一体，“浩浩其流、乃与湖连，上有涂，中亦有船”。

……

科学和文化的延续或转折，不是严格地按编年顺序进行，也并不都是进步或上升的。人的心智的历史，人关于自然和环境的想象与创造，这些流光溢彩的治水和水利工程，与万古奔流的江河共存。

从“关关雎鸠”到“在河之洲”，当人与自然的思想与理念荒芜时，这些没有年代的“经典”，能否提醒今天迷失的一群，指引人们走出已经稔熟的“怪圈”？

防洪要修坝，缺水也要坝。

什么时候，建大坝、修水库成了表达当代水利的“唯一语言”？

不能简单地归结为古代工程技术水平落后，无法修筑拦河大坝、高坝——但这肯定是一个重要因素，人们不能不对大江大河怀有敬畏之心。

现在这一切都变了。有许多修建大坝的理由，一是发电，水电是“清洁能

李冰父子“深淘滩低作堰”的岁修原则，刻在内江东岸石壁上。

源”；二是防洪，用库容来削减洪峰；三是扩大农业灌溉；四是保证城市用水，发展水权与水务；五是改善航道，以利航运——修了成千上万的水库和闸坝以后，现在，辽河、海河、黄河和淮河，还有哪一条河流能够通航？

水利专家杨万里说：“山区与平原这两种地貌与河床的演变及其治河的方

法是不一样的。总的原则是，冲刷下来的泥沙卵石，要顺势尽量让它下行。除非荒芜山区可以筑高坝节流发电，拦住了卵石；凡在两岸有冲积平原的河段，若坡降较陡，水流较大的，可筑活动坝通航、发电并灌溉；此外，在综合了许多支流的干流上，则不可拦沙发电。在平原上，河道虽有冲淤，但长期结果总是淤积的，绝对不可修坝；要尽量放淤抬高两岸的田地，其次是冲沙出河口。在最下游的三角洲上必须分流。”

风、海洋、河流、煤炭、石油，都是太阳的热量直接或间接创造出来的一种能量。我们不会忘记，许多真正的科学家都是诗人或者艺术家。以职业医生开始自己生涯的意大利的伽利略，在钟楼顶上开创了现代科学方法，写出了杰出的著作《星辰的使者》。确定机械能转化为热能的准确交换率的焦耳说过：“自然的伟大力量永不磨灭。”德国诗人歌德同时也是一位科学家。

当代人却自认为“人定胜天”。治水的大智与大巧不见了，再也听不到令人耳目一新，或者振聋发聩的声音了。

还是再看看河西走廊吧。

国家环保总局信息中心这份报告值得一读——

> 河西内陆河流域生态环境保护面临的主要问题及其成因，一是祁连山水源涵养林生态环境不断恶化，森林面积减少，林带下限由上世纪50年代的海拔1 900米退缩至2 300米，雪线以惊人速度后退。二是过度开发土地资源、水资源。近年来河西武威、张掖、酒泉等五市包括国营农场、企事业单位共开垦荒地数百万亩。三是人口过快增长导致对内陆河流域生态环境压力加大。四是部分水利工程的“功能性”缺陷加剧了水资源供需矛盾。长期以来，河西地区的水利工程立项和建设中，缺乏对脆弱生态系统保护问题的考虑，虽然使人工绿洲不断扩大，却造成了下游天然植被和人工防护林枯萎、自然绿洲退缩的恶果。五是内陆河流域调水机制尚不完善。河西内陆河流域水资源实行的是管理，重行政手段，轻经济调控，而且部门之间职能不顺，监管力度不够。由于缺少全面的整体规划，使水资

源开发利用不合理、不充分，综合效益差。水资源的紧缺与浪费现象并存。

国家环保总局在这份报告中，还特别提到了河西走廊：“双塔水库、昌马水库的建设使疏勒河自然河道断流干涸，河流渗水减少，泉眼涸竭，沼泽绿地消失，大面积天然胡杨林死亡。石羊河、黑河流域的渠道衬砌改造，虽提高了水资源的利用率，减少了水流的渗漏，却迫使地下水位大面积下降。黑河中游地区引水口和平原水库过多，造成蒸发量过大。这些都加剧了河西地区生态环境的恶化。”

纪念李冰父子的都江堰二王庙

——疏勒河上修建的双塔水库，淹没了唐玉门关故城，对这一明显的败笔，我后面还将做一些详细剖析。

不管承认还是熟视无睹，在西北各主要内陆河流域，灌区不断扩大，大坝已多得“成灾”。

在西北，河流冲出发源的山脉后，不再有大山的阻隔，不再有险滩和峡谷，在干流上大量修建的是“平原水库”，这是西北水利工程的“创造”。

于是，流域的水系改变了，地下含水层破坏了，这也印证了杨万里干流与平原上两个“不可修坝”的原则。修建在石羊河干流上的红崖山水库、塔里木河干流上的大西海水库，形成了足以致河流死命的“血栓”。

面对一个个的人工湖，有谁想过，我国三北地区水库每年蒸发失水就达200多亿立方，这无情的挥霍与浪费，比这一地区缺水总量还多。

河道断流了，沿河的绿色走廊衰败了。河水不再潜入地下，而是潴积在地表，随着蒸腾的水汽大量发散到天空。

在“水利”的围堵下，河流越来越短，地下水资源得不到补充，各河流水系与地下含水层全面恶化。年复一年，下游干涸的河道死去，天然湖泊、沼泽湿地消失，荒漠化无情扩大。绿洲不断上移，甚至“爬上”了山前贫瘠的砾石滩。事实上，不断丧失的正是土壤和光热资源更好的下游家园。

多年以来，没有人对大型水库立项、建设施工，直至建成运行后的自然环境和生态环境影响，以及水利工程和水库废弃进行评估和长期跟踪监测。即使对工程的投入与产出，也未进行认真科学的经济评价。

当代不可持续的水利工程，常常在西北荒漠展露出一种难堪的窘迫和反科学的性质。

为什么人和自然的关系，人与水资源、与河流的关系，上游与下游的关系，不是走向和谐而是日趋紧张？

在这种窘迫的背后，还有深层的决策疑问。

河西走廊土地资源丰富，20世纪70年代以来，地方政府一直把这一地区定为全国“商品粮生产基地”，往各个绿洲大量移民，不断扩大垦荒面积，无

柳湖大坝规划建在距都江堰只有几公里的岷江上。

尽的可耕地和麦子、棉花，足以吞噬掉所有河流的水量。至今，从武威、张掖、酒泉到敦煌，这种扩大灌区面积的工程并未停止。新华通讯社 2005 年 10 月 9 日发自兰州的专电《敦煌灌区建成之日，月牙泉干涸之时》，绝非危言耸听。

中国是强调政府职能转变、重视宏观调控的国家。为什么这种转变难以到位，调控难以奏效？

职责、职权和利益有时是难以区分的。地表与地下，行政管理的划分显得如此可笑。河流等地表水，包括河道和河床管理属水利部门。城市用水属城建部门，而地下水资源属国土资源部门管理。水资源的最大用户是农业灌溉，水力发电又属电力企业。污染治理属环保部门，但污水处理厂又由城建部门管理……此外，还有行政区域的分割，河流的上下游纠纷。

荒漠化扩展，沙尘暴一次次袭来，大灾难逼迫和降临时，对于所有生活在这块土地上的人，谁能幸免呢？

不单单是河流与下游绿洲存亡的问题，不单单是家园的废弃和生态“难民”。应当看到，在西北，在河西走廊，种植面积的盲目扩张与农业的可持续发展面临着一个转折点，越来越多的水利工程面临着一个转折点。

历史是一面镜子。西北的平原水库也是一面镜子？

04　民勤绿洲的生死存亡之秋

在河西，有“金张掖”、“银武威”之称。

养育“银武威”的是石羊河。石羊河古称谷水、马城河，发源于祁连山东段的冷水岭，由三条主要的支流汇合而成，因此也叫“三岔水”。地图上，石羊河的沿线，还能看到古长城蜿蜒的标志。

流经武威盆地的石羊河及其尾闾的大湖，是古代河西走廊上最适宜居住和游牧的天然家园。乌孙、大月氏和匈奴人在这里策马巡游。

石羊河奔流了300多公里后，在其终点汇成一个上千平方公里的大湖泊，古称休屠泽，又称“野猪泽”，以野猪经常出没而得名。在石羊河的下游，休屠泽的南面，由于河水的滋润，形成了肥沃的湖滨三角洲，即现在的民勤。

民勤县像一个楔子，插在巴丹吉林与腾格里两大沙漠之间。

1924年，受聘于中央地质调查所的瑞典地质学家安特生，在民勤县（当时叫镇番县）城西15公里的沙井村，发现了三处古代村落等遗址，这就是闻名考古学界的青铜时期晚期的“沙井文化”。

《水经注》说：“届此水流两分，一水北入休屠泽，俗谓之西海；一水又

巴丹吉林沙漠

东迳百五十里，入猪野，世谓之东海。通谓之都野。”可见当时这个湖泊分裂为两个相连的大湖。野猪不是羊或骆驼，是森林动物，野猪出没之处一定有大片森林灌木，生态环境优越。

从地质构造来说，休屠泽和民勤绿洲有些像“放大”了的敦煌鸣沙山与月牙泉。这里属于阿拉善台地的凹陷区，其西部是龙首山（主峰海拔 3 616 米）和北大山（主峰海拔 1 947 米），北部是雅布赖山（主峰海拔 2 006 米），东部是腾格里沙漠。早在白垩纪到第三纪，这里已成为内陆湖盆。近 200 万年来的第四纪，周围不断隆起，湖盆持续下沉，地势越来越低洼。由于地形关系，石羊河和金川河最后在这里汇聚，形成巨大的湖泊，水面东西长数百公里。当时，狼刨泉山是湖中的岛屿，来伏山、苏武山都是湖滨的半岛——后者因传说苏武在此牧羊而得名。石羊河、休屠水系、城市与塞堡等，《汉书 · 地理志》、《甘肃通志》等典籍上都有详细的记载。

历史的大戏一再在这里上演。

公元前 121 年，汉武帝驱逐匈奴，占领了石羊河流域，派兵屯垦，并设立了武威郡，为河西四郡之一。

武威郡下辖 10 个县，其中休屠县、武威县、宣威县，均在石羊河的下游。当时武威郡的治所在民勤县东北。这里是屯垦的重点地区，在东、北、西三面还修建了寨墙防卫。自汉代，历经魏、晋、南北朝，石羊河下游的农业耕种始终没有间断。

农耕与游牧相比，开荒种地引水灌溉，对林草等植被造成的破坏要大得多。

春种秋收，完好的灌溉渠系，还是能够维系土地和土壤活力。如果由于战争或管理不善等原因，渠道壅塞破坏，耕地废弃荒芜，就会很快沙化。

因石羊河民勤附近的水面广，湿地多，水系发达，历史上的主要屯垦区域多在这一带“流动”。一片地方弃耕后，再找一片地方开垦。初唐屯垦中心是石羊河下游的武威县。但后来受风沙侵害，移至中游地区的一个戍堡明威戍，这里即汉代宣威县，唐代在武威县之东设立白亭军城，作为屯兵之处。白亭军因临近白亭海而得名。白亭海是原来东海的一部分，湖水洁白，景致极佳。唐代的“军”，相当于现在的师团级建制，有上千名兵士、家属及后勤人员。当时凉州还有赤水军、大水等军事单位。相当于连排驻军的“守捉”、“戍”等就更多了。

这样过了几百年。至元代时，汉、唐时代的主要垦区均因沙化而废弃，垦区就移至石羊河的下游地区——因为湖水面积缩小，不断有大片肥沃的湖底出露，成为可以耕种的良田。清代与现代石羊河下游的农业耕种，基本上仍沿用元代垦区。

武威是西域文明的滥觞之地。

听一听北魏诗人温子升的《凉州乐歌》：

> 远游武威郡，遥望姑臧城。
> 车马相交错，歌吹日纵横。

这里车马辐辏，行人来来往往，到处都是歌舞与鼓乐吹奏，一派太平盛世的景象。唐代武威更是空前繁荣，凉州“人烟扑地桑拓稠”。王翰的《凉州词》以急促的琵琶弹奏，和“葡萄美酒夜光杯”的绝妙组合，传唱千年不衰。

汉、唐、西夏至元、明，战争与和平，农耕与游牧，天灾与人祸，武威和民勤绿洲的“发展”不断受到各种挑战，文明在间断中交替、延续。“银武威”在两千多年里多次被迫“游移”，但石羊河依然流淌，湖面也只是时大时小而已。

100多年前，随着农业用水的增加，往昔的大湖，被称为东海与西海的大湖，终于分裂成诸多较小的湖泊与湿地：鱼海子（白亭海）、青土湖、柳林湖、鸭儿湖、马营湖、头道湖……还有许多沼泽湿地。原先注入休屠泽的大西河（金川河），因灌区扩大，来水减少，脱离了石羊河水系，在其尾闾形成了新的湖泊昌凝湖，即今天的昌宁湖。但当时民勤地区还依然水量丰富，如青土湖的水面仍有上百平方公里。

20世纪50年代，石羊河年来水量还有5.4亿立方米，约占石羊河年径流量的三分之一，可以维系诸多的湖泊与湿地。

湖水退去后，湖盆的土壤肥沃，宜于耕种。于是农民们携家带口不断来到这里垦荒耕种，民勤绿洲的人口迅速增加，成为有几十万人口的农业大县。六七十年代风沙开始增多，民勤人防沙治沙，岁岁植树增绿，在风沙线上建起长达300多公里的防护林带。压麦草，植梭梭，他们与风沙斗争总结出来的经验在全国广为传播。

石羊河上下游用水之争的最早记载是康熙六十一年（公元1722年）的洪

水河案，其后又有羊下坝案、白塔河案等。但这些矛盾与纠纷都是局部的，规模也不大。进入20世纪60年代以来，石羊河全流域的水资源矛盾激化开始凸显。

县长李玉新，就在这时走上了历史舞台。他冒死为民请命，制造了震惊一时的“炸坝事件”。

李玉新是民勤六坝人，50年代末担任民勤县长，一直保持着共产党人优秀的品质。他亲政爱民，艰苦朴素，作风雷厉风行，为官清廉正直，疾恶如仇、敢说敢做。“大跃进”时代，到处红旗招展，浮夸风盛行。民勤农民在上级号召下也纷纷踊跃上交公粮。李玉新常跑农村，了解民勤各地庄稼长势和实际收成。对一些地方超额交公粮，他不但不鼓励，反加以阻止。人们至今记忆犹新的是，一次李县长竟站在民勤的桥上，拦住新河公社插着红旗的交公粮车队。大声斥责交粮的干部群众：“你们都不想活了，把粮交了，明年喝西北风啊！”硬把交公粮的车队截了回去。一年后饥荒降临，新河公社是民勤饿死人最少的地方之一。

李玉新对石羊河上游大修水库一开始就存有疑虑，上游把水层层拦截，下游还有水吗？1962年，河西大旱，民勤县灾情严重，千里赤地。石羊河上游一些农民还在水源地开荒，水源涵养林被大量砍伐。修筑的许多水库坝没有配套工程，水都被白白浪费掉了。而此时，有用水优先地利的上游地区，却护着水渠不给民勤放水，好不容易有一点流下来，半道又被截走引到田里。

这是一个颇具古典色彩的悲壮故事。

当时，上游又一座水库西营水库建成，正准备下闸蓄水。李玉新跑到武威，找地委行署领导，多方奔走呼吁劝阻无效，李玉新豁出去了，他要用生命为民请命。他在指挥往卡车上装黄色炸药的同时，也装上了给自己准备的棺材。闻讯赶来的民勤老百姓，群情激奋。李玉新劝住了大家：要坐牢、要杀头，天塌下来，我一个人顶了。他带上几个人，坐着车直奔武威七条沟西营池水库，准备炸坝。

武威地委行署领导闻讯，从半道截住了李玉新的车，西营水库虽毫发无损，“聚众犯上”的李玉新却难逃厄运，被撤职查办。

这个轰动一时的炸坝未遂事件，震动了兰州，直接促成了1963年在省政府主持下，武威、永昌和民勤三县坐到了一起，达成了分配石羊河水的方案。“三县分水”基本上满足了当时民勤的用水问题，使矛盾暂时得到了缓解。李玉新人生充满了坎坷，后来，虽然甄别平反，但一再调动降职，一生得不到重用。80年代，李玉新从雅布赖盐池党委书记（处级）职务上离休，回民勤居住，终老乡里，去世时年近90岁。

从支流到干流，随着石羊河上游建起一个个拦蓄工程，其中包括在民勤县城以南17公里外修建“亚洲最大”的沙漠水库——红崖山水库。这个水库取代青土湖成了石羊河的终点湖，被称为湖区的民勤绿洲北部的众多湿地和湖泊终于彻底干涸了。

进入20世纪70年代后，石羊河来水锐减至不足1亿立方米。时任民勤县委书记的委玉琳，忍受不了缺水之苦，再次拍案而起。他瞒着上级，千里进京上访，想为民勤老百姓用水讨个说法。但他还未返回，当时武威地委行署对委玉琳的处分就已经下达到了民勤。

“当官不为民做主，不如回家卖红薯。”无论是民勤县长冒死炸坝，还是书记千里为民上访，都像夜空中道道闪电——那严峻的现实中一再被错过的转折的瞬间。

日子依然流逝，可石羊河断流了。

地表水严重短缺，民勤绿洲地下水位急剧下降，青土湖、柳林湖等所有湖泊湿地消亡了。13万亩人工沙枣林枯萎衰败了，大片白茨、红柳等天然沙生植物呈死亡或半死亡状态。绿洲内部干旱，风沙灾害频繁。年平均风沙日数139天，沙尘暴日超过一个月，每年30万亩耕地受灾。这里原是民勤最美丽、最富饶的地方，如同江南，阡陌相连，青杨绿柳碧水。现在已沦落为贫困地区。正在逐渐被巴丹吉林沙漠掩埋——几年后，也许会不留下一点遗迹。

行走在河西走廊，阅读中华文明的“流程”，会看到一处处“文化摇篮”，正在当代迅速变成“遗迹”，你会看到文明与生命的血脉是如何汩汩地流失殆尽的。

居延海日渐沙漠化

石羊河下游的红崖山沙漠水库，对河水进行了全部拦截。无水的湖泊，由风沙屏障演变为危害绿洲的流沙通道。石羊河下游只好以打井取水维持生计，井越打越多、越打越深。民勤县拥有机井 1.7 万眼，成了全国机井最多的农业县之一。目前在运行的机井还有 9 400 眼，有 300 眼井深越过 300 米以上。民勤盆地每年超采水量达 4 亿立方米以上，区域性地下水位下降 10 ~ 20 米，绿洲潜水位平均每年下降 1.44 米，30 年降深总计 42.2 米，在绿洲中心形成了一个很深的大漏斗。绿洲外围，几十个风沙口日夜不停地进犯，流沙以平均每年数米的速度吞噬绿洲，有的地段年达十数米之多。

民勤绿洲生态最脆弱、最为危急的是北部湖区5个乡镇。中渠乡——这个以水渠命名的乡早已不见了水渠。这里的村民说："70年代前用水车提涝池子的水；70年代用老式水井；80年代改用机井，50米深；90年代机井要打300米。现在机井打出的水矿化度太高，苦咸苦咸的，浇不成庄稼，饮不成牲口，只能浇浇树。"

中渠乡辉煌村——人们希冀中的辉煌还没来得及展现，就被黑暗的灾难"淹没"了。这个村子农民的外逃，开始于红山崖水库建成后的20世纪70年代。上百口人24户人家的村子，现在只剩下兄弟两户人家，哥哥盛禹国，弟弟盛汤国。村里其他人都已经陆续离开这个即将被沙漠吞没的地方，留下了被揭光了屋瓦、拆去了椽檩的一座座房屋废墟。盛家兄弟4人，当初取名"尧、舜、禹、汤"，父母希望盛禹国能像大禹一样治水。而现在水没了，地没法种了，政府就组织移民，先移比较困难的。盛禹国会电焊手艺，很早就开始在外面打工了，家里其他人种地，他的家境好些，就没移成。盛禹国说，不搬恐怕也不成，到明年村子就不送电了。

湖区许多村庄废弃了，到处是断墙残垣。走村串寨，如同穿行在死城。

今天是明天的历史。考古学家还在努力寻找楼兰奥秘，环境生态学家乐此不疲地诠释古城废弃的原因——不幸的是，当代中国仍在出现着一个又一个新的"楼兰"。

来看一看造成绿洲毁灭的"成果"吧。

在过去40年里，石羊河中游的灌溉面积，扩大了1.7倍，年耗水量增加了一倍多，达11亿多立方米。与此相反，红崖山以下民勤绿洲的面积，减少了近300平方公里，而且生态环境还在继续恶化中。

这真是一个奇怪的现象：一边是建商品粮基地，从陇东等干旱山区往河西走廊移民，开垦荒地，扩大灌溉，建设新村；另一边是河西走廊上原有的粮田荒芜、村庄废弃，人们被迫离开家园，沦落为"生态难民"。

民勤县有计划地移民始于 1997 年，陆续把湖区 8.3 万人口中最困难的 2 500 人移到县城东南部 56 公里处的南湖乡。——这个以湖命名的乡同样面临生态环境恶化的压力。腾格里沙漠不断逼近，堆起了一座座沙丘。沙进人退，实际是水断人退。以前的南湖乡政府驻地也废弃了。现在南湖乡仅存在的水面叫鄂博海子，那是白花盐碱滩中间一汪浅浅的水，水面只有几百平方米。几丛稀疏的枯草抖瑟着，再远处，则是高大的沙丘了。

从 2003 年起，民勤县再次启动政府移民计划，有组织地把湖区人口往新疆迁移。但更多的移民是自发的，仅从 1998 年到 2003 年，湖区群众纷纷投亲靠友，据不完全统计，陆续去内蒙古阿拉善盟和新疆的就达 1.3 万人。

我不知道有没有人计算过这一增一减所付出的经济代价和社会成本，原有家园消亡衰败与上游灌区扩大之间的成败得失。

早在 1990 年，甘肃省政府曾下发文件，必须保证民勤地表水 3 亿立方米——事实上，这又成了一纸空文。

2004 年 6 月，红崖山水库在运行 40 年后首次完全干涸。像这个水库结束了青土湖的生命一样，上游的水库又扼住了红崖山水库的生命。令人惨不忍睹——仅仅半个月，当地 2 000 多只羊渴死了，300 多只号称沙漠之舟的骆驼，在满地沙砾中觅食，也活活渴死了。为逃避水荒和沙害，数万人被迫举家迁居他乡。无须讳言，民勤绿洲已进入崩溃的边缘，原来的湖区正在向第二个罗布泊演变。

真相有时会被人为设下的一道又一道迷障所遮掩。

各种研究分析，都有意无意地把西北内陆河流域水资源问题归纳为一个个解不开的结，石羊河流域与民勤绿洲尤其如此：

一是山区水源涵养功能下降，出山径流加剧。石羊河上游山区的 10 多座水库均有不同程度淤积，有效库容减少。二是水资源严重短缺，人均拥有当地水资源量 744 立方米，仅为全国的 1/3，亩均水资源量 369 立方米。2000 年石羊河水资源开发利用程度达 172%，居各内陆河之首。三是行业用水结构不合理，水资源利用效率偏低。四是区域用水不平衡，下游生态严重恶化。此外，还有水质污染严重，水资源缺乏统一管理，等等。这些论断不仅令人沮丧，而且还会得出“有效库容”不够，需在上游再增加水库的导向。

我想还是把武威和石羊河流域的水资源与我国东部经济较为发达的山东、河北作一比较吧。

山东省多年平均水资源总量为308亿立方米，人均占有水资源360立方米——武威绿洲的人均水资源量是山东省的2倍以上。山东省亩均占有水资源量304立方米，武威也高于山东省。如果与缺水的河北省相比，与沿海人均淡水资源占有量只有192立方米的沧州市相比，武威绿洲的水资源量简直是太优越了。

“抢救”民勤绿洲工程还在增加。

最先想到的还是跨流域调水。像现在的医院，不管感冒发烧，还是病入膏肓，先插根管子，挂针输液。内陆河无水，就从外流河调，石羊河缺水，就从几百里外的黄河，翻山越岭地调。不管成本如何，工程如何巨大，反正有中央政府买单。从引大（黄河上游的重要支流大通河）济秦工程，再延长至民勤绿洲。尽管这一工程十多年来已经花了几十亿元高昂费用，一期完成后，又准备上二期工程。

无法回避的实际问题是，长距离从黄河调水不仅损耗大，水量少，而且成本高。现在尽管有政府补贴，每吨水仍然达到了0.36元钱。这样的水价，用来灌溉农田，种植棉花小麦，每亩一年得花一二百元钱，民勤农民已觉难以承受。而水利部门调水的成本、渠道等维修的费用，仍难以得到有效保证，无法进入良性调水的轨道。

民勤绿洲严重的生态问题，提到了国务院办公会议，出了纪要，并决定采取多种措施。但至今收效并不大。

其实无需什么专家，真理往往是最简单，也是最本质的，最有震撼力的。

民勤县的一位教师曾结合小学数学课，给孩子们算过这样一笔“生态账”——

在教小学数学“体积”这一内容时，带学生查资料上水库，得知民勤红崖山水库的蓄水面积是 15 ～ 25 平方公里，平均以 20 平方公里算。又引导学生查资料，得知民勤多年平均蒸发量是 2 600 毫米左右，降水量多年平均是 110 毫米左右，年纯蒸发量 2 500 毫米左右，约计 2.5 米。然后引导学生计算甘肃民勤红崖山水库的年均蒸发体积：面积 × 高 =20 平方公里 ×2.5 米 =20×1 000 000 平方米 ×2.5 米 =50 000 000 立方米，即 5 000 万立方米。这样，若以该水库总库容 1.2 亿立方米算，每年近一半的蓄水被蒸发；若以“兴利库容”9 000 万立方米计算，则多半蓄水被无效蒸发。民勤引黄工程计划年调水量是 6 000 万立方米，而仅水库本身的年净蒸发量就是 5 000 万立方米。

多么惊心的数据啊，多么粗放不科学啊！甘肃武威民勤红崖山水库，这座号称亚洲最大的沙漠水库，同时也是蒸发量最大的水库。每年平均有 5 000 万立方米左右的水没有发挥任何效益，没有用于城镇经济生活，没有用于植物生态植被，就白白被日晒风吹，变成无效蒸腾的水，散失到空中而一去不复返了。

一座水库是这样，再往上游到武威凉州区有大大小小若干水库，照样可算出它们的生态问题账。整个西北干旱地区这样的水库有多少啊！

既然水库蒸发量大，下游生态问题严重，为何不开库泄水，及时回灌补充地下水位呢？

因为要放水就得收水费，这里有水利、水管部门人员多、支出大的原因。广大用水农户不愿也无法交付高昂的水库水费，而水利、水管部门收不上水费生存就有问题，因而不能开闸放水，更不能把库里的水下放“闲滩空地”去“白浇”。从我小时起就记得大人哄小孩：别哭了，再哭水老虎来了。这样一来，一个恶性循环出现了：一方面水库的水圈起来白白蒸发散失着；另一方农户用潜水泵大量超采有限的地下水，竭泽而渔，杀鸡取卵；更别说用水粗放效益低，居民、城镇、工业用水浪费，污染严重，循环利用不够。最终的结果是水位下降，植被枯死，风沙狂吼，生态崩溃。这种荒漠化是立体的：天上水、地表水、地下水一齐枯竭。下游水质矿化度年胜一年，又苦又咸，土壤盐碱化，贫困加剧，生态难民人数增加。移民新疆、河套地区，是解决缺水问题的根本办法吗？

05 张掖与黑河

张掖之所以成为“闪金灼银”的风水宝地，就是因为有黑河丰沛水量的滋润。本书下面会另辟章节，专门谈黑河的终点湖居延海的危机，此处先分析其上游与中游。

不能让心灵永远沉重，让笔尖永远滞涩。比如谈风月，先从一个轻松的话题入手。

远在汉代，河西4郡中的张掖，与武威郡相同，均领属10个县，人口与辖地，都比酒泉郡和敦煌郡要多。这里水资源充足，适于放牧与耕垦，能容纳较多的人口。

黑河又叫溺水，流经青海、甘肃和内蒙古三省区，在内蒙古额济纳境内又称为额济纳河，最后注入东、西居延。黑河的主源张掖河，古称羌谷水，因祁连山南古为羌人游牧之地而得名。

2005年夏天，我沿黄河的主要支流大通河，来到祁连山南麓，从河谷直到高山草场，翻过海拔近4 000米的金羊岭，最后来到祁连山通往张掖的险峻峡谷扁都口。高山上，晴雨无常，花海子水平如镜。峡谷中溪流急湍，雪浪滚滚——这河流不过是黑河一条不起眼的支流。在如注的豪雨中，我一脚浅，一脚深地去寻找原始部落留下的岩画，衣衫全湿。我伫立在茫茫雨中，百思不得其解，如此浩大的水流，如何会被统统拦截，而最终使居延海成了又一个罗布泊?

用不着追溯久远。

水量丰富的黑河，出祁连山后，在张掖盆地中形成了许多湖泊和沼泽，林草植被繁茂。直至清代，张掖的临泽县境内还有许多沼泽。据《甘肃通志稿》记载，在县东南“有湖滩纵十余里，横五里，与五眼泉连，地皆如洳，夏秋陷马”；在县西有西湖，“纵五里，横三里，西南隅有巨泉涌出”。

清代史地学家沈青崖，曾监管军需粮草进驻酒泉。他是浙江嘉兴人，远走河西，如行江南水乡，一路上自在地吟诗，“恍疑身坐鉴湖中”，“便拟山阴上小舟”。他在《过高台县》中写道：

> 榆木山前古建康，南都风景绘屯庄。
> 两行高柳沙汀暗，一派平湖水稻香。
> 紫燕掠泥穿曲港，白鸥冲雨过横塘。
> 当年画舸中流处，谈笑兵行寄羽觞。

南都，即南阳郡，这里借指南方。河西走廊的农村，水色天光，鸥鸟翔集，竟是塞外江南的画面。

近几十年来，随着上游过度开垦，支流干流上闸坝增多，流域内生态环境遭到严重破坏。

黑河的主要支流北大河，是肃州，即今天酒泉的“母亲河”。新中国成立以后，在北大河的上游和中游，修建了许多大大小小的水库。中游酒泉市东北部修建了鸳鸯池水库，在金塔县修建了解放村池水库，这两个平原池水库的容量很大，北大河之水全部被拦蓄，甚至没有余水下泄。因而北大河下游与黑河间，从五星到鼎新间的河道完全断流。北大河也脱离黑河，成了一个独立的内陆河水。

据考古学家景爱考察，北大河鸳鸯池水库灌区，20世纪50年代初植被覆盖率为70%～80%，到了80年代中期已经下降为10%～15%，红柳丛由原来的2米高，下降为0.5米。天然胡杨林大片地枯萎死亡，其死亡率达38%以上。森林植被的衰退，引起固定和半固定沙丘的活化，转变为流动沙丘。干涸河道中的砂粉，乘风移动飞扬，湮没两岸田野。所有这些都使沙漠化过程不断加剧，使金塔县北部出现了大片沙丘的流动，高大者可达10米以上。这两个平原水库，最后完全终结了北大河的生命。

在新世纪开始的几年中，黑河上的闸坝终于向居延绿洲“成功调水”。上游大坝向下游开启闸门下泄一些救命的水源，被赞美为“一曲绿色的颂歌”，

河西走廊

“值得大书特书”。有关部门还为此专门出了本书，“调水”成了当年水利工作的重大成就。

虽然早已没有了年轻时的激情与冲动，我还是为自己穷究的执著感到无奈。我缺少文人雅士那种出世的境界，也没有那份清高。近二十年的记者生涯，养成这样的性格，总是想切近难题，踏破谜底，了解真相。而了解真情后，又常常感到迷惑甚至愤懑。不说也罢，说出来也许使一些人不快，但还是不得不说，这样心里好受些。

黑河的所谓调水，其实就是中游与上游灌区闭闸，集中一段时间使河水下泄，使之能达到下游。这不是什么创造，是过去就有的老办法。

黑河分水是清代雍正年间制定的政策，而非什么创举。《新纂高台县志》中记载，当时川陕总督年羹尧规定，“芒种前 10 日，封闭甘、肃、高台渠口，镇夷、毛双各堡得受水 10 日，永以为例”。

镇夷峡即今天甘肃高台县正义峡，是通向下游居延海的闸坝所在地，当时年羹尧在这里驻军时，制订了“均水制度”。从现在看，这是西北水利史上非常重要的一部“管理法规”。

总督年羹尧大人似乎没有为自己留下“绿色颂歌”之类的诗篇。他也许觉得在春灌季节，封闭上游各渠口，集中下泄，有利于全流域的公平和谐均水，仅此而已，不值得称颂。

清代张掖人马羲瑞的《黑河夏涨》值得一读：

百川入海尽东浮，谁挽洪波却倒流。
道阻三千归玉塞，渠分十二统甘州。
雪消众壑愁漂石，水泮长堤喜溉畴。
可惜狂澜无砥柱，教人五月恨箜篌。

这首诗中隐存着较多的信息，透露出当时黑河的水文和灌区的情况。“洪波倒流”，是指黑河“一江春水”并不东流，而是转向西北，即“导弱水至于合黎，余波入于流沙”。古人曾认为黑河流向玉门关以西，与疏勒河相通。“道阻”，说明现在疏勒河与黑河已经分隔成了两个水系了。“渠分十二”，记载了黑河中游有十二条引水干渠。据《甘州府志》记载，“黑河源出南山，过龙王庙，南北贯通，东西分十二道：马子渠、平顺渠、大满渠、大满新渠、小满渠、小满新渠、大古浪渠、小古浪渠、大官渠、城北渠、溢源渠、新丰渠等”。“漂石”则是河水泛滥，水势汹涌浩大，石头在水中翻滚。“箜篌”的典故，则源自汉曲相和歌辞《箜篌引》，又叫《公无渡河》——这里即化其“无渡”的用意，指黑河水势猛涨，大得无法摆渡。

06　疏勒河的挽歌

疏勒河是河西走廊西部的大河，在我国内陆河中排名第三。

清代学者徐松与诗人闻捷的身影，曾映现在清清的河水之上。20 世纪，比羌笛更忧伤的是疏勒河的挽歌。

疏勒河干流全长 670 公里，流域面积 4.13 万平方公里，年径流量达到 10 亿多立方米。疏勒河两岸田陌成片，景色宜人。哺育着安西和敦煌绿洲，使之成为连接河西走廊与新疆、中亚最有力的支撑。在洪水季节，疏勒河汇合党河的大水后，甚至有足够的水量绕过汉玉门关，向罗布泊奔去。古疏勒河流经处留下的湿地与泉眼，是维系古代敦煌与楼兰丝路的生命线。据《汉书·西域传》中记载，疏勒河下游“自敦煌西至盐泽，往往起亭”。

著名诗人闻捷作为新华社记者，1949 年随西北解放军出塞，足迹曾至河西走廊。我们应该听一听他的歌唱——

你啊，蓝色的疏勒河，

静静地、静静地流着；
你两岸的荒滩和草地，
多么肥沃又多么辽阔。
你啊，蓝色的疏勒河，
多少年来是多么寂寞；
每天只有成群的黄羊，
从你身边轻轻地走过。
你啊，蓝色的疏勒河，
你终于盼来了最好的年月；
看，那是农人的足迹，
听，这是牧人的山歌。
……

——闻捷《疏勒河》

这首诗在20世纪50年代曾打动过无数青年人，鼓舞着他们投身于河西走廊与西北开发建设的热潮。现在，疏勒河下游，还能见到诗人描绘的景象吗?

今天，古丝路旅游与西北大开发一再升温。无论是张掖、酒泉，还是敦煌，座座与内地相差无几的新城，宾馆、酒楼很多，住宿很方便。寻访佛寺、石窟、古堡等遗迹和名胜，只是风景的一种变换，情绪的一种切换。

但当我面对近在咫尺的死亡之城时，却无法斥拒顽强探求的念头。

不能怨天尤人。气象部门证实，近四十年来荒漠化的发展，是在大多数内陆河水量增加或基本稳定的情况下出现的，人为因素起主要作用。西北荒漠化的扩大并未完全被遏制住，绿洲的上移与毁灭仍在继续。

思考有时需要时间提供的佐证，需要科学与历史精神的观照与巡回，走出混沌的那个瞬间，清醒的周期毕竟会又一次来临。

以往的岁月不完全沉没在黑暗之中，不完全是在摸索中前行，有过智慧烛光的照耀，有过超群的智者和大师。尽管水利学科有许多院士、博导和专家，

疏勒河挽歌

但我不清楚当代还有没有像清代徐松这样的学者。

徐松是浙江人，20 岁中举人，25 岁时以殿试第二甲第一名、朝考一等第二名的成绩高中进士——被称为处于封建没落时期的科举制度，在选拔人才上仍显示了公开公正的一面，至少徐松这些有真才实学的俊才能脱颖而出，还是有赖于科举。

在弘扬文治的时代，徐松受到朝廷的赏识，仕途畅达，在京为官时认真做学问，编撰了许多重要的唐宋典籍和学术著作，名重京华。后来他外放，出任湖南学政，树大招风，不免遭到官场同僚倾轧，暗中罗列罪状，打小报告，“奏参”皇上。有最高领导的批示，很快成立了“专案组”，杀气腾腾地奔赴长沙，闹得满城风雨。多方调查取证后，发现最后查实的“罪行”只有一桩，即刻印《经文试帖新编》令“生童购买”。这一罪名今天看起来有些可笑，就像“让学生买老师编的书本”一样平常。但有人怀疑你从卖书中得到好处，这就有罪。

时代确实变了，不说别的，现在政府有关单位和部门搞创收，有当官的和教授们出书立课题，拉赞助，搞摊派，连自己推销都用不着，谁听说过因此受到处分的？！

当年林则徐流放伊犁，一波三折，先赴浙江“军营效力”，再到开封“协助治水”，一年半后再流放边地，思想和生活状态还有个逐步适应的过程。而对徐松的“查办”则是一步到位，由湖南直接“遣戍”伊犁，革官免职，一去千里。

很难想象，一个曾居高位的官员，当年是怎样顶风冒雪，走过风沙滚滚的大漠戈壁，翻过积雪的乌鞘岭的。面对骤至的灾难，面对人生的大起大落，一切如过眼烟云。但他与政治家林则徐一样，身处逆境，放逐之中，并不消沉悲观，感叹个人的不幸，他胸中涌动着古代边塞诗人的豪情。徐松有更多的学者气质，因此从官员到流民、学者的角色转换，就非常自然。

如何生存？如何作为？如何坚守？

“智者乐水”，在空前的苦难厄运中，人格和灵魂中那份伟大与高贵，常常与抽刀不能断的“水”连在一起。

林则徐在流放伊犁的三年多时间里，亲历南疆库车、阿克苏、叶尔羌等地，亲自设计修建了被称为“林公渠”的水渠，积极推广“林公井”（坎儿井）。在极端和逆境中，徐松则默默开始考察西域及其水系，选择了西域这片陌生土地上的“亲水”独行。八载风霜，两肩雨雪，沿各条河流、各个水系，行程万里进行考察，夜晚则在驿馆孤灯下整理观察笔记。他每一步都走得那么坚实，那么艰难。

几年中，徐松以超人的毅力，完成了《西域水道记》、《〈汉书·西域传〉补注》两部学术巨著和《新疆赋》。对我国西部地区各个水系河流，《西域水道记》不仅有地理的、水文的、农业的详细考证与记录，甚至还从历史人文的角度进行了广泛调查。

另外，徐松还编定了通志《伊犁总统事略》。

——正是这部著作，引起了新即位的道光皇帝的重视，并“赐名”《新疆识略》。几个字的改动，同样显示了最高统治者的见识与胆略。道光皇帝亲自写序，并把这本书交武英殿刊行。从此，新疆作为一个省一级行政的专用地名首次被政府启用。这些都使返京后的徐松无可争议地成为领袖群伦的学坛宗师。

考察西部的河流是十分艰苦的。从河西走廊，到天山南北，徐松"壮游殆遍，每所至适，携开方小册，置指南针，记其山川曲折，下马录之。至邮舍则进仆夫、驿卒、台弁、通事，一一与之求。积之既久，绘为全图"。正是这种强烈的经世意识，刻苦严谨的写作态度，"功似披榛，稿如束筍"。徐松甚至远涉中亚，考察和记录了今天已是哈萨克斯坦共和国境内的斋桑泊水系，留下清代国土的珍贵资料。

在《西域水道记》中，徐松独创了一种科学的内陆河水系分类法，即以各个湖泊及其注入的主要河流为"单元"。如"罗布淖尔（罗布泊）所受水"、"哈喇淖尔（居延海）所受水"等，可见内陆河与湖泊是密不可分的，内陆河的水流往往最后在盆地的低洼处积聚，形成了湖泊。

这部著作科学与人文的重大价值，足以世代流传。

不能忘记伊犁河，不能忘记，天边的惠远旧城。

100 多年前，这里曾经聚集了来自各地的流放者。

我在伊宁时，曾专程寻访过惠远老城。

西陲边城伊犁惠远老城南墙下，有徐松住过的戍馆。

老城始建于乾隆二十九年，当时是新疆的中心城市。1871 年沙俄占领伊犁时被夷为平地。徐松在古城中挑灯研墨伏案写作时，能听到隐隐传来的咆哮水声吗？

我想，有些特殊的大师、学者，不是大学和设计院所能够培养出来的，寻常意义上的专家很难望其项背。徐松的"专业"不是水利，但他读尽了每一条相关史料，走过了每一条相关的河流山谷，观察过无数风云漫卷水涨水落，和与河相依为命的百姓倾心交谈，其著作才会无愧于西部伟大的河流。

自然，今天徐松、林则徐等流人的旧居早已没入衰草荒烟之中。只有东面与北面还有残存的城垣，城内一片瓦砾荒草，西南一角还有明显河水侵蚀的痕迹。我在老城中徘徊，在河边流连，望激流崩雪，连山忽起，也无非是为了一番心愿，体会一种淡泊的心境与高尚的科学精神。

理解古代大师的钥匙不在当代，也与功利无关。

接着，我又去了旧城之北 15 公里的惠远古城。这座城是在左宗棠收复新疆后建的，其规制与老城相仿。伊犁将军府旧址现为驻军所在地，门口一对石狮子仍为当年旧物。鼓楼依然，石雕无语。

晨风中，西去的流水银子般闪烁着光亮。所有色彩在这时都绝对自由了，只有白与黑能还原大地的精神。独自伫立在伊犁河畔沉思，心中不由得多了几分震撼和感动。

说远了，还是回到河西走廊上来。

从酒泉、嘉峪关到敦煌，平坦宽阔的公路就从桥湾故城附近经过。路边立有旅游广告路标。如果不急着赶路，不妨下车一看。当然参观古城也是要收门票的。

桥湾是河西最“年轻”，也是最短命的古城之一。

徐松曾详细考察了疏勒河及其主要支流，记载了两岸的风物。这是疏勒河的中游景象——“余归程至四道沟，柳荫蔽日，红杏花繁，流水潺湲，环绕村落。疏勒河自是西流十里，有微泉自南注入，是为五道沟。”“疏勒河自五道沟西流五里，迳桥湾城南。”

现在桥湾城周围是寸草不长的荒漠。

导游小姐眉飞色舞，把历史的沉重变成传说与掌故，讲得轻松愉快，颇有趣味。这个故事大抵是：京城的皇帝某日做了个梦，梦见龙袍挂在一个河湾边的大柳树上，于是派大臣四出寻找，终于在疏勒河桥湾边发现与梦中完全相同的景物。皇帝下诏书，命在河边建一座城，修一个行宫。在施工中，官员偷工减料，把城池的质量建得很差，不久便发生坍塌。皇帝下令把这个贪污的官员处死，剥下其头皮制成了皮鼓。现在这个头皮鼓还陈列在展厅里……

传说只是传说而已。

实际上，位居疏勒河中游的桥湾城，扼战略要地，沿河有发源于祁连山的十道沟水相继注入，“诸沟皆微泉，并沟皆良田”。1744年修建的桥湾城，“周一百四十四丈，高九尺”，也非皇帝的心血来潮。当时在城东南隅建有粮仓，作为西域防务、平息叛乱的重要后勤基地。城内驻有马步兵300多人。50多年后，徐松考察水道途经桥湾城时，其城尚在使用，沿河尽是水渠农田。

写到这里，我忽然想起，清代熊懋奖在《西行纪略》中一个小故事：疏勒河“黑水桥有一土房，内住一老翁，捕鱼为生。鱼名铁背鱼，余买数尾”。一部大著作中，有这么几个小故事，就像水面上跳跃的光亮，赏心悦目。我不知徐松到桥湾时，是否亦与河边的渔翁交谈过，品尝过“水煮鱼”？

眼前的疏勒河既无水，亦无鱼。

周围黄沙莽莽，渺无人迹。农田是什么时候废弃的，人们是什么时候离开的？我无法知道逝去的古代真实。

那棵干枯的大柳树一定是“左公柳”之一，在遍野的风沙中仍倔强地不肯倒下。

07　春风不识玉门关

即使未到过西域，你总有某种特定的情绪与它有接触。那是我们充满想象与感动的地方。

中国古代诗歌，特别是唐诗，使两座辽远的关隘成了抵达中国文化“疆域”绕不过去的雄关。于是，对旅游者来说，玉门关与阳关是必去的地方。

想象是自由的。

但寻访与触摸能不能与想象对接，或者相悖？

出敦煌往西北，走上汽车在戈壁滩上碾出的便道，长时间颠簸与荒漠单调的风景之后，在一片沙石山冈上，浮现出一座黄色的古城堡。导游一指，那便是玉门关遗址，也叫小方盘城。

旅人纷纷下车，照相留影或者走近观望。

小方盘城虽然高大，但看上去，亦不过是一个大一点的烽燧。西域多数古城戍堡遗址，20 世纪初均被外国探险家多次“光临”，轮番盗掘。那是个东方帝国极度衰弱，而工业化中的西方各国却生气勃勃的时代。1907 年斯坦因在这座城的北面一处遗址中挖掘到许多汉简，从而推断此城即汉玉门关。40 年代，我国考古学家夏鼐、阎文儒先生也在此地掘得汉简多枚，其中一简文字清晰，墨书“酒泉玉门都尉”字样，再一次证实了玉门与此城相关。有一本《甘肃行知书》，在引用了王之涣著名的《凉州词》后，也如此告诉读者，“春风不度”的玉门关，即距敦煌六七十公里戈壁滩上的小方盘城。

我曾三走丝绸之路。

一次随全国人大常委会执法检查团到河西走廊，而前往玉门关则是我个人为了完成一种“朝圣”。相传古代西域和田等地的美玉经此关口输入中原而得名。小方盘城保存基本完好，城堡平面呈正方形，每边的宽度不过二十五六米，几步就可“量完”，城墙高约 10 米，全为黄胶土版筑，过去牧人在荒城中圈羊。

城之西北两面各开一门，城北坡下隐约有东西走向的一条大车道，应是历史上中原和西域诸国来往过乘及邮驿之路。再远处，是疏勒河干涸的河床，断断续续的长城自东迤逦向西，蜿蜒于平沙莽野之中。用不着太多的知识和学问，直觉此城堡当是汉代建筑。

仅见汉代玉门关是不完整的。

前些年我买了本《敦煌简史》。在这本书中，编者无意或者有意，也把汉玉门关与唐玉门关混为一谈：“阳关、玉门关，南北相距八十余公里，成掎角之势。自汉魏以来，它像西域交通线上的一对大雄狮……有二世纪到达洛阳的安息王子安息高的足迹，也有东晋高僧法显西去求法的行踪。”“唐、宋以后，由于海上交通兴起，两关始见衰败，城郭失修，关口湮没。”“以后”——可止于何时，没有论及，好像此关是唐、宋以后才废弃的。

玉门关遗址

唐玉门关不同于汉玉门关。

描写玉门关的诗篇难以计数。唐代的玉门关附近有山，我们可以在诗中找到印证——

王之涣的名篇《凉州词》即有“一片孤城万仞山”之句。在《唐诗纪事》中，“黄河远上”又作“黄沙直上”，认为这更符合唐玉门关的地形地貌。“万仞山”则形容关南祁连山高耸的层峦叠嶂，而在现在的小方城是看不到高山的。

诗人王昌龄长期在西北军旅中任职，《从军行》绝非随意想象，而是唐代玉门关防线的形象写照：“青海长云暗雪山，孤城遥望玉门关。黄沙百战穿金甲，不破楼兰终不还。”——在玉门关附近不仅有山，晴朗的日子，还能遥望皑皑的雪山。祁连山上密布的浮云，来自青藏高原，来自青海湖，因此诗人称之为“青海长云”。王昌龄的《从军行》之七，对玉门关形胜的描述更富意境，令人难忘：

玉门山障几千重，山北山南总是烽。
人依远戍须看火，马踏深山不见踪。

不仅仅是学问，在文学、思想与精神世界里，玉门关是个不能“模糊”的例外。徘徊在小方盘城一带，天远野阔，极目无际的是茫茫戈壁，既不见雪山，也没有起伏的山峦。对于一般游客看看大漠古塞风景倒也无妨。可是，小方城远去的背景，终究让人难以释怀——此关非彼关。

其实，早在东汉永平十七年，即公元74年，随着直达哈密的“伊吾”道的开通，玉门关即已经东移至疏勒河的下游某一处渡口，新修玉门关逐渐成为伊吾路的起点。此后的晋、北魏至隋唐，玉门关均建于此，多次征战大军都从

瓜州锁阳城遗址

新玉门关出发，《后汉书》《晋史》《北史·西域传》等对此均有记载。“秦时明月汉时关”，唐代诗人步出疏勒河边的驿馆，遥望废弃的汉代关城，已经有人与雄关俱老的感觉了。

历史是不能重叠的。

疏勒河边绿柳掩映的诗城，春风不度的玉门，在历史和文化的地图上，是有明确的方位和地标的。

汉关与唐玉门关完全不在同一个地方。两关不仅相差几百里的距离、几百年的光阴。汉修筑玉门关时，西域道路初通，主要起军事上的作用；唐玉门关则规模宏大，人口众多，有市井驿馆旅舍，城外有宽阔的护城河环绕。

玄奘法师西行求经，风餐露宿，于贞观三年（公元 629 年）9 ~ 10 月间抵达瓜州晋昌城。瓜州刺史独孤达是个虔诚的佛教徒，对玄奘十分敬重，盛情相迎款待。正在这时，凉州快马送来了追捕玄奘的公文。独孤达阅后，劝玄奘赶快离开。

玄奘走的是伊吾道，而当时玉门关戒备森严，他只好星夜至疏勒河边，准备绕过关城偷渡之。《大慈恩寺三藏法师传》中记载，玄奘问询西行路径，“或有报云，从此西行五十余里有瓠芦河，下广上狭，回波甚急，深不可测，上置玉门关，路必由之，即西境之襟喉也。关外西北又有五烽，侯王者居之，各相去百里，中无水草。五烽之外即莫贺延碛，伊吾国境。”当时洪水季节已经过去，水流在河滩上漫散成数支，最宽的水流尚有丈余，岸边长着胡杨林。时间仓促，又在暗夜中过河，玄奘在当地收留的一个胡人徒弟石盘陀砍树搭桥，将草和沙铺在上面，牵马过河，绕过了玉门关城。至今，在离苦峪城西约 50 公里处的榆林窟和东千佛洞，尚有数幅西夏时代唐僧“西天取经”的彩色壁画。这几幅壁画是以宋代《大唐三藏取经诗话》为蓝本绘制的，应为我国最早的玄奘取经图。这画中没有猪八戒与沙和尚，玄奘作汉僧，边上有非人非猴的行者，大约就是那位“胡僧”，即“猢狲”的变异。

唐瓜州设在晋昌县，故址为锁阳城。

疏勒河在锁阳城以北实测距离 34 公里，约合唐里 61 里。《大慈恩寺三藏法师传》是大师西行归来后，根据记忆口述，由弟子慧立整理的，所记路程与实际距离相差无几。几十年前的一宿行程，大师记忆能如此精准，真非凡人所能。其中，瓠芦河即疏勒河无疑。“下广上狭”，当是一个峡谷地区。疏勒河自出祁连山后，流经酒泉盆地和敦煌——安西盆地，均在平原荒漠地区，只有穿过祁连山脉北麓延伸到盆地的一条剥蚀残山时，才形成了不太长的峡谷河段。这条残山与敦煌境内著名的三危山、鸣沙山相连，宽只有几公里，相对高度只有几十米，其最高处也不到 200 米。因为山丘低矮，且多掩埋在沙砾之中，因此又称为“乱山子”。

唐边塞诗人岑参曾两次出塞，在安西节度使幕中任掌书记、判官等职，对河西两关和天山南北的各条通道关隘，十分熟悉。他在《玉门关盖将军歌》中写道：“玉门关城迥且孤，黄沙万里百草枯。南邻犬戎北接胡，将军到来备不虞。五千甲兵胆力粗，军中无事但欢娱。”盖将军即河西兵马使盖庭伦。守关官兵多达 5000 人，可见唐玉门关的关城之大。

一切都像是为了让人遗忘。当时瓜州至酒泉的大道，也取道玉门关，沿疏勒河冲积扇边缘的泉水出露带绕行，以保证旅人的水源供给。至今，锁阳城与唐玉门关间还留有“唐道”的残迹。一千多年来，浩浩漠风带来大量沙砾，愈积愈多，唐代的古道已经明显低于地面，像一道断断续续的深沟。

据考证，东汉至唐代玉门关在今天双塔堡村附近。

两座白塔在疏勒河南岸的两个小山上，相距约半里，遥遥相望，是唐玉门关特有的景致。《肃州新志》记载：“双塔不知创于何代。……其地峰回路转，河水湾环，林木葱茜，……徘徊瞻眺，顿涤尘襟。”——说得真好，只有在这里，才能够体会到“长沟流月去无声”，才能够领略历史的辽阔宏大和“故事”的峰回路转。

可曾想过，半个多世纪前，唐玉门关还是河西走廊上保存得最好的古城遗址之一。

清雍正六年，即 1728 年，当时驻军利用唐代玉门关的旧址，修建了双塔堡。城周围一里多，高一丈八尺，宽一丈七尺，在南北两座城门，各有城楼。堡内建有龙王庙、关帝庙、昭忠祠等建筑。许多唐代故城的遗迹都被保留在这座城堡中。徐松西行途中，1812 年到双塔堡考察。时值深秋，登临山冈，一片萧瑟的景象。他觉得与州志中的记载有些差异，“危径临流，河曲平沙，差堪步马。而山非苍翠、树乏青红，滚滚浑波，殊非佳观”。我不知这时双塔堡是否还作为一个要塞使用，但这一带有人家是肯定的。

又过去了一百多年，疏勒河依然奔流。1943 年，由向达、夏鼐先生率领的西北科学考察团历史考古组，来到河西从事考古调查，也进入唐玉门城，当时古堡及庙宇等尚存。他们又到周边地区考察，在双塔堡四周的山顶和各河口，有 12 座耸立着的古烽燧，这应和了唐人诗句中“山南山北总是烽”的意境。其中双塔堡北峰，残丘相对高度近五十米，蹲踞着的烽火台残高三四米，映衬湛蓝的天际，格外宏伟壮观。向达先生在《两关杂考——瓜沙谈往之三》中指出，六朝以迄隋唐的玉门关，当在唐瓜州晋昌县北，“唯今双塔堡乱山一带仅余古烽燧二，其他遗迹悉化为烟云，关址所在，疑莫能决也”。因考察时间较短，双塔堡又为清代重修过，所以向达等虽然指出唐玉门关在这一区域，但不能确定双塔堡是否即为唐玉门关旧址所在。后来，安西博物馆的同仁据实地勘察后，认为双塔堡即唐玉门关所在，并在 1987 年 11 月水库水位下降后，对双塔堡故城遗址进行了实地勘测。

这里的每一处遗迹，都是酿造中国历史文化佳醪的“老窖”。

这些遗迹，如气势豪纵的大写意，或深埋于地底的酒坛，不是现在什么几星级旅游景点“指数”所能标识的。

唐玉门关附近的疏勒河北岸，风蚀土台上耸立着一座高大烽火台。

火台南面河边有宽阔平坦的草滩，春来一片青苍葱茏，河滩上长满苜蓿、冰草和芨芨草，还有许多星星点点的野花。这座烽燧现存残高有 6.5 米，周围环筑围墙，房屋墙址遗迹清晰可见，长宽各 20 米，当年应当建有驿馆。专家们考察地理环境后认为，这座疏勒河岸边的大烽燧应为有名的“苜蓿烽”。

唐代诗人岑参策马西来。黄昏，暮色四合，他到苜蓿烽上驿馆投宿，节令虽是立春，边塞依然寒风凛冽。夜深人静，几杯苦酒，泪迹酒痕，无边思绪随

阳关遗址

着摇曳的烛光漫散开来。诗人唤取笔墨，略一沉吟，在驿馆的墙上挥写，一时烟云满目：

> 苜蓿烽边逢立春，葫芦河上泪沾巾。
> 闺中只是空相忆，不见沙场愁杀人。

诗写得委婉凄清动人。明明自己的苦旅乡愁，却写闺中红颜思夫情切，诗人写得很巧妙——这就是唐代诗人的气魄和智慧，绝对没有后来文人墨客的孤傲矫情或穷酸相。令人不得不佩服的是，唐代诗人只要随手写来，不经意中，能把一整座烽火台写进中国文学史。

丝绸之路断绝、唐玉门关废弃之后，城池仍然孤独地存在了一千多年，人们从未觉得这座故城有什么妨碍。与今天戈壁滩上孤零零的小方盘相比，东汉至唐代的玉门新关宏伟壮观，内涵也更加丰富。关城依山傍水，烽燧簇拥，辐射开来的南北几条大路，在残山叠嶂间绕行，曲折幽胜。如果保存到今天，唐玉门关实为珍贵的文化遗产，无与伦比的旅游胜地，其价值无法估量。

疏勒河流过双塔堡后，残山蜿蜒的峡谷渐渐收窄。“两岸山促，河啮南山之趾”——在这里，山和河都是有灵性、有生命的活物，河水像漫游的鱼儿们，喋喋地击拍着、唧咬着大山老人的脚趾。

清冽的雪水浸润不出理性。悠扬嘹亮的羌笛已成绝响。

唐玉门关的厄运猝然而至。理想高扬、人声鼎沸、干劲冲天、机器轰鸣的年代，其实也往往是最缺乏想象力、最没有卓识远见的岁月。当代一些水利专家鹰一般锐利的“慧眼”，让人不得不佩服。即使西北荒漠上相对高差不过几十米的风蚀矮山，也看出了宜于建筑大坝的“价值”，疏勒河难逃横截的命运。1958 年，在全国兴修水利的高潮中，疏勒河中游修建了一个面积很大的平原水库双塔水库，从此，唐玉门关被沉入水底，完全淹没了。

据说，修建双塔水库主要是为了灌溉。

双塔水库为甘肃省第二大“平原水库”，蓄水量 2.4 亿立方米，为疏勒河年径流量的四分之一，水面几十平方公里。这么大的水库，灌溉的耕地不过 10 多万亩，受益人口也不过几万人。

其实，即使未建水库，自古以来，疏勒河沿岸就是屯垦之地。灌渠众多，绿洲平畴，沃野村舍相望，双塔堡下游灌溉的农田也有数万亩。修建双塔水库大坝，只不过是把传统水利变成了“现代水利”，把下游灌区的农田，移并到了上游。疏勒河下游沿河大片的草滩绿洲，包括敦煌境内的汉小方盘城一带的生命之源，从此断绝。

即使水库非修不可，选址建坝能不能做一些调整，把唐玉门关保留下来？

读懂玉门关所在的河谷、读懂丝路上的河流与河谷，需要特殊的学者大师——历史长河中的“水文”，不是目光如豆、浅薄如草、急功近利者所能认识的。

在河西走廊西端的荒漠地区，夏天最高气温可达46度，在烈日的暴晒下，蒸发量高达2 000毫米，而年降雨量只有五六十毫米，可以忽略不计。有时乌云密布，雷声隆隆，而雨未落到地面就已经蒸发。双塔水库修建后下游常年断流，地下水位严重下降。故地顿失旧容颜。沿河树林灌木、芦苇冰草等原生植物枯死，绿色尽失，一片衰败。双塔水库也成了疏勒河的“终点湖”，水质开始恶化，矿化度加剧。若干年后，双塔水库会不会成为一个咸水湖？双塔水库为平原浅型水库，面积大，年蒸发和渗漏损失极大，达总蓄水量的三分之一以上。

大量损失的疏勒河水甚至形不成一缕云烟。

每年春、夏、秋，双塔水库引水灌溉后，水位降低。这时，唐玉门关城遗址就会出露，大方砖、灰陶片到处散落着。虽然经过几十年水淹，仍残存着汉唐夯土版筑的城垣，有的虽已坍塌，但仍坚固如铁。

萧萧寒风中，呆坐良久，捧一掬疏勒河水擦擦脸。极目寥廓苍茫的地平线，落日陷入了乌云，金光敛尽。在迷蒙空冥中，古老的烽燧剪影隐约可见。我想，把这座乱石山中的大坝与一首写玉门关的唐代诗人的佳作相比，谁更久远、谁流传得更广？

不能说，一座大坝不值一首诗？

吐鲁番交河故城遗址

六　危机：从敦煌到罗布泊

这是我国西北生态链条中最脆弱的一段。

祁连山、天山和昆仑山诸水，塔里木河、孔雀河和罗布泊在这里永不能相会。

沙漠旅游探险之热一再升温，绿洲，正在无可挽回地走向衰落。

比月牙泉更重要的——救救苏干湖、救救坎儿井！

罗布泊与塔里木河的终结者——大西海子水库。

01　月牙泉与敦煌绿洲

高大的黄色沙丘，连接着莽莽沙漠。

黎明与黄昏，不同时分，沙海呈现出不同的色彩。

在沙山的环抱之中，有一湾新月形清泉。芦苇摇曳，绿草碧树，湖畔水边，亭台楼阁。

月牙泉边古建筑群在“文革”中大都被毁坏。近年又陆续修复兴建。雷音寺、娘娘殿、龙王宫、药王洞、玉泉楼等，重檐叠阁，画栋雕梁，鳞次栉比，静静地倒映在水中——这里成了古代敦煌八景之一“月泉朗映”或“月牙晓澈”。

鸣沙山与月牙泉，真是一个神奇的组合。月牙泉古称“沙井”，东汉时就有记载。《肃州志·沙州卫》中记载，月牙泉“水广数十步，周围皆流沙，弯环如月，清澈见底，与望朔相映，清景可嘉，足资吟眺”。“望朔”时弦月在天边出现，此即月牙的另一说法。月牙泉形成距今已有 1.2 万年的历史。使人不得其解的是，四周高大的沙山环抱，常年风卷沙飞，泉水为何不被流沙所掩埋，始终碧波荡漾，久雨不溢，久旱不涸？

关于月牙泉的起源有几种假说，有古河道残留湖、断层渗泉、风蚀泉等。20 世纪 90 年代末，原地矿部兰州水文地质工程中心的专家们，对月牙泉成因及水位下降原因等进行了地质勘察和古地理环境分析研究，得出了“月牙泉是在扇形洼地这一古地理环境的基础上，经过流水和风蚀作用等综合因素的改造后形成的泉湖”这一结论。鸣沙山山前地带发育断层构造，在运动中南部不断隆起，北部大幅沉降，是月牙泉地质地貌形成的主导因素。来源于西北部党河冲积平原地区地下水侧向流入，是月牙泉形成的水资源基础。古党河改道，风积沙山的形成及风蚀作用的改造等，都对不断完善这一自然景观起了辅助作用。

地质学家解释说，山坳随着泉的形状也呈月牙形，吹进这环山洼地的风，由于空气动力学的原理，会向上旋转，形成上升气流。于是月牙泉周围山上流下来的沙子，又被送回到四面鸣沙山上，甚至送到山脊的另外一侧——这就是泉水为什么不为黄沙掩埋的原因。正是因为这种独特的地形和风的“流动”，使沙山和泉水保持着既矛盾而又和谐的状态，天然共生共存。满目荒凉的西北沙海之中，有此一景，深得天地之韵律，造化之神奇，令人神醉情驰。

大自然的奥秘总无法全部破译。

有些神秘不可言传。

民间熟知的只有传说，虚虚实实的只有故事。雄奇美丽的月牙泉虽然渺小微弱，但它的明亮竟像眼睛一样容不得沙子。几千年的风沙肆虐中，不时有黄沙落入水中，难道沉入水底的沙土还会重新扬起？这不好解释。不管如何，作为沙漠中神奇神秘的所在，鸣沙山与月牙泉无论作为观光览胜，还是科学研究的价值，都是无可替代的。但地质研究毕竟指出了月牙泉形成的关键因素：除了独特的地形地质构造外，就是敦煌的地下水位与党河古河道。

月牙泉在敦煌市南 6 公里。青杨夹道的路通向鸣沙山。

到敦煌，没有不去月牙泉的。特别是旅游旺季，游人如织。一年几百万人从世界各地奔来，50 元一张的门票，给敦煌带来的收益十分可观。

近年来，不断有月牙泉水位下降，甚至面临枯竭的消息传来，引起人们的无限忧虑。“救救敦煌”、“救救月牙泉”的呼吁不绝于耳。

不看沙山和骆驼，不读诗文典籍。游人隔着铁栏杆围观那弯新月。泉水浅了，湖面消瘦了，岸边还有几株半枯的杨树，毫无生气。

与浩浩沙海相比，小而神奇的月牙泉从来不是泱泱大湖。到 20 世纪中叶，月牙泉水面东西仍长 218 米，南北宽 58 米，平均水深 5 米左右，最深的西南角达 7 ~ 11 米。近十年来水位不断下降，月牙泉水面面积由原来的 1.45 万平

方米萎缩到现在的 5 000 余平方米，减少了三分之二，平均水深也只有 0.8 米左右。特别是 2001 年春月牙泉解冻以后，泉水急剧下降，中间露出了几十平方米浅浅的沙底，如同乌云遮月，泉水因此一分为二。

现在，鸣沙山像个嘈杂的游乐场。“骆驼客”围在门口，招徕游人骑骆驼到月牙泉，在这里，花 10 元钱就能滑沙。我想，西北不乏高大的沙丘，能玩滑沙的地方也很多，如果月牙泉最后干涸消失，鸣沙山将变得毫无意义。月牙泉畔花巨资修复的古建筑群，也将再度被抛弃，如同我寻访过的宁夏中卫流沙中的石空寺。

不仅仅是风景缺失的问题。当代人已变得无比实际，断了水就等于断了财源。月牙泉需要抢救，需要补水，从 1987 年后至今从未停止。思考和对策往往难逃一个惯性。擅长筑坝打井修渠的专家们“会诊”后，很快拿出了一个“简单”的方案：通过隐蔽的管道往月牙泉注水。如同山西晋祠的“难老泉”，挖煤使地下含水层破坏，泉水枯竭，便用人工注水的办法，维系人工泉水。数年之后，月牙泉淘沙注水工程建成并实施，却发现拯救无效，治表不灵，月牙泉水面非但没有扩大，反而继续缩小。原来灌水荡沙，湖边的泥沙堵塞了泉眼。即使不大的湖泊，仍有自己的水文环境。湖水流向改变，泉水将不再涌出。

已无退路。敦煌市的领导表态：“如果月牙泉干涸了，我们将成为历史的罪人。”

为了保存月牙泉的一息命脉，敦煌市政府禁止周边村民打井。随后，又采用新的方案，在鸣沙山附近高处修建一座大型水池，沿来水的线路，用人工的办法让水渗入地下。通过十多米的落差，用渗透的办法减缓月牙泉水位下降的速度，以便维持一定的水面。这有些像浇花。据介绍，在渗灌试验的三个月内，每月补水 1 万立方米，月牙泉水位回升了 10 多厘米。现在，旅客走进鸣沙山，在通过月牙泉的途中，只要稍稍留心，就会发现铺设的长长管线。我想起了给病人输液的吊针——这就是月牙泉的命脉所系？

徘徊在清浅的月牙泉边，我的心情无比沉重。唉，谁能尽知西北的时光与湖流。

举目四望，沙山紧逼，蓝天上有细细的流沙飞扬，如同扬场时从头顶上飞过的无数金色麦粒。鞋里早已灌满了沙，步履也变得艰难。

月牙泉的根本问题是地下水下降，是敦煌绿洲日益严峻的水危机。

从柳园，经安西至敦煌，一路上尽是茫茫的戈壁滩和绵延成片的小沙丘。间或有胡杨、红柳、农田、村庄……不时有随风游走的沙尘从车前掠过。每年3～5月，是多风的季节，这条路上经常风沙弥漫，连行车都感到困难。

从地质构造来说，河西走廊上西端的敦煌和安西同属一个盆地。但敦煌与安西两地，又被荒漠分割。敦煌绿洲地处库姆塔格大沙漠东部边缘。这里的气候极端干旱，降水量稀少。据近半个世纪记载，敦煌降水最大的年份为1979年，年降水105.5毫米，年降水量最少的年份为1956年，仅6.4毫米；年平均降水量为39.9毫米，年平均蒸发总量为2 486毫米，蒸发比降水多60倍。在3万多平方公里的土地上，绿洲面积只有140平方公里。

祁连云重，远山雪飘。滚滚的党河、疏勒河冲出峡谷后，连绵不断的雪浪在黄褐色的大地上划出了风姿绰约的弧线。这两条河流的下游在敦煌境内汇合，然后倏然西流，断断续续，时隐时现，最后消失在通向罗布泊的沙漠之中。

如果把目光集中一下，这里绿洲生态环境还是比较优越的。

敦煌又称沙洲，自汉武帝开辟河西四郡后，一直是河西走廊西部的边陲重镇。敦煌的优越，在于这两条西部的大河，特别是党河雪水几乎是直接注入敦煌盆地的。小小的盆地中水多、水甜。有众多的泉水、沼泽和湖泊，碧波荡漾，因此敦煌又有塞外江南的美称。

20世纪50年代，敦煌市有天然林草植被面积46万公顷，其中一半以上是以胡杨、红柳为主的天然乔灌木林。这些天然植被东起草沟，西到艾山井子，长约200公里，林地在疏勒河故道沿岸地区最为集中，构成了敦煌北部的绿色屏障。但是，双塔堡水库修建后，疏勒河水完全被拦截，季节河成了干涸的古河道，地下水得不到补充，这条林带草地也基本消亡了。

另一片林草密集地区是在党河下游与敦煌盆地周边地区。地下水位高，有众多的湖泊沼泽。随着围垦和耕地面积扩大，盆地周边农田沙化日益严重。目

敦煌莫高窟

前敦煌的天然林已减少到只有万余公顷。

党河远不如敦煌那么名扬世界，但它却是敦煌的命脉。没有党河就没有敦煌。

党河始见于史书记载，距今已有 2 000 多年。汉为氐置水，唐代称甘泉，宋叫都乡河，清代始名党河，因流经肃北的党城湾而得名。

发源于祁连山中野马南山的党河，全长 390 公里，经肃北县流入敦煌，年径流量近 3 亿立方米。从党河引水，分 10 条水渠灌溉敦煌农田，绿洲生机盎然。

现在，党河与疏勒河是两条独立的河流。然而过去，疏勒河与党河在其下游汇合，合流处在古玉门关以东的哈喇淖尔（黑海子），疏勒河、党河下游故道，在早年出版的地图上有所标绘，至今仍可看见若干残迹。因此，现代地理学家将疏勒河与党河视为同一个水系。河流有河流的性格。

在分析水资源现状时，中国水利专家说得最多的不利条件是，水资源分布时空不均，河流年径流量不均。

其实，在不同季节——雨季和旱季，丰水期与枯水期，世界上所有河流的水量都是“不均”的，而不是中国河流特有的“不公平”现象。

建设和谐社会，对于人和自然来说，同样存在和谐问题。这就像各个音符高低不同，才能组成一个和谐的乐章——恰恰是“不均”，使河流出现了丰水的豪放雄伟和枯水季节的温顺顽强，塑造了河流独特的性格，创造出西北绿洲与湖泊的奇迹。西北水资源系统——地表水与地下水互为补充、季节河与常年河互相依赖、季节湖与沼泽地互相转换。在高温的夏秋季节，冰川融化，内陆河水涨，大量雪水冲出山谷，流经山前平原和冲积扇，又把断流的季节河唤醒，奋力把河水送到沙漠深处，走向内陆河大大小小的尾闾湖泊与湿地。人类可以合理利用水资源，但不能用其全部——总有部分水要留给自然，留给草木湖泊，它与我们共同组成了“家园”。这也是敦煌绿洲历尽千年变化劫难，依然生机盎然的原因。

神奇原来离我们很近。凭着水文地质的一点知识，我在黄沙风尘中一次次寻找西北水资源复杂而神秘的构造，像渴望认识树与根系一样。只有理解，只有对规律的深刻认识与掌握，才谈得上开发利用。

可这些恰恰被忽略了，漠视了。

总想把丰水季节的河水都拦蓄起来，总想把河流“改造”得像城市的管网，把河闸变成自来水龙头。1975 年，敦煌的水利建设史上取得了空前的重大成就——在党河流经的山泽峰峡谷，建了座大型水库和水电站，其库容大到几乎可对党河水完全拦截—调节，年发电量达到 1 000 万度。

地表水一旦完全拦蓄，地下水的来源也就完全被切断了。

敦煌盆地立即感到了干渴，地下水位连年下降，湖泊、沼泽干涸，天然林草开始衰败，目前因缺水而干枯的树木已达 18 万株。现只有田头渠边种植的杨树林，能“分享”到灌溉余水还能存活。天然林带的退出，使敦煌绿洲农区边缘形成了 12 处大型风沙口，大片耕地遭受到风沙的严重侵害。

当代人的高明就是强调客观，有意无意地把这作为开脱失误的有效方法。于是，月牙泉的危机，敦煌盆地水资源的危机，全部归结于水资源总量太少，人口增多，工农业生产发展，需水量增加，等等。按照这个逻辑，月牙泉和敦煌的水危机，是永远不可能解决的。

不，这不应该是无奈的唯一结果。

敦煌绿洲的农业开发史已有两千多年。两千年，超过我们任何一个人的年龄，但绿洲并没有衰亡。

如同日月更替轮回，期间经历了农田与牧业的多次转换。

汉唐、五代十国、西夏与元代，每一次大发展过后，屯垦和战乱造成的环境破坏，居民被迫内迁，弃耕后敦煌又成了牧区，生态又慢慢修复。特别是明嘉靖十八年（公元 1539 年），明政府“闭关绝贡”，将原有敦煌居民迁至嘉峪关以内。此后二百多年中，敦煌“旷无建置”。城镇和农田的废弃，敦煌似乎沉入了“黑暗时期”，经济与文化发展，乏善可陈，被废弃的沙州故城，也受到党河洪水的毁坏。

绿洲的历史发展并不是一往无前的，而是在倒退和循环往复中显示出一种持续的生命力。在生产力落后的过去，这种“放弃”客观上也有助于敦煌自然生态的修复与恢复。

敦煌的最近一轮发展，开始于 200 多年前。

据《敦煌简史》记载，清雍正四年（公元 1726 年），在政府组织下，开始从甘肃 56 州县往敦煌移民屯垦。3 年后，敦煌已经有移民 1 万多人，开垦出耕地 12 万亩。1760 年，敦煌由沙州卫升格为县，当时人口为 2 万多人。其新城建在沙州旧城的河东，即今天的敦煌市所在。新中国成立初期，敦煌县有人口 3 万 ~ 4 万人，目前人口大约 13 万人。敦煌灌区有耕地 30 余万亩。用不着太高深的数学知识，党河年 1 亿多立方米的水量，即按人均 2 亩水浇地的标准，敦煌人要解决温饱并无任何问题。

可惜，在敦煌这个火爆的旅游城市，依然把发展经济着力点放在农业，放在开发利用几百万亩“宜农荒地”上。水渠不断延长，水量永远不可能满足。为防止水渠“渗漏”，加衬硬化——地下水补充的最后路径也被杜绝了。水量不够，于是就打井、打井，取地下水补充灌溉。水位下降，机井废弃，再打更深的井。不大的敦煌地区先后打了 2 000 多口机井，其中 1 000 口机井已经无水，像血液抽干后一个个巨大的“针眼”。敦煌境内地下水允许开采量为 5 040 万立方米，而实际提取地下水量每年高达 7 750 万立方米，超采地下水 2 700 多万立方米，采补严重失衡。

敦煌市缺水状况日益加剧，有关部门提出了拯救绿洲的办法。一些媒体关于敦煌绿洲生态危机、拿月牙泉说事儿的新闻，不是突出节水和退耕还林还草，不是减少限制粮食棉花的种植面积，而是鼓动上新的工程，用跨流域引水的办法，来保障敦煌工农业不断增加的耗水量。

于是，另一项重大水利工程项目又呼之欲出了——这就是“必须”尽快实行的“引哈（尔腾河）济党（河）”工程。

02 聚焦苏干湖：会不会成为下一个罗布泊？

2003 年，受酒泉市政府委托，甘肃省水电勘测设计研究院在 1999 年完成的项目建议书的基础上，修改提出了《引哈济党工程项目建议书》。

这一工程的要点是，在党河南山山口“骆驼脖子”处修建水坝，拦截内陆河大哈尔腾河，并通过渠道隧道，把水引入党河。据新华社报道，有关部门描绘的图景是“令人鼓舞”的：这项工程概算总投资 12 亿元，可向阿克塞县城及其郊区每年供水 1 200 万立方米，分配给敦煌灌区水量 8 400 万立方米，增加党河水库的水量，满足各项用水以后，还能补给敦煌地下水 2 亿多立方米，使月牙泉水面面积和水体恢复到原貌。

据说这项工程的设想在 20 世纪 50 年代就已提出。由于种种原因，比如涉及青海省的地界，工程投资过大，还需在阿尔金山打通 15 公里的超长隧洞，不易开发等而搁置。各种争论延续到 1998 年，依然没有形成比较一致的观点。敦煌市的一位领导说："引哈济党"工程，敦煌人民期盼了 50 年！

这完全是不可信之言。50 年代敦煌县只有几万人口，绿洲、湖泊、沼泽众多，根本不存在缺水的问题，党河夏季还常常会发大水，老百姓绝不会想到要去打通阿尔金山，跨流域从哈尔腾河向敦煌引水。50 年前县政府提出的初步设想，也只是"人有多大胆，地有多大产"的"设想"而已。为什么 50 年前的一个设想，今天会被一些人放大成当时人民群众的热切期盼和呼声了呢？

进入 2000 年后，随着敦煌垦区面积的不断扩大，缺水现象越来越严重，有的领导认为，别无选择，到了必须解决"敦煌千秋万代的改造自然的大事"的时候了。

且不说引哈尔腾河能否千秋万代，一劳永逸地解决敦煌的水资源问题，且不论敦煌人均近万元的引水投资，其经济效益如何评估的问题，引哈尔腾河济党河的根本疑问依然存在——

少年时，读李若冰的《柴达木手记》，记住了这两个草原姐妹一般温顺美丽的湖流——大小苏干湖。而寻访这两个湖泊，则在几十年以后。

从敦煌向南，翻过当金山口，就进入了花海子—苏干湖盆地——实际上这里是柴达木盆地北部的一个山间断陷盆地，属内陆高寒半干旱气候。年蒸发量远大于敦煌，而降雨比敦煌更加稀少。因为有哈尔腾河的流入，养育了丰美的草原，这里是哈萨克牧民的故乡。

苏干湖为大小两个湖泊，相距约 20 公里，位于盆地最低处，海拔 2 700 ~ 2 800 米。这两个美丽湖泊如同草原上散落的明珠。其中小苏干湖水约 10 平方公里。小苏干湖为淡水湖，这个湖有一出口，溢出的水流向大苏干湖。大苏干湖水面近100平方公里，属咸水湖，平均水深2米多，蓄水量1亿多立方米。河流——淡水湖——咸水湖，在这里保持了动态的平衡。成为几万平方公里广袤的荒漠地区唯一有生命的地方。

花海子和苏干湖草原，给柴达木盆地边缘嵌上了一小块迷人的绿色。鸟类翔集，大小苏干湖自然保护区内，已知的鸟类有51种之多，其中列入《中国濒危动物红皮书》的动物有18种之多。白天鹅游弋，云雀欢鸣，灰雁、斑头雁翔集。不仅有夏候鸟，还有冬候鸟。遗鸥、猎隼、白尾鹞、白尾海雕、玉带海雕等都是国家重点保护的珍贵鸟类。此外，还有很多野生动物长期在苏干湖草原湖畔生活，如藏羚羊、黄羊、鹅喉羚等国家保护动物。在哈萨克牧民的传说中，阿尔金是一个与魔鬼搏斗中，化为雄伟山脉的年轻勇士，而苏干湖则是两个等待勇士归来的美丽姐妹——山和湖永远相许，却又注定终生不能相遇。

每年夏秋是苏干湖最美丽的季节。

湖水碧波荡漾，数万只候鸟成群飞翔。

湖畔绿茵铺地，草原马儿跑，“姑娘追”，羊群攒动。

湖畔有点点白色的毡房，马奶飘香，载歌载舞。

现在，这里成了继敦煌之后的又一个旅游热点，苏干湖壮丽的自然风光，吸引着越来越多的国内外旅人。阿克塞县还投入数百万元，在大小苏干湖建设了一些旅游基础设施。

大小苏干湖在科学考察上也有重要的价值。这里是许多候鸟南迁时的必经之路，是鸟类停歇的重要通道。栖息在这里的珍稀鸟类黑颈鹤也逐渐增多。在罗布泊干涸之后，野生双峰驼沿库姆塔格沙漠和天山东迁，来到阿尔金山和花海子——苏干湖湿地，这里成了中国野生双峰驼的主要栖息地之一。

花海子——苏干湖盆地位于甘肃、新疆、青海三省区接壤的三角地区，南通格尔木，西连冷湖、茫崖和新疆的若羌，战略位置重要。河流、草原、湿地和湖泊组合，改善了柴达木北部边缘的大气环流，为冷湖、花海子等城镇生存提供了有利的气候和自然环境。

中国的行政区域演变常呈现出复杂的状况。历史上，大哈尔腾河与大小苏干湖在青海省境内，但这里又是阿克塞哈萨克自治县牧民的牧场。这支哈萨克部落，半个多世纪前，从新疆的巴里坤草原迁移至此。后来大小苏干湖的行政区域也做了适当调整，成为“甘肃最大的天然湖泊”。阿克塞哈萨克族自治县与敦煌同属酒泉市，如今酒泉市已确定“引哈济党”工程“必须尽快”上马，作为下级，大概很难有表达不同意见的余地了。

新华社 2005 年 10 月 10 日在发布题为《敦煌灌区建成之日，月牙泉干涸之时》这一报道时，并加了如下的“编者按”：

“在拯救敦煌的口号和行动下，出现了着实令人费解的现象。一方面，原有的河流因上游筑坝取水等干涸；另一方面，却又要投巨资引水。如此矛盾之举，是真在救月牙泉？又能救月牙泉吗？”

引哈济党，用另一条内陆河，用另一个草原和湖泊的代价，去救一个敦煌和月牙泉。工程建成之时，即使敦煌绿洲暂时不会成为“第二个楼兰”；国家级湿地自然保护区大、小苏干湖，将不可避免地成为又一个“罗布泊”。美丽的阿克塞草原，也将变成沙丘连绵、戈壁无际的荒漠！失去北方生态屏障的工业城市冷湖，也将陷于风沙之中。

这无异于剜肉补疮，其负面作用已经十分明显。是可持续发展，还是陷入了不可持续的恶性循环？

问题的症结，新华社的报道，实际上指向了“灌区”的扩大，指向了当代水利工程的思维，指向了农业、种植业不合理的结构和落后的灌溉方式。

立即停止断流大哈尔腾河，救救苏干湖，这需要引起全国的关注！

03 绿洲灌溉：古人比我们高明？

话题已经太过沉重。我想换一换，对中国西部古代的农业灌溉系统略作分析与考证。

唐玉门关一带汉代属“宜禾县”。宜禾取意于适宜耕种，而构建成这一系统的，是渠、堰、坝与古代灌溉系统。

无论是唐代诗人王之涣的“春风不度玉门关”，还是王维“西出阳关无故人”的感叹，实际上都表达了“两关”是古代河西走廊绿洲与沙漠的最后分界。关西是沙漠，关东是绿洲。

维系这一绿洲的是疏勒河与党河。

据《汉书·地理志》敦煌郡条记载，“宜禾都尉治昆仑障”。昆仑障，即“昆仑塞”。史学家认为，唐代的新玉门关城应由昆仑塞扩建而成。

几千年以来，西北人民的智慧勤劳，足以养育滋润绿洲，生计无忧。从这个意义上来说，西北和敦煌两千多年的文明史，实际上也是一部农业灌溉发展史。

现在，党河成为敦煌境内唯一的灌溉水源。而过去，疏勒河流域也是有灌区的。考古工作者曾在敦煌境内的甜水井和汉玉门关附近的卷槽、马圈湾等地，多次发现汉代屯田遗址。其沟渠、田埂等遗迹，至今清晰可见，并出土了2000年前所使用的铁铲、铁锸、铜犁等生产工具。1979年，在马圈湾汉代烽燧遗址出土了小麦、大麦、糜谷等粮食作物，震动了世界考古学界。这些粮食作物至今颗粒饱满，粟色如新，在阳光下熠熠闪光。同时出土的大量汉简中，当年戍卒曾记下不少粮食收成的记录。如敦273简“右入糜二百五十三石九斗二升”，敦256简“右凡出大麦十一斛三斗士吏姜曾夕从玉门所禀”等。

敦煌莫高窟出土的唐写本《沙州图经》，对汉代敦煌的水利有如下记载：“马圈口堰，右在州西南二十五里，汉元鼎六年依马圈山造，其极南一百五十步，阔二十步，高两丈，总开五门分水以灌田。”公元前104年，李广利将军西征大宛，兵至敦煌，往来二岁，“岁余而出敦煌者六万人”。这些军需粮秣的筹集供应，均靠敦煌绿洲，可见当时的屯垦已达到了相当规模，生产粮食的种类也很多。灌区生产的粮食，除供应当地居民和南来北往的商旅外，还要作为守边和西征大军的后勤保障。唐代，敦煌安西一带更加繁荣，设置有瓜州、沙州和十余个县。这里位于丝绸之路要冲，人口众多，市井繁华，文化发达，商旅来往不绝。故有“元宵灯会，长安第一，敦煌第二，扬州第三”之说。敦煌城市的人口，大约不会比今天少。

水资源开发利用和灌区农业的发展，是敦煌发展繁荣的基础。唐代在汉晋修渠筑堰的基础上，沙州刺史李无亏新修了一条“长三丈，高一丈五尺，阔二丈”的“长城堰，百姓欢庆”。此后，又陆续修整了许多水渠。如长二十里的宜秋渠，长十里的原都乡渠，长十五里的北府渠，长五里的三丈渠和长二十里的孟授渠，等等。

更值得重视的是，历史上，管理河渠分配灌溉用水，一直是政府的行政职能，形成了完整的组织网络。规定了严格的河渠灌溉事项：“州设渠泊使，县设平水，乡有渠头”，民间则设立了“渠人社”——用现在的话说，节水、合理配置水资源的前提，需要切实转变政府职能、加强科学管理，并把责任落实到人。由于这些措施，敦煌“州城四面水渠侧，流觞曲水，花草果园，豪族士流，家家自足。土不生棘，鸟则无鸮；五谷皆饶”。

大诗人岑参在敦煌盘桓时，对此有生动的记述：

“敦煌太守才且贤，郡中无事高枕眠。太守到来山出泉，黄沙碛里人种田。敦煌耆旧鬓皓然，愿留太守更五年。城头月出星满天，曲房置酒张锦筵。美人红妆色正鲜，侧垂高髻插金钿。醉坐藏钩红烛前，不知钩在若个边。为君手把珊瑚鞭，射得半段黄金钱，此中乐事亦已偏！”

岑参这首七古写于天宝八载，即公元749年，他应邀参加敦煌太守的宴会，虽然有对主人吹捧讨好之嫌，但诗作的内容应该也是有根据的，否则这不切实际的当面吹捧表扬不就成为讽刺了吗？

过去，这首诗的意义一直解释为“反映当时官僚们骄奢淫逸的生活”。我想，反映当时敦煌领导干部的真实生活，才是真正的价值所在。“才且贤”的官员是无需成天忙得不可开交地做指示，参加各种会议的。“太守”抓住并解决了当地经济社会发展的关键问题，人民安居乐业，官员尽可“无事高枕卧”。在敦煌，善于治水的官员就是好官。社会稳定和谐，生产发展，百业兴旺，当官的迎来送往，讲点排场，多吃点多花点，老百姓也不会太在意。自然，没有本事和不干事的官，再廉洁也没用。群众最不满的就是既没本事，又很贪婪的千方百计捞钱的官。唐代地方官员三年一任，并规定太守任期必须在三年以上。敦煌老百姓挽留有作为的太守再留一任，而不是放鞭炮送他走，这应该是事实。

在古代，要用泥土修建大坝，全部拦截河水是不可能的。土坝很容易溃决。他们用什么办法治水呢？首先是筑堰。堰是较低的挡水构筑物，作用不是蓄水，而是提高河流上游水位，以便引流灌溉。只要在河道上垒些石块或打木桩，抬高水位，筑堰修渠，即可引水自流灌溉农田。汉代所建的大堰“高两丈”，实际也只有几米高。这颇符合现今国际上流行的修低坝、维持河流生态的思想。

夏天，冰雪消融，疏勒河与党河水位猛涨，正是庄稼需水季节。堰坊对灌区极其重要，因此也成为古代战争中对方的破坏重点。修复水利设施就成为大事。《新唐书·张守珪传》中记载，唐开元时张守珪为瓜州都督，开元中“有诏以瓜州为都督府，即诏守珪为都督。州地沙堉不可蓺，常潴雪水溉田。是时渠堨为虏毁，材木无所出，守珪密祷于神，一昔水暴至，大木数千章塞流下。因取之修复堰坊，耕者如旧。州人神之，刻石记事”。

“州人神之”的张都督，看来不仅是我们现今常常在电视镜头中出现，大声吆喝指挥救灾抢险，或者走访灾民询问生活情况如何的书记市长；他还是位很有专业知识，能亲自规划设计工程项目的高级水利工程师。

被百姓称“神”的敦煌专家不仅有张都督，早在两千年前，敦煌先进的治水技术就传到了西域诸国。如西汉时敦煌人长史索励——我不知道他是否就是著名书法家索靖的祖先——带兵一千多在伊循城（今新疆若羌县境内）屯田，曾调集鄯善、焉耆等处军民四千人，横断卡墙河，掘渠分水，改进灌溉条件，使许多贫瘠的土地变成沃田，庄稼连年丰收。所以北魏郦道元在《水经注》中给予其很高的评价：“敦煌索励，字彦义，有方略……屯田楼兰……横断注滨河……灌浸沃衍，胡人称神。大田三年积粟百万，威服外国。”

我想，一位官员的政绩工程，能给当地百姓带来惊喜和福祉，能显示国力，能使外邦叹服，能够写进历史，一定代表了先进的文化，代表先进的生产力，代表了百姓的利益。如果古代有科学院、工程院，评院士，聘他当博导带研究生，是很够格的。

关于古代在敦煌形成的“文化绿洲”，我还想稍微说得远一点。

敦煌莫高窟举世闻名，敦煌石窟中深藏的“秘宝”发展成为“敦煌学”——其实敦煌对中国文化的贡献是多方面的。发达的灌溉渠系，孕育了发达的农业和商业，才有可能使敦煌成为中国文明的一个耀眼亮点。仅以书法为例，东汉著名的书法家张芝是敦煌人。他以行书、隶书见长，尤精草书，被人称为“草圣”。张芝的父亲张奂是征战西北的名将，后触犯宦官，隐退敦煌故里，闭门不出。张芝幼而高操，勤学好古，经明行修，有几次可以应征做官，他皆不肯，而潜心于书法与治学，当时影响极大。晋代王羲之推崇说“汉魏书迹，独钟（繇）张（芝）两家”。张芝的书迹保存在《淳化阁帖》里有五帖，其中《秋凉平善帖》可以说是张草的典范，为世所珍。在张芝的周围，形成了一群书法家和书法爱好者集群，此后敦煌地区崇尚草书的风气延绵不绝。如张芝的兄弟张昶也善草书，又极工八分书（汉隶的别名），时人称为“亚圣”。在敦煌的这一书法集群中，还有一个孩子的身影，这就是张芝妹妹的孙子索靖。西晋时，索靖官至尚书郎、酒泉太守、征西司马等职。2003 年，北京故宫博物院动用了文物征集专项资金，以 2 200 万元购回了清宫流失的文物索靖的《出师颂》，可见其在中国书法史上的价值。敦煌地区出土的汉简、唐代的敦煌写经等，在书法上都有极高的价值。古代的敦煌群星闪烁，文人名士荟萃，远非一般边地州县可比。

并非完全是现代水利的功绩，到清代康熙末年，疏勒河流域就已经形成了以安西瓜州、三道沟和玉门镇为中心的三片较大的灌区。

我不知道当代水利专家，是否研究过古代疏勒河流域灌溉工程和设计理念，有没有评估过疏勒河水全部拦截后对下游生态环境的影响。河西走廊西端历史上一直是农业和牧业交错的地区。既有绿洲的田园风光，也有片片草滩，点点羊群。

当我们要弄清楚人类活动与自然力此消彼长的规律，反思经济社会发展决策的得失，探讨水资源的分配与管理机制，现代水利工程建设与生态环境保护，经济发展与社会自然发展的关系时，河西走廊绝对是一个样本。

在这片土地上，交织着人与自然的相互依存和难以解决的矛盾，不同地域人群之间利益和生存权利的冲突，演绎着人生的希望与失望，城市和乡村的经济繁荣，以及文明的衰败。虽然在生态恶化的进程中，自然力显得过于严酷，难以抗拒，但人绝对不是一个配角。几十年来，在“改造大自然”的舞台上，演出了一幕又一幕的大戏，热闹的场面没有维持多久，落幕却显得黯淡萧条，似乎连观众都已经走散。

近几十年来，这里的浇灌面积扩大，人口的自然增长和定为“商品粮基地”的产业发展政策，对水资源构成了极大压力。疏勒河农业灌溉区中游干流长 129 公里，面积 1.2 万平方公里——这还包括了常年断流的下游。灌溉面积 80 余万亩，灌区总人口 13.3 万人，人均约 6 亩——大大超过了我国的人均耕地面积。其中双塔（水库）灌区 28.7 万亩，占灌区总面积 34%，人口 4 万多。敦煌——安西绿洲人均水资源远远超过我国很多地区，原本承载几十万人口并无问题，而现在为什么到了这个地步呢？

无垠的大漠，丰富的土地资源，再加上日照长，昼夜温差大，对农作物生长有利。古往今来，人们萌生的第一个冲动就是开垦荒地，发展农业。甘肃省确定在疏勒河流域建立商品粮基地。兴修水利，大力发展小麦、玉米、胡麻、棉花的种植，此外还种植瓜果、啤酒花、啤酒大麦等，这些农产品都远销“全国各地”。

粮食是高耗水作物。在我国的东北、华北等地，小麦的耗水系数为 6 ~ 8。而在河西走廊，降水很少，几乎全靠灌溉，生产 1 公斤小麦，要用水 1 立方米以上，民勤、敦煌等地每公斤小麦达 1.4 立方米。每立方米水的产出仅为全国平均水平的 1/16。

张掖市甘州区王其闸村农民王爱忠家，13 亩地全种小麦，每亩用水 1 000 立方米以上。每亩小麦 500 公斤已经不低了，这就是说，生产 1 公斤小麦要一吨多水。2004 年，王爱忠家改种了 10 亩制种玉米，产量增收两成，每亩还能节水300立方米。这户农民曾被《人民日报》作为节水典型来报道，一个农民一年节水3 000多吨，可每亩灌溉用水还是达到了700多立方米。

农业的产业结构，还有节水技术的应用推广。河西走廊诸内陆河流域能否在新世纪可持续发展，已经到了十字路口。

《人民日报》2005年10月10日报道，时任水利部副部长翟浩辉说："我国农业用水浪费主要表现在，灌溉用水利用系数低，目前我国农业用水的有效利用率仅为43%左右，远低于欧洲等一些发达国家70%～80%的水平。全国渠道输水损失占整个灌溉用水损失的80%以上，大型灌区骨干建筑物损坏率达到40%。二是灌溉定额普遍偏高，采用传统的灌溉模式，全国平均每亩实际灌水量达到450～500立方米，超过了实际需水量的一倍左右，有的地区高达2倍以上。"——这个"有的"，即是指河西走廊和宁夏、内蒙古、新疆的广大灌区。

国内外的经验表明，喷灌一般比地面灌增产20%～30%，比滴灌增产40%。这样大的增产幅度，利用其他措施是难以实现的。其实，喷灌、滴灌只是节水农业的几种方式，其他措施还有很多。而目前，许多灌区，渠系和排灌设施不完善，标准低，工程老化，失修严重，效益衰减。另一方面，连接田间地头的小型农田水利建设欠账较多，状况恶化。斗渠以下田间排灌配套率低，渠系破损、淤塞严重，灌溉技术落后，输水渗漏损失大。

知识与权力失衡，常常表现为知识从属于权力；利益分割混同甚至替代了效益分析评估。需要从最基础、最本质的地方开始，用大的智慧和有远见的眼光，深刻认识西北内陆河流域的特点，认识地表水和地下水资源转化规律，评估已有的工程项目得失，研究治本之策，谋划长久之计。热衷于修大坝、建大工程、跨流域引水调水的指导思想和机制，难道就没有误区吗？

面对滚滚黄沙，面对蜥蜴一样死去的河流，假如我们能穿过时光隧道，回到河西走廊大自然的原初，我们还会在一个干旱的高蒸发地带修筑如此多的大坝，发展高耗水产业，建一个商品粮基地；在水资源已经严重短缺的地方再兴建一座座大城市；不计成本、毫无节制地开发与利用自然资源，只算经济产出，不计环境成本；任凭上游地区无偿占有自然资源，而下游地区只能无奈地咽下处于地理劣势带来的苦果吗？

河西走廊的故事还没有结束。就像吐鲁番—哈密神奇的“坎儿井”一样，古代河西走廊绿洲上的灌溉系统，还有许多让人心灵激动的尚未揭示的秘密。

04　消失的阳关海

终于走到了条条内陆河的尽头。我坐在葡萄架下，那迷人的绿荫，带来了一丝清凉。在灼热的阳光下，眺望着。

好客的主人沏上了茶。一排整洁的平房，门前两畦菜地，再远处，便是高大的钻天杨了。从杨树的间隙，能看到蹲伏着的高大沙丘。

这是在有点逸世自居味道的阳关林场。

在眼睛被单调的白色和黄色灼得生疼之后，享受一番绿意和一杯清茶，是豪华的奢侈。杭州西子湖畔的茶座、北京什刹海边的酒吧，根本不能和它相比。从屋前的机耕路走出，登上高地，就能望见有名的阳关烽燧在蓝天黄沙间高耸着，荡人心魄——这一切如同一幅油画。

不管是怀旧还是访古，到西北不能不来阳关。

西出敦煌后，汽车沿着戈壁滩上的公路疾驰。极目望去，尽是狮黄色的沙丘与黑色的滩地。只有南方的天际有一些低矮的山峦，那是祁连山的余脉。山下，尚有断断续续的小片绿色，间或有一两株树，几丛草，其间散落着一些土坯房。离敦煌越远，景色也愈加单调。绿色完全消失了，阳光更加灼目。

到阳关，是为了探访丝绸古道，寻找一种文化？还是最后一滴清泉？

大漠空旷，人迹杳然。这时多半会感到失望。我的脑海中塞满了古往今来吟咏阳关的杂七杂八的诗句。对曾在沙漠中艰难跋涉，备受烈日暴晒、干渴煎熬死去活来的旅人们，有了更多的同情。

这时，天边幻现出一抹淡淡的海蓝，像是湖泊。经验告诉我，那是飘浮在戈壁滩上的蜃气，是海市的诱惑。

水？干涸的古河道在烈日下延伸。

阳关应该有它的生命之源。

大多数游人对古阳关下的这片绿色是不屑一顾的。

他们乘汽车匆匆而来，到阳关烽燧下照张相，又匆匆回去。丝路早已断绝，现在想要“觅封侯”的，不在万里之外的沙场而在官场。不论传唱千古的《阳关三叠》还是《胡笳十八拍》，都不再有知音。旅游作为一种产业已变得很纯粹——阳关烽燧下就有许多小贩在戈壁滩上叫卖纪念品和古币之类。沙砾荒滩上确实没有太多值得人沉思徘徊的风景。

塞外绝域，千年狂沙，我没有想到在戈壁深处，还有这么块小小的绿洲，有这么个清凉的、值得品味流连的地方，真令人心醉。

还不到成熟的季节，一串串葡萄，像碧玉琢成。

瞅着杯中的绿茶，情不自禁地想到了夜光杯和葡萄美酒。

老马说，阳关葡萄的质量好，是酿酒的上好原料。我们农场原有个小酒厂，但规模太小，从欧洲引进了设备，准备酿造高品质的葡萄酒。你下一次来，准能喝上。

我望着小渠中的汩汩清流，问，这水从哪儿引来的？

这里有地下水，水位高，打口几米十几米深的井，就能出水。

老马看出了我的诧异，说，这里过去是一个大湖，是一片水面……

我恍然，原来坐在“海边”，阳关的海啊。

这可是祁连雪水的最后流注，怪不得这茶水如此的甘甜清冽。

关于阳关名字的来历，有种种说法。

据《元和郡县志》记载，阳关在汉寿昌县西六里，玉门关之南。

还有一种按中国传统的风水理论，“山南水北为阳”，那么玉门关应在依山傍水之地，即寿昌海以北，龙头山的南面。

值得关注的是寿昌海。

海，是海子，即大湖。

当时，西域有两个县城——阳关与寿昌，隔湖相望。我翻阅了《旧唐书·地理志》，在“寿昌县”条目下找到了“阳关，在县西六里。玉门关在县西北一百八十里”。《新唐书·地理志》则记载：“又一路自沙州寿昌西十里至阳关古城。”唐代敦煌称沙州，河西节度使的都府曾设在这里。唐代沙州的辖境辽阔，包括罗布泊（蒲昌海）和天山南路的大部分，寿昌县属沙州。一个六里，一个十里，哪个精确些？现代测量的结果是，两城直线距离是六里，如走小路绕过寿昌海，则为十里。

不用再考证。

遥想当初，寿昌海碧波荡漾，岸边绿柳依依，驼铃叮咚，行旅来往不绝。

守住了海，守住了水，便守住了西部生命之源。没有寿昌海和西头沟这两处水源的补给，无论是西行穿越大沙漠前往罗布泊，还是向东入关进入敦煌，都会受到干渴的威胁。“把关”实际上就是“把水”。

备受漠风、烈日和干渴煎熬，长途跋涉而来的商贾、使臣、僧侣、游人，个个嘴唇干裂，疲惫不堪地排队，等候验证过关。我不知道那时阳关城的供水要不要收费，水价如何。如果按今天与“国际市场”接轨的思路，一壶“阳关矿泉水”、“寿昌纯净水”还不卖几个波斯金币？

从阳关再往西就是谈之色变的“白龙堆”戈壁了。

岑参云：“前路无飞鸟，但见白龙堆。”当年虽然艰险，还是有路可寻的。

现在，西头沟已经干涸，前路已经断绝。清脆的驼铃不再，悠远的梵钟不再，也没有胡烟羌笛。对于连接罗布荒原的库姆塔格沙漠，望一眼已经足够。20 世纪 20 年代，由于塔里木河改道，罗布泊从喀拉库顺向北回归古罗布泊洼地时，斯文·赫定和中国西北科学考察团的科学家们曾兴奋不已——有了水，不仅楼兰能够复兴，从敦煌、阳关经罗布泊至库尔勒道路也能再度畅通——这将是连接新疆南部的黄金通道。可是，梦想还来不及实现，60 年代初，罗布泊就像破瓦盆一样彻底干涸了。

不再有经典意义上的探险和考察了。

交河故城遗址

也许有几个想成名的现代男性或者女性，在拉够了赞助，备足了食品矿泉水之后，驾着花花绿绿的越野车，沿着早已被风沙湮没的古道绝尘而去。依旧是茫茫黄沙。只是在历代文人反复吟咏过的精神家园上，多了几道花样翻新的辙印而已。

映照古今的是阳关的海子。

寿昌海在年代不同的史籍中，有渥洼池、渥洼水、南海等名称，但我却更愿意称之为“阳关海”——阳关不仅有连天的黄沙，还有迷人的碧波。这里是《史记》记载汉武帝得神马的地方。

《史记》的《乐书》、《汉书》的《礼乐志》和《武帝纪》中记载有武帝得“神马”的故事，其中言之凿凿：元狩三年（公元前120年）和元鼎四年（公元前113年），这位有雄才大略的皇帝得到神马后兴奋异常，击节长啸，作“宝鼎、天马之歌”。

据考证，天马可能是野马。

马是由野马进化过来的。中国内地是农耕文化区域，而马是草原上的生灵。不论是战马还是拉车耕地的农家的马匹，在人工饲养的环境里，马的品质与野性都会退化。对于保持种群的特性来说，荒原上的野马便显得特别宝贵。

野马是自由自在的精灵，很难捕捉。干旱的月份、干旱的季节，党河断流，疏勒河无水，绿洲边缘，沙海中的小湖小泉都干涸了。只有寿昌海还有水色。戈壁滩上不驯的野马也来到了阳关，来到了海边饮水。有位从南阳新野——汉代南阳郡在襄阳，发配到敦煌屯垦的人想了个办法，在野马饮水的湖边用泥做了个假人，手持勒绊。当野马对泥人习惯之后，他便替泥人立在海子边，趁野马饮水之时用勒绊将野马套住。野马又蹬又踢，他始终不松手。费尽九牛二虎之力，将野马制服。他将此马献予武帝时称，这匹神马产于渥洼水中——从水里跃出来，不就是龙的化身吗？据说这位流官因此得到皇帝的欢心，赦免减刑，回到他的故乡。

汉武帝爱马在历史上很出名。他不爱马厩里喂得膘肥体胖的御马，而喜爱西域的天马、大宛马、汗血马。马上得天下、马上拓疆土——这颇有点“枪杆子里面出政权”的味道。“天马来兮从西极，经万里兮归有德。承威灵兮降外国，涉流沙兮四夷服。”汉武帝的这首《西极天马歌》还是写得挺有气魄的。

用不着到新疆的将军戈壁。祁连山与敦煌、阳关绿洲历史上就有野马。

祁连山南麓的肃北县，有野马滩与野马南山。

由于地壳断层的抬升，祁连山一些雪水河水渗入地下，在阳关附近的戈壁沙碛中涌出，形成多股泉水，汇成了寿昌海。据水文测量，泉水的年径流量竟然有将近1亿立方米。西北的内陆河易断流，而地下水却相对比较稳定，阳关附近草滩与河流，成了野马出没之地。

绿洲在年复一年地变化。清代纪昀流放新疆，途经敦煌时，在《物产六十五首》中就有“采硝人在古阳关”的诗句。我不知道纪晓岚有没有实地考察过古阳关遗址。但他在敦煌城内滞留多日，获取的消息应当是准确的——当时阳关一带的生态环境已经恶化，众多的湖泉干涸，成为老百姓采硝的盐池了。

20世纪50年代，从几十里外的地方拉土运石，阳关泉水涌出的地方修起了500米长的大坝，建了个平原水库，库容150万立方米，据说是为了不让夏秋季节的流水“白白流入沙漠”。水库灌溉着周边数万亩农田林木。其间还多次从甘肃各地往阳关移民垦荒。人多了，水量不够，就打井抽水。于是，海子和流泉消失了，阳关的风景失去了最美的映照。

沙漠戈壁里，阳关的海子艰难地活着。

黄昏，阳关林场果园的葡萄架下，那缓缓流淌的渠水，又映见了千古不变的月色。

05 吐鲁番：正在快速消亡的坎儿井

敦煌经阳关到罗布泊的道路早已断绝。

陆路去新疆，还需走星星峡，接着便是哈密和吐鲁番两个盆地。这两个盆地都位于天山博格达山南面。

高昌故城、交河故城、火焰山、葡萄沟和坎儿井，是到吐鲁番旅游不能不看的风景。素有“火洲”之称的吐鲁番，水贵如油。北部天山的雪水融化，渗入山前的戈壁滩。到处都有以坎儿井命名的村庄。由于有了坎儿井，村民们依水而居，出门即见淙淙流水，用井水洗菜做饭、洗衣裳、灌溉农田。引以为自豪的坎儿井总长度曾达5 000余公里，因此又被称为“地下长城”。

葡萄绿荫下姑娘们在欢快的乐声中起舞。如织的游人下到坎儿井口，探访暗渠，清冽的雪水在地下汩汩奔流，捧一掬水，有沁人的清凉，使人忘记了大漠与铁色戈壁的焦渴与严酷。

游人也许不会想到，今天，吐鲁番的坎儿井正以每年23条的速度消亡，坎儿井正在消失。10年、20年后再到吐鲁番来寻访，还能看到“活着”的坎儿井吗？

20世纪50年代，吐鲁番地区有坎儿井1 273条，承担了当时吐鲁番耕地一半的灌溉。至2003年，只剩下了404条，而现在仅有300多条了，仍承担着吐鲁番六分之一土地的灌溉。半个世纪中消失了800多条！

吐鲁番和哈密地区，到处都有坎儿井断流、干涸和废弃的现象。

坎儿井是古代我国西北人民创造的奇迹。它由人工开挖的竖井、暗渠、明渠和涝坝组成。坎儿井的暗渠一般在地下两三米处，可分为集水段和输水段。集水段的作用是拦集地下水，一般横向呈扇面延伸。集水段在盆地边缘，或砾石滩下水源较丰富地区，集水渠较深，引水段水渠的坡度小于地表坡度，随着引水渠的延伸，地下水可自行流出地面。竖井是连通地表与暗井的垂直立井，每条坎儿井少则有几口竖井，长的输水量大的坎儿井则有上百口竖井。明渠再把坎儿井暗渠流出的水引向涝坝。涝坝是调节水量的蓄水池，除水量极少的坎儿井外，绝大多数坎儿井都有涝坝。涝坝面积一般在一二亩左右，像江南屋前屋后田间明镜似的池塘湖泊。涝坝除储水灌溉外，也有调节小气候和生态环境的功能。

坎儿井最早创建于何时？有多种说法。

有说是当地各族人民创造的，也有说是从波斯传入的。这些可能性都存在。但推断与猜想，需要史学考据的支撑。人们不得不佩服王国维这样真正的大师，他们的学识如此丰富，地图上的脉络纹理，心上的关山驿路，历史的真伪疑云，都能一一辨明，而且准确无误。

据王国维考证，吐鲁番的坎儿井2000多年前的汉代就已经有了。

他在《西域井渠考》中说：“今新疆南北路凿井取水，吐鲁番有所谓卡儿水者，乃穿井若干，于地下相通以行水。伯希和教授以为与波斯之地下水道相类。疑此法自波斯传来。余谓此中国旧法也。”王国维虽然没有到过西北，考察过新疆的坎儿井，但他博通古今，无所不精。他阅《史记·河渠书》时，注意到了“武帝初发卒万余人穿渠，自征引洛水至商颜下。岸善崩，乃凿井深者四十余丈，往往为井；井下行水相通，水颓以绝。商颜东至山岭十余里，井渠之生自此始”。洛水与商颜在今天河南西部，这一工程的特点即是修筑暗渠与竖井。他认为：“汉通西域后，这一凿井技术传到了西域。”你可以怀疑，但不容不信。王国维从《史记·大宛列传》、《汉书·乌孙传》中，也找到了对这种凿井引水工程的文字记载。

原来，坎儿井不仅吐鲁番和哈密有，敦煌一带也有。

“汉于鄯善、车师屯田，当亦用此法。”鄯善、车师即是今天的吐鲁番。其中有一条类似坎儿井的暗渠很长，自敦煌州北15里大井泽“至白龙堆东土山下涌出”，成为明渠。

总体而言，2 000多年前，内地的农耕技术较为先进，西北的牧业发达。最早的坎儿井由内地传到西北是有可能的。但各地含水层与地质条件不同，这一暗渠、竖井、明渠组合而成，集水渠、输水渠和涝坝相配套的高超的水利工程，从勘探设计到施工维护，技术如此成熟完善，2 000多年来的确经过了各族人民不断的创新、创造与完善。

坎儿井这一古代水利工程最大的优点，一是通过水渠地下引水，减少了因酷热、狂风而大量蒸发损耗，具有节水意义；二是浅层采水，自流灌溉，对地下含水层的水源没有破坏，流量稳定，不像机井需要消耗电力；三是维修与养护简单，使用期长，吐鲁番现存最古老的坎儿井已有数百年历史。

吐鲁番和哈密坎儿井消亡的原因很简单：大量打机井——这与敦煌和其他绿洲，以及华北平原面临的水危机原因相同。目前，吐鲁番盆地机井的数量已经超过5 000眼，机井越打越深，水位便越降越低。

听起来有点像生产发展与水资源状况的矛盾。吐鲁番现有耕地120万亩，每年水资源补给量11.7亿立方米，而实际耗水量已超过12亿立方米，只能不断打机井抽取地下水。地下水水位下降，则导致坎儿井干涸、废弃。此外，吐鲁番二塘沟水库、阿拉沟水库、红山水库等一系列水利工程正在建设并投入使用，对坎儿井生存造成了致命打击。

其实，还有更深层的管理体制上的原因。

坎儿井是祖先留下的，一直归乡镇及农民自己管理，没有纳入国家或自治区的水利规划，是没有水利“户口”的“水利工程”。因此，在工程建设保护和维修上也没有稳定的资金来源。坎儿井每年都需要掏涝清淤加固，一旦崩坍断流，就要抢修，如果农民筹不到资金，坎儿井就会报废。同时，坎儿井和水利部门打的机井，也缺少统一的规划，有的机井甚至打在坎儿井的源头，直接造成了坎儿井的干涸。

据《新疆日报》报道，2005 年 3 月 22 日，吐鲁番市艾丁乡庄子村庄子坎儿井突然坍塌，造成坎儿井断流。村委会主任立即派人将此报告吐鲁番地区水科所，希望能够得到资金以及技术上的帮助。庄子村过去有 12 条坎儿井，农民用水既方便费用又低，现在仅存 3 条。这口坎儿井承担着全村三分之一耕地的灌溉及全村的生活用水。然而让村民们感到失望的是，水科所仅派来了工程技术人员现场查看，并告之他们应该注意的事项后，便走人了。吐鲁番水科所因为承担了坎儿井的普查和定期监测工作，农民以为坎儿井出了事就该找他们，而实际上他们所能做的，也只是把情况汇报给上级部门。不得已，这个村组织 70 名青壮年劳动力，通过两天两夜的掏涝，才将坍塌的坎儿井恢复。

令人惊诧的是，一些专家对“坎儿井”这一古代文明的成果如此轻慢，竟断言，纯经济角度看，坎儿井已无生存必要。他们还说什么在科技发展的今天，坎儿井未免过于落后，夏季容易干涸，冬季水多时又易白白流走，无法蓄存，而且每年掏捞维修工程量巨大。建水库可蓄水，既方便利用又利于控制水量。因此应该任坎儿井自然消亡，优胜劣汰，由水库等水利设施取而代之。

但另一种声音不容忽视。吐鲁番的农民对坎儿井与机井的优劣有更深切的感受。他们算了这样一笔账，打井的费用老祖宗已经帮我们掏了，现在我们只管维护和使用，一亩地一年也就花 40 多元，机井电费一年就要花 80 多元钱。新疆坎儿井研究会会长还算了这样一笔账，挖一条坎儿井，一般造价是每 100

米 1 万元，5 公里长的坎儿井造价也就是 50 万元，吐鲁番不少坎儿井寿命甚至在 500 年以上。而打一口机井一般需 15 万元，10 年左右就报废了。我们的祖先早已把坎儿井挖好了，我们现在做的就是保护利用而非重新挖掘，如此算来，还是坎儿井更便宜。吐鲁番水利部门的领导认为，吐鲁番现在 300 多条坎儿井出水量达 2 亿多立方米，这些井都是生命力极强的井，拿出一两亿资金便可对坎儿井进行保护和利用，而建一座库容近 3 亿立方米的水库，没有一二十亿是拿不下来的。

坎儿井的特殊价值，在于它是一种提供经济、生活发展用水，又可提供生态用水的水利工程。坎儿井采取浅层取水，冬闲时水量不大，表面上看起来水被浪费了，实际上却能使更多的植物获得滋润。尤其是吐鲁番坎儿井三分之一的冬闲水最终都流向了艾丁湖，对艾丁湖的自然生态平衡起着相当大的作用。艾丁湖多年平均蒸发量 3 000 毫米以上，这样大的蒸发量在盆地内参与水陆小循环，最终又以山区降水形式回归盆地，对盆地的气候乃至生态都具有积极意义。否则艾丁湖干涸，盐尘泛滥，就会对吐鲁番盆地的环境、人和牲畜带来极大的伤害。

争论还在继续。

保护与抢救工作亦已起步。

坎儿井的消亡仍未停止。

06　大西海水库：终结塔里木河的罪魁

不死的胡杨死了。

不倒的胡杨倒了。

20 世纪末的一个黄昏，我再次走近塔里木河。

从库尔勒到塔中油田，我乘坐的是美洲豹直升机。我从飞机上看到了塔里木河。弯弯曲曲，像一根纤细的常青藤，在荒原上缠绕延伸。

赤裸的沙漠，星月形的沙丘链，一圈又一圈黄色的波纹荡漾开来，层层叠叠，直至天的尽头。只有这长藤是深绿色的，在这常青藤蜿蜒而过的地方，有一些灰蒙蒙的色调，还有一两片清纯的亮色——那是湖泊和沼泽。

向塔里木的腹地飞去，很快，穹隆形的黄色又溢满了舷窗。

塔里木的深处发现了油气田。

不久前，塔里木的深处又打出了可以饮用的淡水井——那人们的兴奋还用提吗？于是，一些报道又称沙漠深处有“淡水湖”，几辈人也“取之不竭”。

塔里木河是我国最大的内陆河，其源流主要有阿克苏河、和田河、叶尔羌河……从帕米尔到昆仑山下，那些河流、绿洲也很神奇——一条大河便催生了一个国度。这是我们在教科书上一再读到的：塔里木河干流全长 1 321 公里，若加上上源叶尔羌河，长达 2 137 公里。这是个什么样的概念呢？从北京到上海，还是到武汉？

光、热、土地、森林、草地、物种、油气……塔里木河两岸幅员辽阔，是新疆乃至全国 21 世纪极具开发潜力的地区之一。这一地区似乎什么都不缺，就是缺水。沙漠面积大，气候干燥，降雨稀少，生态环境恶劣脆弱，是中国最贫困的地区之一。

我乘着履带式的沙漠车在大漠中颠簸，前往塔中那口淡水井。一个头戴安全帽的工程师告诉我，前几天，他们在塔中基地边的一个水洼子里，发现了几条小鱼在游弋，大家围拢来，好不兴奋。我感到惊异，这个水洼子是在不久前的一次降水后才形成的。在如此干旱的塔里木沙海中还有鱼类？我对此深表怀疑。

后来，这个怀疑得到了证实——这几条鱼是有人从盆地外带进来的，是塔里木河的鱼。

我尝了尝，那口井里抽上来的水仍有些苦涩。做饮用水，仍需要淡化。

没有塔里木河这条常青藤，就没有盆地四周的片片绿洲，就没有楼兰、若羌、龟兹、疏勒等西域“三十六国”，就没有辉耀千古的古丝路文明，塔里木盆地就成了真正的死亡之海，那中国和中亚的历史会多么寂寞啊。

离开塔中，告别钻塔和井架之后，我换乘越野车，想走一走沙漠公路，再去看一看塔里木河，独自倾听大河的脉动。

岁月像无尽的黄沙流去，没有尽头。古往今来的商队、行旅、僧人与探险家，还有世世代代生活在这荒漠与湖沼边的塔里木人与罗布人，这严酷的沙漠，是他们生命与精神的炼狱。

由于塔里木盆地盛行西北风，地表的沙土随风不断向南迁移。所以盆地的中部南部多高大的沙丘，而北部多荒漠戈壁。

沙漠的景色单调，极容易使人疲倦，昏昏欲睡。但我却毫无倦意，一丛枯草、一片碱滩、一棵在沙窝中露出尖梢的死去的胡杨……都使我想起读过的地志学和历史学的某一页。哗哗翻动的史书也像眼前的景色一样焦黄。

终于，我望见了干涸的河床。塔里木盆地的地质构造，大地向东北倾斜。在夏季，在融雪的日子，像和田河一样发源于昆仑山的河流，横越塔克拉玛干大沙漠，注入塔里木河，再向东北奔流。宏阔的大漠给了它们以泛滥的自由，河道纵横交错——所以它们被称为“辫状水系”。

涌流的河水曾给塔里木腹地一片片绿色，和欢欢跃动的生命。而现在，这一切都沉寂了，生命的液汁蒸发了，这些河流都进入了无水的休眠期，再也无法苏醒。

只有灼热的风在游逛。只有吉普车的车轮碾过的沙沙声，还有扬起的飘荡的烟柱，在天地之间独步。黄尘渐渐在西边堆积，日光暗淡了。

傍晚，我走近了塔里木河。

最先看到的是伫立在荒原上的胡杨，稀稀拉拉的，像一片火迹地。

我想照相，喊停车。

司机说，前面还有林子，到河边，有几人抱不过来的大树。

暮色苍茫。我走进了塔里木河边的胡杨林。

林带很宽。林边有几间黄泥小屋，几畦庄稼地——是罗布人后裔的村落？

塔里木河在大漠中穿行，除了河两边的林地，渺无人烟，我们还要再走上百公里，才能抵达盆地北缘的轮台、库车绿洲。

沉浸在大河、胡杨和沙丘构成的独特氛围里，都市、楼房、钻塔、井架和现代生活都离我们远去了。远处传来隐约的水声，诱使我们奔向古老的大河。

胡杨是随青藏高原隆起而出现的古老树种。塔里木盆地分布着世界最大的原始胡杨林。在干旱少雨的沙漠地带，胡杨竟可将根扎进地下十多米。岁月漫漫，风蚀沙掩，胡杨寸步不移地守卫着身后生命的绿洲，保护着千年不断的绿洲文明。可以说，胡杨是塔里木河的守护神。

林地中胡杨树距很大，林中还匍匐着一些红柳沙包。几块高地上，兀立着数株巨大的胡杨，干枯的树枝像张开的手臂凄凉无望地伸向天际。古胡杨那伟岸的身躯支撑着近旁一株半倒的枯树，如同一对搀扶着的倔立在荒原上的老人，令人难以置信。此时此刻，在中亚孤寂的腹地，面对被世人遗忘了的隐秘，昔日的西域、美丽的西域，复活了。

走出胡杨林。混浊的塔里木河水在深切的河床中汹涌东流。

我走下陡岸，水呈铁青色，哗哗的水声充盈耳际。河滩上铺开清一色碗大的乱石——这些石头当来自昆仑山或天山。这里是塔里木河的中游，水面宽二三百米，水流湍急，浪涛翻滚。

罗布人、斯文·赫定和其他探险家，就是从这里乘独木舟漂向罗布荒原的吗？

现在，塔里木河铁干里克下游四分之一的河道已经干涸。

历史学家、科学家还在就罗布泊是不是游移湖而争论不休——这就显出一种无聊与无奈。

我触摸着光滑而冰凉的水体，思绪像浪花一样在眼前起伏不定。真理其实很简单。淤积与风蚀，夏季浩大的水势，使塔里木河下游频繁改道。毫无疑问，摆动的河道是内陆河终端湖变化的动因——如果你认定塔里木河（还有孔雀河）的终端湖是罗布泊，那么，在不同地质年代，在罗布荒原上不同纬度上形成的新旧湖泊都可以称为“罗布泊”。罗布泊就是一个游移湖。这就是简单的结论。

楼兰时期、隋唐时期、晚唐五代时期……盐泽、蒲昌海、屯城罗布泊、罗布淖尔、喀拉库顺、台玛特湖……这些都不过是“同一个湖泊”，在不同历史时期、不同地理区位的“别名”。

以非凡的勇气和坚韧不拔的毅力，一次又一次走向塔里木，走向罗布荒原，在极端困难的条件下，进行极为严谨的科学考察，对河流湖泊之谜的不倦探求，成就了来自北欧的探险家斯文·赫定。而后来，为什么许多到过塔里木和罗布泊的科学家，都没有写出《罗布泊探秘》、《游移的湖》这样令人叹为观止的巨著?

1921年，塔里木河主流在铁干里克改道，下游北移沿孔雀河注入罗布泊。当时，中外探险家科学家目睹了这一壮观的改道，他们非常乐观地预测，湮没的千年罗布泊所孕育的楼兰文明，将随着塔里木河的“回归”，在本世纪内复兴，从敦煌至罗布泊，再到库尔勒，将形成一条新的绿色走廊。1931年，罗布泊水面已恢复到1 900平方公里，1942年实测水域面积为2 870平方公里，其湖北部的水质良好，为可饮用的淡水。50年代末，科学工作者在罗布泊北岸考察时，记录到这里尚有数百平方公里的水面。他们还在满面春风地划过橡皮船，捕获过一米多长的大鱼。

这个预测没有变为现实。

1952年，水利部门在塔里木河中段建起“塔里木大坝”，阻断河水流入孔雀河，切断塔里木河通向罗布泊的水道。塔里木河依旧折向东南，注入台特马湖。

20世纪是塔里木河下游生态与自然环境变化最大的世纪。

站在塔里木河的大桥上，迴望东方天际，也许就在这一刻，我萌生了要去罗布荒原，探寻楼兰与海头古堡的愿望。

几天后，我再次走近塔里木河。那是在库尔勒、尉犁以南，奔流了千里的塔里木河，在这里显出了迟暮的衰迈——大河不再奔流。

一片片明镜似的沼泽组成了水的迷宫。胡杨树浸泡在水中，有的只露出树梢。在这里我见到了斯文·赫定描绘过的“不透风的芦苇”。我简直不敢相信

塔里木河，沙漠中的水库，水就这样被挥霍了。

眼前这派水乡泽国的风景，竟是在中国的西部，在苦旱的沙漠地带——究竟是水少了还是水太多了？

海子，是西北方言中对有较大水面的湖泊的称谓。

大西海子水库，位于距台特玛湖 320 公里处塔里木河干流上，始建于何时，媒体有多种说法。新华社在报道中说建于 1968 ~ 1972 年，不确。

大西海子水库距尉犁县城 50 公里、库尔勒市 120 公里。这座水库为大跃进时代的产物，1958 年 10 月动工，1959 年 1 月第一期工程投入使用，配套工程于 1960 年 10 月完工。水库的 3 座泄洪闸、2 座放水闸最初都为木质，1963 ~ 1975 年先后改为钢筋混凝土建筑，并加固了堤坝。

大西海子水库由相连两个水面组成——即筑坝把塔里木河之水拦蓄至相邻的两个沙漠洼地之中，28 公里长的大坝，2 亿立方米的库容，它建成时候的死库容就有 2 400 万立方米。如此绳索一般的长堤，我们就可以想见它是个什么模样了——沙包中的一个大浅盆。它最多的时候能灌溉的土地也不过 10 万亩。塔里木河干流经过道道大坝的拦截，大西海子水库终于成了它的终端湖，其下游网状水系全变成了名副其实的流沙河。

其实，在大西海子水库上游，塔里木河干流上还有一座平原灌注式的大水库，即 1958 年动工、1967 年竣工的恰拉水库。这座水库拦蓄了塔里木河下游的一个分支恰拉河及孔雀河水。这座水库后来加固改造后，库容也增至 2 亿立方米。塔里木河与孔雀河的自由和生命就这样被限定了。

大西海子和恰拉这两座平原水库蒸发等总年损失水量就高达 1.34 亿立方米，还有“平原跑马式”的漫灌——本来可以滋润绿色走廊、可以维持罗布泊生命的水，就这样被挥霍了。

1972 年，罗布泊彻底干涸。

1973 年的卫星照片，拍摄到了这一现象，罗布泊只留下了一道半环形的痕迹——环形堤，好似一只巨大的耳朵，在日夜谛听这万古荒原上生命骤然离去的足音。

1974 年，台特马湖也彻底干涸。

全部拦截塔河之水，据说是为了“塔里木垦区”这绿色“桥头堡”，三个团场，几千人垦荒，规划中的十数万亩耕地。一代青年付出了青春和热血。从此，我们永远失去了大河 300 多公里的奔流与碧波，永远失去了罗布泊、喀拉库顺或台玛特湖，失去了楼兰文明、若羌古国振兴与复苏的可能。

与新疆、塔里木有着特殊情感的杨镰，在《发现西部》一书中记述了塔里木河下游绿洲毁灭的惨状：“到处是被采伐后又弃置的千龄胡杨，到处是纵横交错的塔里木河故道，废弃的农家篱笆、院墙，为浮沙掩盖的笔直的引水渠如同大地的经纬，分布在荒沙之上，苍穹之下。”

其中阿拉干与麦得克——前者是一个古渡口，是罗布尔人最后的家园，而后者则耸立着一座古城遗址，是著名丝路古驿的所在地。“麦得克也许是所有塔里木古迹中最特殊的一个，因为它事实上延续了三四千年、反复放弃又一再复苏的绿洲，可以说，直到将塔里木河下游彻底横截的大西海子水库建成以前，它从来没有被塔里木人真正放弃过！而整个麦得克——阿拉干以东广袤荒野，可以说自有了塔里木河，就已经有了塔里木人的家园！”

不到半个世纪，围绕大西海子水库建起的人工绿洲，已经衰败，各团场的生产难以维持，现已弃耕13万亩，每年都有许多人被迫外流。1998年，塔里木河下游发生了有水文记载以来最严重的水荒。与往年相比，不仅断流时间提前了两三个月，而且持续时间长达300多天。垦区再次被迫扔掉5万多亩耕地。2003年9月，大西海子水库彻底干涸。

——大西海子水库运行30多年的“功绩”之一，就是扼杀了罗布泊—台特玛湖的生命，扼杀了塔里木盆地东缘几百公里绿色走廊的生命。而这条由塔里木河和车尔臣河滋润着的绿色走廊，不仅是南北丝绸之路的关键，也是新疆、青海、甘肃乃至我国西北战略纵深的关键。是规划中的西北第二通道，西宁—格尔木—若羌—库尔勒铁路的重要结点。

目前，草地退化、沙化，土地荒漠化已向塔里木河中游蔓延，尉犁县著名的洛乎克湿地已经干涸，天然胡杨林也在衰退，绿洲农田草场中也有了流动沙丘，天山南坡的绿色经济带开始出现“断裂”。大西海子水库以下塔里木河下游，地下水位已由20世纪60年代的2米降至目前的16米，胡杨林因干渴而大片大片枯死，塔克拉玛干与新疆东部的库姆塔格两大沙漠呈合拢之势。

即使在丰水的季节，塔里木河与米兰河、车尔臣河之水也已不能相汇。

罗布泊湖盆，除了起伏延展的盐壳之外，已滴水无存。还有——罗布荒原成了自然条件异常恶劣，永远无水的不毛之地——这10多万平方公里的土地，在我们这一代人的手里，彻底地遗弃了，这是20世纪中国西部最大的生态巨变——大自然对我们的报复，可能要再过几十年甚至上百年，才能最终反映出来。

在一片沼泽边，我看到农场废弃的一个排灌站，里面已空无一人。歪斜的砖墙上结着白色的盐碱，墙上的红色口号标语还隐约可辨。漫灌与风沙一样，无情地毁了家园。如果我们多一点科学，少一点无知与蛮干……塔里木河啊，还会这样多灾多难吗？

大西海子水库淤积严重，虽然面积很大，但平均水深不到1米，成了一片沼泽，库存的水矿化度高，无法再利用。国务院批准了《塔里木河近期综合治理规划报告》。水库不得不放弃，完全退出了农业灌溉系统。其主要功能改为“生态水库”——即向下游塔里木河输水，保护和恢复下游植被。

可是《塔里木河近期综合治理规划报告》中，又将大西海子水库原有的功能——但愿不是终结塔里木河的功能——由上游恰拉水库承担。改建扩建恰拉水库，加高加固大坝，库容增至1.61亿立方米，水面扩大到47.8平方公里，死库容约1 000万立方米。这个水库大坝增长到27公里多——与大西海子水库的大坝长度相近，水库年损耗水量约1亿立方米。人们存有疑虑，在每日每月流淌的时间中，若干年后，恰拉水库会不会成为又一个大西海水库？是不是还得废弃？

谁评估过修建大西海子水库与罗布泊或台特马湖消失的得失？

谁计算过增加的新垦耕地与下游消亡绿洲的面积及其产出，比较过两者的生态与经济效益？

我们的视野中已充满了黄色。谁又应该为修建大西海子水库负责？

一百多年前，在丁香花盛开的1899年仲夏节，斯文·赫定离开瑞典首都斯德哥尔摩，踏上中亚的探险之路。

这次活动是由瑞典国王及诺贝尔资助的。他的辎重里，有一艘专门从英国订购的带救生设备的可折叠的帆船。在漫长坎坷的旅途中，这艘昂贵的折叠船受到特殊的照顾——这可以看出塔里木河和罗布泊在他们心目中的分量——尽管这艘船始终未能在塔里木河上扬起风帆，斯文·赫定当年乘坐的是独木舟，罗布人划桨。从国家的支持来说，斯文·赫定在中亚考察取得的巨大科学成果，亲眼见到了罗布泊的游移，楼兰一带古河道的复活，是一种必然。

斯文·赫定预言塔里木水系“北返”后，楼兰文明的再度振兴却没有成为现实。

我感慨不已。一百多年过去了，历代中国有哪位统治者和大老板这样重视过塔里木河的探险与研究？更不用说国境那边的阿姆河、斋桑泊，或者大洋彼岸的亚马逊河、尼罗河了。

写到这里，我想起世界自然保护联盟水资源项目主任吉尔·博格坎普，在接受《中国青年报》记者采访时说过的一番话："目前，世界最大的水危机不是水资源危机，而是水管理和水利用的危机，我们必须更加高效、可持续地使用现有水资源。"

不是吗？——确实是水管理和水利用的危机！

塔里木不能没有奔涌的大河。罗布荒原不能没有壮阔的大湖。

当我告别塔里木的时候，耳边仍回响着新疆歌唱家克里木优美歌声。

塔里木，送你一只金帆船。

南京城水关

七 迷失的黑河

先来读读这一则消息：

新华社郑州7月28日电：2002年以来，黑河水已被7次调水进入东居延海，1次调水进入西居延海，创造了干旱地区人工调水的奇迹。

居延海是黑河的尾闾湖泊，黑河水本就应该流入居延海，就像长江水流入东海一样。怎么成了“调水黑河”，还成为“奇迹”了呢？

在很长一段时间里，对居延海的消失人们一无所知，有关部门也从未披露过。

而宣传得很多的倒是另一种奇迹——人定胜天，修建了一个又一个水库电站。

令人惑然不解。“奇迹”怎会这样被反复创造，一些人不管怎么干都是功绩，翻来翻去就像烙一张金黄的烧饼。

01　初闻居延海完全干涸

过去已有几年。那个夏天我辗转于西套蒙古的阿拉善高原，走向弱水，探访干涸了的居延海，证实了北方沙尘暴的一个主要源区。

1992 年秋天，新华社初创《每日电讯报》，我任教科文采编室主任。以往工作简单，每日采访或在办公室签发记者的稿件，把稿发到值班室就了事。现在又多了一项工作，兼管报纸的版面。当时没配版面编辑，自己学着画版，做标题，晚上还直接到印刷厂跟班，看工人做标题字号，决定稿件删改等。试刊时，次日凌晨七八点才从印刷厂出来。后来熟练了些，也要到后半夜。没日没夜地工作，眼底因此出血，视觉模糊。

10 月中旬，北京开十四大。我提出不参加报道组，休息几天。这时想起了去西北。首先是河西走廊，对敦煌莫高窟心仪已久。我找到地矿部宋瑞祥部长，请他帮忙安排，一切遂愿。西北我行走多次，这次是最轻松的。部长当即给甘肃地矿局的领导打电话。一辆老旧的白色伏尔加驮着我走遍了河西走廊各个绿洲、各个城镇、各条河流。

张掖城外，清亮的弯月斜挂在杨树梢头，浮现在祁连山隐约群峰上。在简陋的地质队驻地，我听到了居延海干涸的消息。

帐篷里，我们席地而坐，喝着劣质白酒。一个地质队老工程师刚从额济纳旗归来。额旗新开放了一个对蒙古国的口岸。地质队勘探任务不足，为了搞点创收，拉了两卡车啤酒，运到额旗，想销往蒙古。结果没销出去多少，往返上

枯死的居延海

千里，无功而回。老工程师的一句话：“居延海干了！没有一滴水！”

我心头一惊，追问，嘎顺淖尔还是苏古淖尔？

老工程师说，是西边的那个大湖。从湖底走过，到处是白花花的鱼骨。50年代，我们在居延海搞过勘探，那可是个大得无边的海子。现在东居延海也完全干涸了。

我的心头沉沉的，这可是生态突变啊。

沿着河西走廊西行，遥望着一排排钻天杨林梢间飘闪出的祁连山积雪的峰峦时，古往今来的许多往事，如雪线牵动着不绝的情怀。

西部是边塞诗的故乡。首先想到的是唐开元年间的诗人王维，和他千古流传的诗篇《使至塞上》：

单车欲问边，属国过居延。
征蓬出汉塞，归雁入胡天。
大漠孤烟直，长河落日圆。
萧关逢候骑，都护在燕然。

王维在文学艺术上有多方面的才能，诗文、书画都很著名，他善弹琴，弹琵琶。唐人小说中有一个故事，说他状元及第，是因为九公主欣赏他的诗和琵琶，关照主试官录取的。王维懂音乐，担任的第一个官职是太乐丞。后人常常把王维归之于山水诗人之列，评论他的诗与画以清淡见长，描绘山水，田野风景，恬雅闲适，诗中有画，画中有诗。其实，一到西北，王维就写不出恬淡闲适的山水诗了，因为面对的大漠戈壁、冰河铁马，是尘暴、秋风、飞雪、热血。

开元二十五年（公元737年），诗人以监察御史从军赴凉州，居河西节度使幕中，王维在西北走了很久，走得很远，他的诗风也为之一变。只有到河西走廊，你才知道，“长河落日圆”中的长河，不是泛指，而实有这一条河流。

“属国过居延”——明确地指出了《使至塞上》是在前往居延海的旅途中，与镕金一般的落日一起激发诗人灵感的河流，便是向北涌流的黑河。这条从张掖或酒泉沿弱水北上至居延的路，又称为“龙城古道”，大抵与汉代飞将军李广率大军北征开拓此路有关。李广出生的龙城，在今天甘肃东部的天水境内。

早已是公开的秘密。酒泉卫星基地既不在张掖也不在酒泉，而是在内蒙古额济纳旗境内。北上酒泉卫星基地的铁路、公路，就是沿着黑河，沿当年王维“十里一走马，五里一扬鞭”的沙碛驿道修建的。走在路上，诗人的潇洒与昂奋，也与弱水绿色走廊的生态环境优越有关。有绿草、岸柳与清流相伴，时时可见大漠与黄沙涌动，景色壮丽而绝无旅途之险，才有这种畅快的心情。

一条西北的大河和一个泱泱大湖，如何孕育了千百年前辉煌的文明，又如何随着人为的破坏、河流的枯竭而衰落，乃至湮没的？

居延海是我国第二大内陆河黑河的终点湖，由两个湖泊组成。

晚上，灯下，细看带着的地图，东西居延海像一对迷人的深蓝色的眼睛，和你对视。湖泊虽用虚线画出，只是表明其岸线的不确定——或许还如同罗布泊，是一个“游移湖”。凭记者职业的敏感，我预感到那里正在发生重大的灾变。在罗布泊消失之后，在楼兰文明消失之后，居延绿洲又要在我们这一代人中消失？——而那里的一切却无人知晓，我很想去实地采访，报道正在发生的一切！

我对司机说，能不能转回去，北上去额济纳旗？

司机不肯。他找了好多理由，最使我深感失望无奈的，便是路况不好，有几百里土路，伏尔加车进不去。

那天，我喝得很多，却不醉。我也从未醉过。

武威、张掖、安西和敦煌，走了个来回，但与居延海失之交臂，我不无遗憾地回到了北京，心却留在了西北，留在那片蓝天下海市蜃楼般的风景中。

西居延海干涸的原因是什么？

居延绿洲会不会消失？其生态危机的后果有哪些？

02 质疑专家特大黑沙暴“原因查明”

此后，我又编辑过不少从西北发来的新闻，像《稻花飘香》《沙漠中养鱼》《河西走廊发现巨大的地下水库》等。我签发这些稿件时，不免生出许多疑问，常常把这类报喜的新闻删成简讯，或者处理成发晚报专稿——难道西北水资源多得如同河道纵横的水乡吗？

那时，还没有那么多20世纪初外国探险的“大系”出版，手头只有一本考古学家黄文弼的《蒙新考察日记》。在多雪的冬天和无雨的春天，我在忧郁中一次又一次眺望西北——比起以后每年春天袭击华北的沙尘暴来，2003 年的黑风暴要严酷得多。几天后，北京的天空变得昏黄起来。

报纸上用了“罕见”、“特大”等令人悚然的字眼。

5 月 5 日下午，一场黑风暴席卷了新疆、甘肃、宁夏和内蒙古部分地区。其中最严重的是河西走廊和宁夏中卫一带。河西走廊的居民对年复一年的沙尘暴并不陌生，但还是被猝然降临的黑风暴震惊了。如同核爆炸一般，空中翻滚着红、黄、黑的浓云，飞沙走石铺天盖地——不少现场亲历者的第一感觉像是核战争爆发，末日降临。

天昏地暗，走石飞沙。正值下午放学，很多孩子在回家的路上，被狂风刮进了水渠，或者迷路。在这场黑风暴中死亡 67 人，失踪 20 多人，且多为孩子。武威、金昌、永昌、古浪、景泰、中卫等地，灾情尤为严重。公共汽车停驶，引起火灾多起，摧毁林木 9 万多株。750 根电线杆被刮倒和倾斜，造成停电 24 ~ 40 小时。损失的羊达 3 万多只，直接经济损失 3 亿多元。沙埋厚度一般有 20 厘米，最大达 1.5 米。

在北京变得昏暗的日子里，我的心情极其郁闷。桌上、地上和床上，已经铺了一层黄土。在居住北京的记忆中，这是最初一次沙尘暴无情的横扫。

20 多天后，我在新华社新闻大厦值班。有记者送来篇报道，题目是《中国西部部分地区遭受特大黑风暴原因查明》。我一看，是根据中科院兰州沙漠研究所 5 月 20 日的一份调查报告编写的。

中科院沙漠所在北京举行了一个新闻发布会。专家认为原因有两大方面：“一是大风天气。由于高压脊的发展，脊前新疆冷槽向南加深，迫使冷空气迅速南下，促使地面冷锋加强东移。配合河西走廊，多为戈壁地带，受热较快，使锋面前后暖冷空气的水平压梯度增加，锋向加强。加之，今年春季 40 多天无雨，地表十分干燥，沙尘极易被狂风卷进空中。二是人类活动严重破坏地面植被和地表结构，生态环境日益恶化。主要是河西走廊一带原来固定半固定的草灌丛沙地，近年被大量开垦。一方面新垦区本身地表不稳定，易被风蚀和沙埋；另一方面使沙漠和新老垦区间失去了缓冲带，促进了风沙和沙漠南侵。戈壁地区开矿和挖土取沙等破坏地表活动，也是加剧黑风暴的重要原因。”

“高压脊”、“冷锋”、“冷槽”……这份报告写得相当专业。一专，便有局限，就像使用望远镜或显微镜。专家们的目光始终没有跳出金昌、武威、古浪、中卫等几个城市及周边地区，草场、过牧、垦荒、开矿和挖土取沙……还有气象因素。这些都对。但从更广阔的地学角度来看，专家们忙碌了一阵，原因显然没有真正查明，至少这份调查报告是不够全面的。

凭直觉，凭对河西走廊和西部湖泊河流的理解，我认为黑风暴显然并不是简单的只在河西走廊吹过，而实际上横扫了更广阔的地域——这就是新疆东部和阿拉善高原，而这里正是巴丹吉林沙漠和腾格里沙漠的所在地。黑河断流，居延海干涸，肯定是黑风暴能毫无遮拦横扫的原因之一。

签发新闻稿后，我把中科院兰州沙漠所的“调查报告”留下，细细分析研究，找出了其中的局限与误判。它谈到了生态破坏问题，但着眼于当地，如金川采矿造成的大量矿渣堆积，等等。思路渐渐地明晰，应该从更大范围考虑，那就是位于河西走廊和银川平原西北的阿拉善高原。那里分布着巴丹吉林、腾格里、乌兰布和三大沙漠。那里究竟发生了什么？

对于沙尘暴及其源区的生态环境问题，不仅要考虑自然的因素，也要从历史学、社会学、生态学、环境学，从内陆河全流域的角度加以观照考察。经过几十天对大量相关气象历史地质资料的分析研究，我在思路上已经走进了居延地区。

03　国内最早反映居延海生态恶化的报道

以下是 1993 年 9 月 30 日新华社的一篇报道，全面反映了居延海地区生态环境的恶化。把这篇报道的全文写进书稿，主要是想留一点真实的资料——

专家呼吁尽快遏制居延海地区生态继续恶化

新华社讯 我国西北地区著名绿洲额济纳绿洲生态严重恶化，目前弱水断流，湖泊干涸。专家呼吁，如不采取措施遏制生态继续恶化，额济纳绿洲（古代称居延海地区）将成为第二个罗布泊，楼兰悲剧将在这里重演。

居延海绿洲在内蒙古额济纳旗，是由弱水的大小支流、湖泊滋润而生。考古发现，这里新石器时代就有人居住。在汉代以前，匈奴居延部在这一带生活，居延海名称由此而来。自汉以后，唐、西夏、元、明直至近代，居延海绿洲都是西北的军事与经济要地。进入本世纪以来，居延故城、元代黑城、东圈城、红城子、破城子、马圈城等地的大量考古发现，引起世界瞩目。唐代著名诗人陈子昂、王维在居延海地区留下了不少流传千古的诗篇。关于居延海地区的记载和文化遗产，要比楼兰丰富得多。

居延海所在的内蒙古额济纳旗面积 11.6 万平方公里，约相当于三个台湾省或海南岛。人口 1.5 万，这些居民绝大多数集中在额济纳河下游的居延海地区和额济纳河两岸。其中二分之一居民集中在额济纳旗政府所在地达莱呼布镇。其余地区大部分是不适合人类生存的极端干旱的戈壁荒漠。如不立即采取措施遏制生态继续恶化，额济纳绿洲有可能在我们这一代彻底毁灭。

古代居延海面积达数千平方公里，面积比鄱阳湖还要大，这已被卫星遥感照片所证实。居延海地区的沙漠化并不是从今天开始。从地质角度来考察，这里古代是一个海湾，它与新疆塔里木和罗布泊的年代相仿。在居延海形成过程中，大湖的底部沉积了大量的沙石。在漫长的地质年代，经历过几次冰期和间冰期，在气候温暖时期，湖区植物大量繁殖，使地表形成了一层土壤。但这层表土一般不到一米，薄的地区仅二三十公分。这个地区年降雨量仅 30 ~ 40 毫米，蒸发量达四五千毫米，风速极大，很容易刮走表土，就地起沙，形成沙漠戈壁。汉代在居延海地区开始实行大规模屯垦，但后来垦区沙化严重，唐代汉居延城已经完全废弃了。唐代居延垦区不得不移至额河南岸，唐代在此建宁寇军城。元末，明朝军队屡攻黑城不下，最后修坝拦截弱水，导致古居延海完全干涸。改道后的弱水形成了两个新的湖泊嘎顺淖尔和苏古淖尔。解放前这两个湖水面尚有200平方公里左右。当时额济纳河中下游水量颇丰，可以通行木船。解放之初，额济纳中下游水量仍比较充沛。

1958年以后，在弱水的上游黑河修建了许多水库，将河水拦截。由于水资源上的问题以及大量流失和损耗，结果使额济纳河中下游的水量迅速减少，1985年额济纳河中下游开始断流。目前，绿洲上的大小河流、湖泊已完全干涸。位于弱水尾端的大湖嘎顺淖尔已完全干涸，较小的苏古淖尔也时有时无，近二十多年来已干涸了5次，目前湖面仅残存一二十平方公里。干涸的湖底上鱼骨累累，有的地方已经成了白茫茫的盐碱滩。

据景爱介绍，绿洲上的树木因干旱缺水而大面积死亡。近三十年来，森林减少了85万亩，其中包括最耐碱的胡杨减少了40余万亩，成片枯死的胡杨林在弱水两岸比比皆是，令人触目惊心。绿洲上的草场因缺水而退化枯萎，原先可食的牧草有130种，而现在只剩下10余种。由于饲料不足，羊的个体重量，从解放初的25公斤下降到现在的10公斤。目前，额河中游的水库仅每年入秋以后向下游放水一次，放水后不久即结成冰。来年就靠这些冰雪化水后维持一年的人畜生活与生存。

额济纳旗与蒙古接壤的边界长达300多公里，居延海地区与“弱水走廊”，是河西走廊连接内蒙古与蒙古的唯一通道，酒泉卫星发射中心即在额旗境内的弱水之滨。专家认为，如果弱水完全断流，居延海地区成为我国的第二个罗布泊，不仅会造成西北地区生态的严重变化，还有大批生态难民需要重新安置。从经济地理与军事上来说，如果11.6万平方公里土地成为不毛之地，河西走廊失去北部的屏障和军事支撑点，其后果也是不堪设想的。（记者朱幼棣）

其实，这篇报道的起源，是与居延海干涸和生态恶化问题无关的一次考古发现。

黑城遗址

一个电话打来，我听出了国家文物局考古学家景爱的声音。他不久前从额济纳旗野外考察归来。他说写了一篇论文，看看能不能编发一条新闻。其要点是，嘎顺淖尔和苏泊淖尔这两个湖泊并不是古居延海，现在称它为居延海是不对的。他考察了绿洲的东部地区，那里有个干涸了的湖盆，那是古居延泽的遗址。在古湖泊南部戈壁滩上，还有古城及水渠的遗迹。

这纯学术的发现属于地史范围，可以编成一条新闻。但考证的现实意义有限——居延海有广义与狭义两种。如果把黑河—弱水的终点湖命名为居延海的话，不管是古居延泽、汉唐时期的居延海，还是明清以后形成的新湖泊苏古诺尔和嘎顺诺尔，都可称为居延海。

我最感兴趣的是这个西北大湖今天的命运。

景爱来到了新华社我的办公室，带来了论文的初稿。我详细地向他了解了额济纳绿洲，和现在称为东、西居延海的苏古诺尔、嘎顺诺尔，及古居延泽的情况。因为明朝政府放弃了居延绿洲，退缩到嘉峪关以内，那里重又成了牧场，居延海因此有了蒙古的名字，就像青海湖又称为“库库诺尔”一样。景爱为不同历史时期的居延海的“游移”画出了轨迹，特别是绿洲汉、唐时期古垦区的遗址范围。

他在稿纸上画出了三个湖泊和旗政府所在达莱呼布镇的方位草图。我问他这几个湖的情况，他说西居延海前些年已经无水了，东居延海还有一小片水面，大约还有一二十平方公里。他去年秋天到了东居延海湖边。

辽远干涸的湖盆和最后一片小小的水面，在我的脑际画出了巨大的问号。

当时我还未到过居延海地区。责任、正义和良心，竟使我不能成眠，如芒在背，不能不呼喊。我自己找了大量相关资料，细细研读分析，写出了上述报道。文中历史和背景交代得很多。我想尽量写得浅显一些，强调其地理区位的重要和生态问题的严峻。

额济纳在历史上地名多变，居延海与黑河亦如此。因清代这一片地方由东归的土尔扈特部居住，解放后行政区域也几经变动，现属内蒙古自治区，通用蒙古族的称词，比如阿拉善盟的首府清代叫定远营，现名为巴彦浩特。居延海、居延绿洲、弱水等名称已经完全从地图上消失。我在这篇报道上用汉地名称，也是为了强调历史演变与沿革。

文中的“专家”就是本人。新闻要强调出处，记者不便站出来直接说话，只好借用一个第三人，这是新闻写作的“规矩”，于是就含糊其辞地用了个“专家呼吁”。这最先关于黑河断流和生态恶化问题的报道，实际上开启了黑河流域生态治理的大门。

至今感到迷惑不解的是，黑河水被层层拦截，下游的断流，居延海的干涸，生态环境的恶化，是一个渐变的过程，一切尽在掌握中的应该是水利部门。他们既没有采取补救行动，也未向社会披露，也没有向中央报告，如同今天干涸的罗布泊，好像与他们无关——不仅仅是额济纳旗，黑河也是阿拉善盟唯一一条河流，也许，“水利”到河湖彻底无水，也就没有工程师们什么事了。

04 半个世纪后中国西北科考团之路，谁毁灭了梭梭林？

既不是采风探险，也不是“酷驴”或“暴走”。我在撰写报道的同时，一直筹划着如何去居延海，实地调查黑河断流后引起的生态问题。

次年春天，国家环保总局组织第二次“中华环保世纪行”采访团，拟组建华东与西北各一个团，让我担任一个团的团长。西北采访团是去采访“全球环境 500 佳”宁夏沙坡头治沙站。当时的国家环保总局新闻处处长孟凡例是我大学校友，比我低两个年级，好说话。我和他设计了一套“声东击西”的方案。即采访完宁夏后，翻过贺兰山，到西套蒙古的阿拉善，沿中蒙边境公路到额济纳旗，考察居延海干涸引起的生态环境问题。孟过去未听说过居延海，我带了本地图册到环保局，用铅笔在上面画出路线，安排行程线路日期，我初步计算，要十多天。由他给当地人大与政府有关部门发传真，安排接待。

1994 年 7 月，宁夏采访活动告一段落后，我们翻越贺兰山，到达内蒙古阿拉善盟首府巴彦浩特。盟上接待空前“隆重”，几大班子的领导尽出。他们说，这是第一次有北京记者到阿拉善盟，采访有关居延绿洲的生态问题。

从巴彦浩特，到内蒙古最西边的城镇达莱呼布，600 多公里全是沙石土路。我们的队伍扩大了，加上阿盟有关领导同行，越野车增加到六七辆。扬尘滚滚，像荒原上一条游弋的黄龙。

公路在巴丹吉林和乌兰布两大沙漠之间逶迤。远远望去，大地表面仿佛横亘着一条条不同颜色的土布。浅黄色的，是延绵的沙丘带；紫灰色的，是砾石滩；汽车驰过一个个缓坡，两边的地势高起来，一条条曲线极富变化，像随手拉出的速写。不断冒出星星点点的草丛，使色带闪现出淡淡的绿影。大地的基调不断重复变幻着，愈发朦朦胧胧，直至地平线的尽头消逝在苍茫之中。这时，天边出现了一抹迷人的蔚蓝，像高原上飘动的湖流，我们有些兴奋。这抹蓝色渐渐迫近，又远去。接着，显现出无边缥缥缈缈的大海的幻象——这是大漠中的蜃气。汽车颠簸着。随着太阳的升高，湖蓝色的蜃气消失了。大地显示出洪荒单调的本色。

在地图上，乌力吉、苏红图、哈日苏海、雅干……密密麻麻的地名，以内地人的眼光看，全是城镇，人烟还挺稠密的。上了路途后，才知道这些地图上的村镇，大多有名无实。从巴彦浩特到额济纳，要经过人烟稀少的荒漠地带。难得见上几间低矮的土坯房，更无内地模样的村镇。

这条路历史上曾很热闹，商旅不绝，驼铃叮咚。但明代以后，随着草原丝路的衰落，也冷落了。在此后几百年间，这里变成了世界上无人知晓的沙碛与荒漠，直到 20 世纪初许多中外探险家的闯入。瑞典探险家斯文·赫定 1927 年 9 月从阿拉善荒原上走过，前往新疆，开始了他长达 8 年的亚洲腹地探险。

斯文·赫定在《越过阿拉善荒原》中写道：

原野总在变化着，忽而，我们又置身在长满茂密的、深绿色的梭梭树丛的丘顶上。蒙古人管这类时常长得像橡树一样高大的灌木叫甲格或扎格，它还被赋予了另一个高贵的名字，莫多涅昆，即树王。与其他树木不一样，由于梭梭生长在干旱荒漠地区，生长期长，树的枝干在火中燃烧时不会发出爆裂声；称其为“树王”的另一条原因，是它在燃烧时几乎不冒烟。

梭梭被称为最能抗干旱的树木之一。从地中海、撒哈拉沙漠，到波斯湾和中亚腹地、塔克拉玛干大沙漠，都可见到成片的梭梭林。梭梭可长到4米多高，根深可达9米。阿拉善高原上广布梭梭林，从黄河边开始，延绵七八百公里。40年前这里的梭梭林还有20多万亩。斯文·赫定一行在进入阿拉善高原后第一个休息的地方叫“梭梭井”。井是在沙土地上掘出来的，水清凉甘甜。他们的驼队还在丛生的高大梭梭林中迷了路。

令人震惊的是，现在成片的梭梭林竟荡然无存。

一路上，我没有看到一株梭梭！

探险家笔下的高贵“树王”哪里去了？是谁毁灭了梭梭林？

一路上我不断地追问，终于了解到，20世纪60年代，国家搞工业化，大规模开发资源，修通往吉兰泰盐池的公路铁路，梭梭林被大面积砍伐，施工队伍用作燃料——这是梭梭林在阿拉善消失的主要原因。

我想象着荒原上的一堆堆篝火。火焰在噼噼啪啪的声音中蹿动着。烤火的是一群衣衫褴褛的筑路工人。对他们来说，夜晚的篝火是绝对需要的。可以吃一口热饭，喝一杯热水。

工业化、发展与生存总是争论不休的话题。在论及荒原上的梭梭林被砍伐的时候，可能会误入一些人设置的“伏击圈”：“如果只有一杯水，是人喝还是用来浇花？”——这是“某专家”在阐述圆明园湖底铺设防渗膜合理时用的“惊人之语”——国家要盐，国家要修公路铁路，你总不能让筑路工人不吃饭吧？

不是说构建和谐社会吗？令我不明白的是，为什么某些人，包括学者专家，都要把这些问题尖锐地对立起来，弄到有你无我的地步，“不是东风压倒西风，就是西风压倒东风”，似乎这样才算本事。

沙漠的植被，一旦被破坏，就难以恢复，梭梭林更是如此。途中，听说有些地方还有小片残林，我提出看看梭梭林，结果谁也没有找到一株。大片梭梭林被毁，无疑加剧了荒漠化的发展。好了，没有了梭梭林，没有了植被、草、水，你还在哪里立足？

05　月球般荒凉冷寂，养不起马的牧人才骑摩托车放牧

原先预计的一天行程，走了足足两天。

夜晚，四周荒凉冷寂，如同月球一般。

在地学上，人们将没有植被覆盖的裸地，称作荒漠，即人们常说的不毛之地。这和诸葛亮在《出师表》中说的“深入不毛”是完全不同的概念——那时西南少数民族地区森林广布，只是人烟稀少、没有开发或开化罢了。戈壁为蒙古语，意为草木难生的土地，主要是沙质荒漠和砾质荒漠。去居延海途中，满目皆是沙漠和砾石滩。

斯文·赫定比较关注自然环境的考察，而与他同行的中国考古学家和地史学家黄文弼似乎更注意西北的历史变迁。差不多在同一地点，黄文弼在阿拉善高原上的乌托海发现了石斧、石刀、渔叉、石锥等大量旧石器。黄文弼为这一发现兴奋异常，他认为，四五千年以前，这儿有大片的湖面——原始居民很会选择地方，往往生活在水草丰美的水边，远比现在都市里的家园“亲水”。

阿拉善高原在几万年前存在过大湖，而且还是大淡水湖。后来随着气候的变化，水面逐渐缩小。吉兰泰盐湖古代也是个大湖，在我国最早的地理书《禹贡》中有记载。汉代，湖面还很宽广。现在吉兰泰等几个盐池，就是湖泊最后的浓缩。在腾格里、乌兰布和与巴丹吉林大沙漠中，近年发现了丰富的地下水，一些人又兴奋异常，认为可以大大开发，比如用来垦荒，发展种养殖业。要知道，这些深层地下水，是地质年代湖泊渗漏形成的，用一点就少一点，不可能得到补充。

现在人们说得最多的是发展。发展其实是进步的另一种表述。

但一些人始终没有弄懂发展的本质。在自然界也是如此，进步的近义词是进化，退步的近义词是退化。沙漠化本质上是一种退化。如果沙漠化扩大，还有发展吗？

首先提出“沙漠化”一词的，是法国生态学家阿·奥波利维尔。奥氏曾在

居延都尉府遗址

唐代宁寇军城遗址

法国政府中任殖民部水利森林局局长，此人经常到法属西非殖民地国家考察。他发现年降雨量 700 ~ 1 500 毫米的热带亚热带森林，由于不加节制的砍伐、焚烧和耕垦，从森林退化为疏林草原，疏林草原进一步退化，就会出现土壤侵蚀、旱生植物侵入等一系列现象，然后出现类似沙漠的景观。奥氏将森林不断退化的过程和结果，称之为沙漠化，或作荒漠化。

阿拉善高原的年降雨量要少得多。

我到过科尔沁、乌兰布和的草原与沙地，也到过阴山下，考察过毛乌素沙漠，与这些地方相比，阿拉善高原稀疏的灰绿色，简直就没有可称得上草场的地方。几十年间，荒漠化的扩展，速度实在惊人。

对于那位法国生态学家，你不能不怀敬意，他提出这一论点是在1949年，也就是新中国成立之年。

在去居延绿洲途中，我们看了几个牧点。

只有一户牧民，在公路边，离巴彦浩特也不足百里，草场的条件在阿盟算是好的。有顶帐房，也有间房子，一眼深井，但井水不能喝。主人说，这里草场退化严重，20多亩草场才养一只羊。地上看去还稀稀拉拉地长了些草，很多草牲畜不吃，是毒草。

这家牧人也没有马，帐房外停着辆红色摩托车，非常扎眼。

和主人交谈后，我想起了过去宣传上的偏颇可笑——牧人骑着摩托车放牧，好像现代生活进入牧区，是幸福的象征，那篇骑摩托车放牧的消息，还被评为好新闻。在草原上纵马驰骋，要比骑摩托车方便和潇洒。至少在西套蒙古，因为草场的退化，牧人养不起马，而改骑摩托车。

中午12点多钟，我们到了苏海图村。

在中国地图上都赫然标有地名的村子，只有几间土坯房散落在公路边。据说，村子和附近的牧点，加起来有300来人，这就是一个苏木（乡）。但常年在苏海图居住的，只有二三十人。有时，村里几天也见不到一个人。

公路边有一家“迎宾旅店”，三间矮矮的房子，两间可以住宿，一间是吃饭的地方，只有一张破旧的方桌和几张条凳。一条黄狗围着转来转去，主人把它轰了出去。同行的盟领导说，能吃饭的也就这个地方了，大家只好凑合着点儿。

“迎宾旅店”的老板姓甘，老家在甘肃民勤。他到阿拉善已30年了。在这里开店也有10来年了。我们十几个人一来，可把他们忙坏了。有时一天小店也没那么多客人。尽管出发前，盟里有关部门已给苏海图村通了电话，小店里做了准备，有羊肉汤，几个西红柿和茄子。沙漠里，当然不好有过分的要求，一人可以吃上一碗面条。

端着海碗和老板娘聊天。老板娘姓魏，她引以为自豪的是三个女儿，大女儿 20 岁了，在店里帮忙。二女儿 18 岁了，在离这里几百里的吉兰泰盐场上技校。三女儿在巴彦浩特的左旗中学上初二。她说，我们都是不识字的人，到苏海图后，生活也不容易。但孩子再也不能耽误在这兔子不拉屎的地方了。

我问，这面条多少钱一碗。她说，8 角钱一碗，去年，一碗 6 角。西红柿、茄子、葱，都是托人从左旗捎来的。这地方啥都不长。

06　一排枯树从关了门的乡邮政所院子里伸出来

不知是因为路况恶劣，还是天气炎热，离开苏海图没多远，汽车一歪，轮胎就爆了。车胎爆了的还不止一辆。其中一辆是被铁钉扎的。这沙石路上哪来的铁钉？有人说，是不是修车补胎的使得坏。这路上一天没见几辆车，修车的生意很清淡。不使点小名堂，混不了吃的。后来，又有辆越野车的轮胎被弯曲的铁钉扎了，大家对这种猜测也更坚信了，但我始终将信将疑。路况不好是事实。在这地方生活不易。挪一个地方，也比这里日子要活络得多，用不着使这么坏的主意。真的，车抛在路上，几天几夜，前不着村，后不挨店，也很危险。

在烈日的暴晒下，换胎十分辛苦。如果路上再坏一只胎，就跑不到额济纳旗了。

从缓坡下冒出几间土房子，乌力吉到了。乌力吉也叫巴音毛道，这里有另一条路，向东通向杭锦后旗和五原。这里是老归绥——新疆公路上的一个“大站”。镇上也是一片残破，是乡政府所在地。现在这条公路只通到额济纳旗，原先通往新疆境内的巴里坤——即历史上有名的蒲类海，现在巴里坤湖消失了，公路已经废弃。

到处是断墙败屋。零零落落的十几间房子。有补胎的。司机忙乎开了。我就进了小旅店，跟主人聊天。女老板姓陈，不到 30 岁，长得很水灵。她就是在这里长大的。三间客房，每间房子里都有三四张木板床，放着被褥，挺洁净的，只是被褥上落了层薄薄的土。这房屋的结构也挺特别，还有内走廊，也许是风沙大，冬天冷之故。她问我们去哪儿。我说去额旗。她说去额旗晚上赶不到了，住不住店？我说不住吧，有州上的领导安排。她叹了口气。她问我们从哪儿来，我说从北京。女子的眼睛放出光来："北京，我小时候就想去北京，看天安门。可一直没去过。走得最远的地方，就是银川。"我说，这旅店是你家的吧，开个旅馆也不错啊，当老板，有了钱，哪儿不能去？她说，再过几年，是得要走了。我是生在这里的，过去这里的草好得很。骆驼进去，看不见身子，只听到沙沙吃草的声音。你说那草有多高？我问，你见过那么好的草？她说，我小时候，草还是挺好的。比我人高。现在，哪有什么草啊，树都死了。旱死的。镇上的人一批批地往外地走。我小学的同学，差不多全走了。原先镇上还有个邮局，现在邮局也关门了，这你一出门往南边走就看到了。镇上长住也只有一二十户。

话题太沉重。我想换一个轻松点的，便说，这么长的路上，没个歇脚的，人少没竞争，生意好做啊。她说，这里连起码的生活条件都没有，越来越没法活人，一路上，你看到点绿色吗？全是光秃秃的，地上连草都不长，还能长庄稼吗。要钱有什么用。一到夜里，没电灯，也没电视。还有，喝不上水。没有比喝不上水更要命的。一口井，水质也不好。到冬天，你再想想这里是什么光景。我想走。你们明年再来，我可能就关门了。

女老板给我们沏了杯水。她说，有人说，这里气候二三十年来的变化，与西边的卫星基地有关，与罗布泊的核试验有关。我说，不会吧。罗布泊的核试验早停了。她说，酒泉的基地还在发射呀。前些年有人在戈壁上捡到过金属的东西，说是火箭的残片。他们说，一发射火箭，高空大气的流向就改变了，还有不干旱的？近几年来，旱得特别厉害。

这里人来人往的，小旅店也可算是个消息总汇。这个问题太“科学”。我回答不出来。

我走出小旅店，在几十米长的土路上漫无目的地走走。一眼望去，到处是断墙残壁的现代废墟，这是拖家带口远遁异乡之后，人去屋空，到处是无可奈何的没落与颓败。有几间房屋残破得厉害，只留下了几根刺向青天的砖柱。

走不多远，果然看到了关了门的邮政所，熟悉的墨绿色已开始剥落。一截土墙，墙头露出一排整整齐齐的杨树，全是枯死了的干枝，在蓝天的映衬下格外刺目。杨树大约是过去邮电所职工栽的罢。这里种树也靠浇水，没人呵护，人走树死。在修车小铺子的门口，有个光屁股的孩子在土堆上爬。夕阳把孩子的胴体照得明晃晃的，像个金属做的娃娃。我心里涌上异样的凄惶。

接着的路途更加荒凉。几十里、上百里，全是黑戈壁、红戈壁，毫无生气。我到过很多地方，从青藏高原到地球的最南端——南极大陆。我要说，20 多万平方公里的阿拉善高原的大片寸草不长的土地，与它们相比，绝对不会更有生机。沙漠、砾石滩、无水的古河床、风化严重的山脊……

边界那边是外蒙古的戈壁省，渺无人迹一眼望不到尽头的戈壁滩，就足以让偷渡者却步。阿拉善人自豪地说，边境口岸开放后，外蒙古常有人过来，他们省长坐的车都没我们旗长、局长坐的车好，我们差的也有北京吉普，好一点的有日本三菱越野，他们呢？还是苏联的老旧吉普。都是蒙古人，可见外蒙古并没有多少吸引力。

中国只有生态移民，没有生态难民。

生态移民是由政府组织资助的。但实际情况并非如此。

由于生态环境恶化，阿拉善高原上居民不断逃离家园，远走他乡，已是个不争的事实。如果边境上没有了居民，没有了村镇，有了好车又有何用。

这一夜，我们宿在边防部队军营里。这里离外蒙古只有几十里。

边界，这使我意识到一个区域的极限。历史上，北方游牧民族是不断迁徙的。阿拉善和被称为漠北的外蒙古是连成一片的。土地从来不属于某一个民族或部落，马蹄下，逐水草。向南，便是河西走廊，那里是农耕地区，游牧民族南下，肯定要发生战争。但可以向北、向西迁徙。向北，直到唐努乌梁海和贝加尔湖流域。蒙古土尔扈特，以及和硕特、杜尔伯特部落的一部分，就曾奔至里海以北伏尔加河下游草原游牧。而现在，远距离的迁徙几乎不可能了。蒙古已成了另一个国度。中亚也国家林立。国界成了他们生活的边界，成了无情的限定。村镇的汉人可以另谋职业，开饭馆旅店在其他地方也有活路，可牧人呢？他们将游牧何方？

月亮升得很高了。月光下的荒滩涂上了水似的银白。一排排营房间的路边栽了些红柳，有一人多高。红柳是这里的绿化树。我在营房外的小山岗上见到了几个战士，有河北来的，也有河南来的。我又想起了途经的玛瑙湖。即使再荒凉，也是共和国的领土。

高原上路很长，长得像一部编年史。当年的草原丝路，正是从这里飘向西域的。现在，牧草消失了，羊群消失了，商旅也消失了——有一种被世人遗忘的静谧。漫长的路程足以让历史学家深思熟虑，使生态学家有足够的时间，从不同的方位观察荒漠化的无情进程。一个缓坡接一个缓坡，四周都是灰色和黑色的、光秃秃的小山，令人疲倦。经过两天风尘仆仆的颠簸，走过如同月球一般的荒漠地带后，远远望见地平线上的绿洲，大家都情不自禁地欢呼起来，心中顿时溢满了绿意——啊，额济纳河！西套蒙古的母亲河！

汽车在沙沙作响的夹道的杨树中行进，车轮也变得轻捷起来。八月荒漠的灼热，被似水的浓荫冲洗，周身有说不出的轻快，旅途的疲惫一扫而光。我毫不犹豫地相信，这里是我们要寻找和停留的地方。

07　达莱呼布——居延绿洲上的美丽小城

鲜花、绿树、白色的平房。晨光飘闪时分，在边陲小城整洁的街道上漫步，清凉的晓风掠过草尖，带来了露珠的潮润与艾草的气息。

额济纳旗首府达莱呼布很远，是内蒙古最西边的城镇。达莱呼布很小，全城只有 9 000 人。但却集中了额济纳旗总人口的 70%。这就是当代居延城。

清早，街上行人寥落，显得宁静而安详。在城中心两个繁华的街口，百货大楼等“最高”的建筑也只有两三层。

额济纳旗的领导把我们安排在旗上最好的招待所里。这是一幢白色的三层楼房，一层是普通房间，二层以上有“标准房”。当然，用内地的眼光来看标准并不高。院子和房间都很清洁、平常，到这里来的旅客也不多。如果想一想，六十多年前这里还只有几顶帐篷和几间土房子,这个招待所可称得上是相当“现代化”了。

汽车在阿拉善高原上行驶时，头上是湛蓝的天，使人想起青海或者西藏。进入居延绿洲后，天变成了半透明的淡蓝。我们从海拔近 1 600 米的阿拉善高原，一下子进入海拔不到 1 000 米的“川道”，感到又闷又热。房间里电扇使劲地吹，吹过来的都是热风。

“达莱呼布”蒙语的意思是傍着大湖的城。

黑河是划过中亚腹地荒漠的放荡不羁的河流。烟波浩渺的湖光，确实曾映亮过边地名城。

随着下游河道的摆动，绿洲也在不断变化着。古代的居延海位于达莱呼布镇的东面。现在那里已是茫茫沙漠和戈壁。汉、唐、西夏和元代的垦区，都成了无垠的荒原。只有一座座残破的古城耸立在荒原上，在诉说着千年兴衰与绿洲的变迁。

在居延绿洲，城镇随着河流的变迁、湖泊改变而消失、迁移、兴起。这也是中国西部的风景。居延城“移至”今天的达莱呼布镇，只有几十年的历史。

人类迁徙曾跨越了惊人的距离。但无论是作为游牧还是农耕的民族，他们在中亚腹地毕竟没有太多可供选择的绿洲。

年轻与古老的脚印，一次又一次叠加到了一起。

明代大将军冯胜曾率大军在西北犁庭扫穴，占领肃州之后北进，断黑河之水，攻陷了元代在大西北的最后一个城市亦集乃路。一番劫掠，大军夹裹着城中的百姓南迁，退到嘉峪关内。朱明皇帝远没有汉唐的气魄，对西北游牧民族采取了一种高墙沟垒的守势。于是居延海及其周围的绿洲，重又成了风吹草低见牛羊的牧地。秋去冬来，似乎哪个部落都没有在这里久留，几百年竟成了历史的空白。但明代以前因灌溉、屯垦造成的生态破坏，却得到了很大的恢复。

土尔扈特部东归现在成了电影电视的热门题材。达莱呼布镇的兴起，和巴彦浩特一样，也与土尔扈特部的东归有关。土尔扈特部原在新疆西北，明末进入中亚，后又迁徙至里海和伏尔加河流域。但由于政教上的原因，一直与祖国保持联系。康熙四十年（公元 1701 年），土尔扈特部首领派其嫂携侄子阿拉布珠尔，带着 400 骑东来，入西藏朝佛，由于归途受阻，遂率其所从内附于清，回到祖国怀抱。清封阿拉布珠尔为固山贝子，并赐嘉峪关外党色腾尔地供游牧，雍正九年（公元 1731 年）清廷赐额济纳河一带为牧地。后来土尔扈特部东归后，由俄国返新疆的牧人，有的陆续迁移到居延绿洲。额济纳土尔扈特旗的王爷府，是当时仅有的建筑物。后来，在王爷府附近形成了一个小小的定居点，这就是达莱呼布。

寻访镇外的王爷府，要走过一段尘土飞扬的土路。

定远营阿拉善王爷府是极有气势的，还有座规模宏大的家庙延福寺。当我来到额济纳旗的王爷府时，不免感到失望。院落不大，正在修缮。院内也简陋，几间新修的砖瓦房，画栋雕梁，出自当代工匠之手。在这个破败与崭新交织的院子里，我想象不出当年郡王寡母孤儿万里东行的英姿与风采。

后来翻阅资料，发现额济纳土尔扈特部确实地广人稀。本旗的各级官差人员在新中国成立前全系义务的职位，不支薪俸——这倒像真正意义上的“公务员”。可能这个旗太小，没有太多的公务要办，机构设置也从简。只是相当于旗长的札萨克一人领中央薪俸，同时也接受牧人之馈赠。

我曾整夜游走于边陲小镇的街头。

高高的杨树哗哗作响。在杨树和花丛的间隙，透出闪忽的彩灯，飘出隐隐的舞曲与歌声。只有几千人的小城，竟有几十家卡拉 OK 厅。

信步走去，街屋渐见疏落，灯火渐见暗淡。远处传来了零落的犬吠。橘红的灯光勾出了疏篱。哦，无边的河边还有一户人家。一辆大卡车隆隆地驰来，又倏然远去，大地复归沉寂。

这时，一轮皎洁的明月，正在苍茫的大戈壁上升起。我来到城外的一座桥上，凉风习习，枯草瑟瑟，灰白色的干涸的河流在月光下毫无生气地通向远方——那里是已经消失的湖泊？是被风沙掩埋的古城？是两千年金戈铁马、烽烟相连的岁月？

达莱呼布，优美地体现出当今边城的文明结构形态。这是几千年绿洲文明在 20 世纪艰难的延续。从废弃了几个世纪的古城到生气勃勃的新城，我突然发现，不管是多么繁华或者萧瑟，不管是历史的盛宴还是散席后的凄惶，绿洲文化的核心还是水，是纵横交错血管似的河道和水渠。只有水，才能带给生活或者走过绿洲的人们以创造力和向前展望的想象力。

08　从天鹅湖到东、西居延海

居延绿洲东边，有一个小小的湖泊叫天鹅湖，为古居延海残留的水面。出达莱呼布镇后，路上经过数条无水的河道——在黑河的尾端，黑河漫散开来，河道呈网状。田野上胡杨与灌木渐见稀少，直至绝迹。其中有数处公路，因流沙侵入，形成沙山，而不得不改道。

来到天鹅湖时正是黄昏。在狮黄色的沙海中，闪现出了一抹迷人的蔚蓝。

越野车摇晃着，开进了古居延海的海底。古居延海水退缩时留下的道道岸线，片片沙滩，像古老大湖的年轮，记录着沧海桑田的巨变。

车停住后，我急切地向那片蔚蓝奔去。接近古老湖底的中心，地面上出现

古居延海的残余水面天鹅湖

了一片白花花的盐碱残丘。残丘形态各异，有如塔形，有像古堡，千姿百态，但有一道道曲线相连，可以看出当年的回浪浅滩——这也是水和风雕塑造成的大自然奇观。

穿过瑟瑟的芦苇，穿过岁月的严酷和无奈，我终于来到了天鹅湖边。

湖面呈带状，宽一两千米。对面是延绵起伏的高大的沙丘。湖边的苇草丛上，几只惊起的水鸟飞鸣。天鹅湖，当地人给它起了这么动人的名字，因为秋天湖中多天鹅、斑头雁之类的水禽。但因湖水太咸，鱼虾绝迹——天鹅湖无疑浓缩了两千年历史中太多的苦汁。

据史书记载，汉居延城就在湖的南岸，极目眺望，那儿只有延绵沙山组成的黄色的风景。那么古城一定沉睡在厚厚的黄沙下了。陪同的额济纳旗的朋友告诉我，在湖南岸的一个小山丘上，还可见到汉代烽燧。我感慨不已，遥望南天，怅然若失。一代又一代守边将士的功业、艰辛与血泪，一年又一年闺中情人的期盼、思念与等待，就这样被岁月不动声色地覆盖掩埋了。

两千年前的汉居延城曾具有相当的规模，当时在这里屯垦的将士近万人。《额济纳旗历史沿革简述》中说：“太初三年（公元前102年）外筑长城，延伸到居延，并派路博德修建了‘遮虏障’。同年，发戍甲卒18万到河西，北置居延、休屠二县，后改置‘张掖居延属国’，居延属国城内已有居民4 733人，至汉献帝末改立西海郡。”

在这片绿洲上，几千年来人口没有太大的变化，至今额济纳旗也只有1万多人。应该说，绿洲人口对土地与水资源的压力并不大。

只有胡雁依然南来北往。

只有天鹅恬然自得地游弋。

第二天，我们又去东、西居延海。

同为黑河的尾闾湖泊，以往东居延海为淡水湖泊，水鸟翔集，湖边有许多芦苇，湖中有多种鱼类；而西居延海则为咸水。这使我至今感到不解。1992年秋天，东居延海尚有水面。时隔20年后还有没有呢？陪同我们的旗长也说不准，他们平常也很少去。旗环保局的同志说，去年初冬，东居延海的水已经很少了，有人到海子里捞鱼，然后到镇上卖，鱼真多啊。他买过一条，搭在自行车的后架上，驮回家去，鱼弯下去，头尾几乎搭到了地面。这条大鱼冻着，几乎吃了整整一个冬天。至于现在有没有水，他也不清楚，可能还有一点水面吧。

我想，东居延海应该有水，有像天鹅湖这样的小水面，至少也有一片沼泽地。但令人始料未及的，东居延海已经彻底干涸了——而我在一年前写的报道中，说“东居延海尚有一二十平方公里的水面”。我们的越野车开进了东居延海的湖底，转了一个大圈。我又下车来，在烈日下走了五六里，连一点水的痕迹都未找到。

失望之余，只好怅然而返，然后去西居延海。

“嘎顺诺尔”蒙语的意思是说咸湖。东西居延海之间古河道更多，原先还有一系列较小的湖泊和泉流。20世纪40年代，西北几个农学专家考察居延海后，在《河西居延新疆水利考察报告》中记载：黑河一年涨水三次，一是春天黑河解冻，二是7月下旬融雪下注，三是9 ~ 10月间祁连山降水。每次黑河水涨，都有较大的水量汇入居延海。“西海支流之河槽，宽约 40 米，主流之最宽处有达 200 米。河道断面极浅，呈半圆形。东河年届洪水之期，常泛溢两岸。据土人称，经常水流，水深约 0.5 米，深处亦有达 1.5 米者……民国十六年十月中旬，平均水位时，在下游注入居延海之流量，约 22 立方米每秒。”

越野车在林间空地中停了下来，开阔地上，出现了两片湛蓝的水洼子。这里原有一眼大泉水，“水柱涌出有一人多高”。而现在，水面静静的，倒映着白云蓝天。我们无法走近，地上满是泥泞，是牛和羊踩出的深深浅浅的脚印。如果这眼泉水再干涸，居延绿洲北部边缘最后的牧点只好撤离了。我照了几张照片，留作纪念。

土路的尽头，几株胡杨和白杨下，有几间平房，高大的沙丘堆到了屋后。原先这里是农场的一个生产队，这一带的芦苇与草长得很高，人骑骆驼，只见人在草海上浮动。而现在景物大变，只剩下了几户人。忧郁的老人和活泼的孩子，路边还停着辆拖拉机。我们进屋，主人担心，旱情越来越严重，风沙也越来越大，井都干涸了，吃的水都要从远处拉，沙已经堵到门口，生活很难，再过几年得搬家了。听着，我的心沉甸甸的。

离开这个居民点后，已经无路了，越野车驶进了干涸的河道，顺着河床向西居延海艰难地行进。西居延海干涸的湖盆一望无际，中间有一座光秃秃的小山，原来这是座湖心岛。山上有一枯木扎成的敖包，斜阳在敖包上晃动，使人不敢直视。湖底的砾石滩上，有汽车的辙印，像证实这里原先曾作为驻军的靶场，不经意间，发现了用卵石镶嵌成的一米见方的大字“提高警惕，保卫祖国”。

在归途中，先后有几辆越野车陷入了流沙，都熄了火，又推又拉，满头大汗，好不容易脱离险境。我再一次地回首西望，落日如轮，大湖如瓦盆。几辆越野车像野马似地在荒滩上驰骋，扬起滚滚烟尘。

这是一组不能不录入的数字：

20 世纪 40 年代，狼心山以下，黑河下游的年水量为 13.13 亿立方米，有大量的水流向绿洲，流入居延海；50 年代年水量为 12.2 亿立方米；60 代减为 10 亿立方米。

居延海的胡杨

现在，黑河中上游修建了百万立方米以上库容的水库30多座，黑河完全被“控制”、“驯服”，黑河35条较大的支流，断流了33条。80年代，黑河额旗狼心山以下年流量急剧下降为5亿立方米。1990年，下泄下游水量3.1亿立方米；1991年，下泄下游水量2亿立方米；1992年，下游水量1.83亿立方米。额济纳旗境内的黑河19条支流全部干涸。湖水干涸后的额济纳地区成了沙尘暴的重要源地，并由此形成了一条横贯我国北方的“沙尘走廊”。

不能单用土地面积或1万多人口来考量居延绿洲的战略重要性。当地同志领我们去了干涸的居延海北部与蒙古接壤的边境。荒原上耸立着几座平缓高大的山丘，呈“品”字形。居延绿洲地势平坦。无山无岭。有时看到一个地势稍高的地方，上面必有牧人用石块垒起的敖包。在戈壁荒漠，哪来群山？

居延绿洲历史上是阻挡漠北铁骑的要塞所在，自南向北的黑河形成了唯一可以进入河西走廊的“绿色走廊”。我国与北方邻国关系紧张时，为抵御北方装甲部队突袭沿弱水南侵切断河西走廊，保护酒泉卫星基地，修建了人造山峦作为要塞，里面全是军事工程。现在，中国失去了外蒙古，西伯利亚的风云变幻，达莱呼布便永远不会平静。如果黑河无水，绿洲废弃，成了不毛之地，军事要塞便无所依存，西北的门户也就洞开了。

三座军事堡垒，像三座金字塔，耸立在地平线上，镶嵌在瓦蓝的天际。

……

离开居延绿洲两年之后，有位探险家告诉我，天鹅湖也已经无水。我想起达莱呼布镇上旗招待所的餐厅里墙上的一幅油画，画面上是一个大湖的黄昏，金色的水面，摇曳的芦苇，还有两位裙裾飘逸的姑娘和一匹黑骏马……

达莱呼布——大湖畔的城。我在这里听到了祈盼和呼唤。

波光粼粼、气象万千、众神离聚的大湖呢？

09 拯救居延海10年：挽歌与颂歌

从阿拉善盟采访归来后，我撰写了系列稿件。

同行的其他记者在《中国环境报》、《中国青年报》、《法制日报》上等也都发表了有关居延海生态恶化的稿件。

中央领导在新华社内参上做了重要批示。大约一个月后，内蒙古自治区政府和阿拉善盟的领导来到北京，他们此行是专程到中南海，向国务院领导汇报黑河断流和居延绿洲生态恶化问题。在国务院办公会议上，确定由国家计委牵头组织一个有关部门参加的调查组，去阿拉善盟进行实地调查。地矿部把居延地区列入了“西北找水计划”。

内蒙古到北京参加汇报的同志，在自治区政府驻北京办事处请我们吃饭，对我们通过采访报道，第一次让全国知道居延绿洲环境恶化问题一再表示感谢。

解决黑河的断流、遏制绿洲生态恶化问题终于提上了议事日程。

两省区地方和水利部门扯皮又进行了好几年。2000年，国务院决定进行黑河水量统一调度和管理，并成立了水利部黄河水利委员会黑河流域管理局——虽然这条内陆河与黄河完全无关。国家为治理黑河投入了大量资金。其实方法很简单：即沿岸的灌区“全线闭口，集中下泄”。2002年，黑河水重新流入东居延海；2004年9月，黑河水还曾注入干涸达43年之久的西居延海。虽然黑河中上游水库已经7次集中向下游放水，年水量2亿～3亿立方米，但每年6～7月间，居延海仍要见底，只有2005年除外。这一年7月，从上游突然涌来的黑河水与东居延海的湖水汇合了——30多平方公里的水面上，飞翔着水鸟，苇草开始生长。沿河大片枯死多年的胡杨、红柳根部也吐出了新芽，原有退化的草场也开始恢复。

“启动了塔里木河、黑河流域治理”，写进了2003年的《政府工作报告》。为此，有关部门组织记者去采访黑河调水的成就，一路浩浩荡荡，并出经费把采访的报道汇编出版成一本厚厚的书，名为《绿色的颂歌》。

北京，飘雪的冬天。1993年到2003年，10年间，我的工作有了很大的变化。想再次去居延地区看看，但心愿未了。

独自一人在雪地上走着，冷风中头脑清醒了许多。我始终想不明白的是，上游大坝向下游开启闸门泄放一点救命的水源，被作为具有“科学”工程意味的“调水”、“借水”。向下游放水是值得称赞的，为什么不谈断流的原因呢？居延海恢复水面是“一曲绿色的颂歌”，那么，唱衰居延海绿洲、唱干居延海碧波的又是什么歌呢？

——也许言重了，“浓墨重彩”的一笔，其实是对败笔的涂改，奇迹也是对“劣迹”的修正。

10 消失的城市水系

这已经与西部、与黑河无关了。

但相似的悲歌与颂歌，仍在不少河流上重复着——

一个城市不能没有水源，城镇选址“得水为上”，问水知山，“以水证龙”。除水形、水势外，还要注意水质的优选。因此，河流是城市的灵魂，是养育城市的母亲的乳汁。

2003年夏天，一场大雨扫过古城南京。

数千居民家中受淹，不少路段受阻。在各媒体上出现了汽车在河面似的街道上像船一样行驶，行人在没膝深的水中艰难行路的画面和图片——为了突出视觉效果，有的图片还选择了雨中的孩子，水没到了大腿根。

大雨如注，这是肯定的，24小时下了差不多200毫米，降水强度大。至于报道中说“雨量创历史之最”，还缺乏有效的量上参照系。谁能知道几百年前的一场暴雨日降水量呢？其实，南京这次大雨，只是局部地区强降雨，比如说浦口区，雨量更大一些，而不是长江或南京地区流域性的连续大暴雨。

“市委、市政府紧急动员，组织各方力量加大排水力度，确保市民生活不受大的影响。”街上积水盈尺，说明城市的排水不畅。不知道采取了哪些措施，我想无非是抽水排或开沟挖渠。

南京城市有两千多年的历史，期间遭遇的强降雨一定不在少数。似乎很少因一场局部大雨，全城就排水不畅，街巷成河的。

我国七大古都之一的南京，地理环境优越，山环水抱，为天然佳地，称之为“虎踞龙盘”。现在南京旧城是明初形成的，当时修筑的城池，达30公里，它不仅是我国历史上最大的古城，在世界古城中也是比较大的。全城的形状不规整，可以说是最不整齐的城池的代表作。但这并不妨碍它有一套完整科学的水系，河流湖泊水位调节管理系统。

南京城市的建设格局与玄武湖、秦淮河、燕雀湖等湖泊河流密切相关。紫金山和玄武湖、莫愁湖等，山色湖光，成了南京的佳绝之处。南京城内河道纵横，有秦淮河、运河、城壕、御河、珍珠河等，均互相连通。其中秦淮河分作两支，一股经由通济、聚宝、三山、石城各个城门绕城而过，到石头城流入长江。另一支亦称内秦淮河，从通济水门入城，流入大中桥与吴城壕汇合，往西至望仙桥出城。为了调节水位，在城墙下部建有通水沟、管道等。我曾前往通济水门考察，这一带游人罕至，从宾馆乘车出来，多次打听才找到水关遗址。这里就是今日繁华的秦淮河入城处。城墙高耸，水关上古藏兵洞历历在目，绿

南京秦淮河

水萦迴，芳草依依。只是如今城内外河流已不成水网，也无航运功能，河面空阔，帆影杳然，只有数人在河边垂钓。

城内多河流湖泊，水多又鲜有水患。古代的城市“规划者”有很大的气魄，敢于把天然的湖泊和河流系统与城市的平面设计结合起来，不仅显示了非凡的艺术手法，而且从生态环境角度来说，也是极有远见的。

中国有 5 000 年的文明史。自公元前 841 年起，有文字记载的编年史就没有间断过，这在人类历史上独一无二。像西亚耶利哥那种已有石围墙的新石器时代的早期聚落，西方学者有时用镇（town）来表示——这就是城乡最初分化意义上的城和镇。如果我们从更大的空间研究这些古代城镇的形成和发展，就会发现许许多多河流。

我国古代城市从择地、选址，到城池建设、街道布局都有明确的思想作指导，其中重要的一个方面，就是城市的水系思想。一个城市不能没有水，临水是建城的原则。

中国的许多城市都是以河流为坐标，建立和发展起来的。

在永定河与潮白河之间，演绎了北京的悠久历史。伊水和洛河，哺育了洛阳的繁华，河出图、洛出书——中国文化源头的“河洛文化”也与水息息相关。

杭州地处西子湖畔、钱塘江边，是平原、丘陵、湖泊与江海之间的结合部。不仅保障生活生产用水，水陆交通也很便利，可以说水是城市生态系统的血脉——如何引水入城，怎样贯通，如何运用支流建筑各种桥梁，种草植树，以致形成园林景观，都有一整套学问。唐代是个温暖湿润的时代，水灾十分频繁。我国南方多数古城，在唐代经历过多次大水，疏浚河道，修建水闸，加固堤坝，通过治理，形成了比较完整的水系。

古代我国城池大大小小不下数千座，每个城市的建设都有自己独立的规划，十分重视城镇与水的关系，可以说是“相伴相生”、和谐相处。

中国古代大城市都有水系。

战国时的秦都咸阳城，北魏洛阳城，汉长安城，唐长安城与洛阳城的迁址与建设，均使城市靠近大河或紧临河、湖。有的城市将大河引入城中，在规划时，使河水穿城而过，水过城时，建水门。北宋时东京城有5条水系进入城中，仅汴河上架的桥就有几十座。元、明、清时期北京城更有很大的水系。车水马龙，则形容城市水陆交通的繁忙。

江南地区城镇基本上都有水网，河街水巷。如苏州和绍兴城，每一条巷几乎都与河相伴，构成水网系。每一条河道路过街口，上面都要架桥。桥的式样很多，使得城镇风光秀美。如唐代扬州城里就有十几座桥，“二十四桥明月夜，玉人何处教吹箫”，可见景色很美，如画如诗。

历史上，很多城市由于战乱、天灾、人祸，经历过兴衰，城址也有所变迁，如金、元和明清各代，北京市中心的方位都不相同——这也与永定河及运河水系的变化有关。而苏州是少数几座一直没有迁移过的城市之一。这座城市恰恰在城内有十数条大河，东西南北还有许多水巷，四通八达，全城有桥260多座，而且多是石桥。历史上从未有“水漫苏州”之说。可见一个完整的科学的水系乃至水网，对一个城市可持续发展十分重要。

几十年来，随着城市的发展，我国城市地质水文受到极大的破坏。现在绝大多数城市中几乎见不到河流了。一是道路拓宽，首先想到的是填塞河流。二是污染严重，河流首当其冲，河水发臭，不去加强治理，采取的办法，便是一填了之。于是城市中河流消失了、水系消失了，改埋给排水管网，变成了纯粹意义上的“给排水系统”。

现在，大雨经常造成我国很多城镇的水灾。

我的故乡黄岩，是一座水乡城镇。城中原有的水系是唐宋以来修整疏浚形成的，城内有五条河流，称“五支河”，水巷密布，城内街道地名多以河道或桥梁命名。内河与外江相连，由数座下水闸控制。大雨来临前，必先放水入江，以降低河道水位。所以自明清以来，城内从未发生过大水。而近几十年来，城市改建扩建，城中河道水系已荡然无存，原有城外西江、澄江等江河，也都萎缩。再加上原有的石板路、石子路、青砖路，全部变为水泥路，降水无法及时转为地表水和地下水。偶有大雨或台风过境，地势稍低的地方，必定积水数尺，行人如涉河中。

不仅仅是景观的问题，一场暴雨，即水淹南京，这与南京城市水系的破坏有直接关系。

人类的活动已经影响到整个地球的表层。城市是人口密集的地区，对生态与环境的压力尤大。城市的自然生态系统，同样由生物圈、大气圈、地圈和水圈共同组成。水患的频发乃与严重缺水，与城市水系的破坏有密切关系。如何保护、恢复和重建城市生态系统，包括水生态系统——而不仅仅限于保护“饮用水源”——将成为城市可持续发展的一个重要课题。

11 《水经注》与当代“科学决策”

很难说我们比祖先智慧聪明多少，至少古人选择的居住地是最适合人类居住的地方。不能否定江河有水利之便外，也有水害。古人逐水草而居，引流蒲津，把“鱼米之乡”作为理想的家园，知道保护水就是保护自己，保护水比保护自己重要。古人尊重敬畏江河湖泊，把对江河脾气和秉性的认识，上升到了“水经”的高度。经，即不可动摇必须遵循的规律。

《水经》是中国第一部记述水系的专著。此书简要记载了137条全国主要河流的水道情况。原文仅1万多字，记载比较简略。著者与成书年代不详。值得重视的是，成书于北魏时期郦道元的《水经注》并非简单的注释，这是1 400多年前的一部水利巨著。全书共40卷，记载的河流水道1 252条，达32万字，描述了各个河流的发源地点、干流大小、支流分布、河谷宽度、河床深度、流程长短、方向及水量和季节变化、含沙量等情况。北魏是我国南北分裂对峙的时期。郦道元对北方一些河流记载非常具体，说明他对这些河流是十分熟悉的，有过实地调查考察。他既引用了许多古书的记载，也有不少自己得出的结论。在那个交通不便的年代，郦道元年复一年，风尘仆仆地奔走于江湖河谷之间，泛舟于急流险滩之上，这是何等的敬业与奉献。

这部书最瞩目之处，是其宏大的视角——虽然以水道为纲，但它并不局限于河流本身，而是尽可能详细描述河流流经地区的古今历史、地理、经济、政治、文化、古迹乃至社会风俗。

我们治理开发过多少条河流？我们修筑了众多大坝的河流，还有多少显示勃勃的生机？

“与江河奋斗其乐无穷”。十三陵水库，曾经是新中国大修水利的样板。党和国家领导人到十三陵水库参加劳动，和成千上万首都干部群众一起挑土推车，堆筑大坝的图片与报道，定格为一个时代的经典，收入了当时的中学课本。人们没有忘记，当时有位文豪曾经发表过轰动一时的《十三陵水库畅想曲》。他随心所欲地畅想，信笔写道：十三陵水库发的电一直送到天安门广场，在天安门广场上，人们在看用十三陵水库发的电放映的电影。

现在，到世界文化遗产地十三陵去旅游的人，或许还能找到大坝，能见到乱石滩和沙化了的河滩，水库并没有多少水，更不用说发电了。——今天的青年人看来，这恐怕是一种妄语，一个很离谱的“卡通片”中才会出现的画面。

北京已经没有多少水了。

拒马河无水。永定河无水。流经北京的几乎所有河流，除了引水渠与纳污道，几乎都无水。

卢沟桥横跨在干涸的河道上。

“卢沟晓月”不再是一道风景。

圆明园的湖底“防渗工程”经媒体曝光后，曾引起了全国的关注。

还有，奥运村正在开挖人工湖……

我来到了永定河上游。“亲水家园”成了房地产商不着边际的广告用语。除了大坝，还用橡胶坝拦水。上风上水之地，被开发商看中，建起了不少别墅。一一指来，这里有哪个明星的房子，哪位领导也有住宅，还有老板。水成了权贵和富有者享受的奢侈。

《水经》和《水经注》已经远去，成为遥远的绝响。现在，已经治理过无数条江河，修建了无数水利工程，制定过很多个水利规划，有成就，也有不足甚至失败。在世界科学技术发展的今天，我们能不能把现代治水的思想、理念、目标、实施，写成一部新的科学经典？

中线水源地丹江口水库，水下是楚国最早的都城。

八　大调水：用什么维系国家与民族的血脉

规模空前、耗资空前的南水北调西线工程箭在弦上。

一本声称调西藏之水能救中国的书正在热销之中。

旷世工程，水变成油，怎能维系我们民族与国家的血脉？

那些伤口将永远难以愈合，流淌鲜血。

现实、想象和理想，科学与伪科学。

紧锣密鼓的造势与宣传，谁在“忽悠”中央？

01 调水工程：用不上水与用不起水

跨流域调水可以追溯到 2 000 多年前。

古代调水，多数是为了航运的需要，增加河流的水量，另外挖掘运河，沟通各个水系，就像修公路网。

如公元前 360 年动工开凿的鸿沟工程，引黄河水东流，注入圃田泽，经过这个湖泊的调节，然后“又为大沟而引甫水（圃田泽）”东到大梁，即现在的开封附近。鸿沟二期工程分为两支，分别把黄河水引入了淮河水系的汴水和沙河，大大增加了这两条河流的流量。“北水南调”、“引黄济淮”的“鸿沟水系”，使中原地区成为古代全国交通的核心，这实际上是大运河的雏形，在历史上产生了巨大的影响。

黄河流域是我国农耕文明的发源地。有人说黄河文明是一种“落后的文明”。黄河是害河，还是母亲河？这个争论肯定还会继续下去。东汉时期，刘秀定都洛阳，全国政治中心移出关中，洛阳成了大批漕粮的集中地。洛阳修建了有名的阳渠，因势利导，西引洛水为主源，又纳入其他一些河流的水量，运粮的漕船可直抵城下。丝绸之路，在洛阳通过运河，与淮河和东南沿海地区其他运河对接。从汉、唐至宋代，调水，治理河道，在国家政治经济中心从黄土高原腹地的关中，向东部平原地区的过渡和转移中，各大水系运河网起了决定性作用。

曾 7 次被黄河水淹没的古都开封，浓缩了古今黄河的变迁史，其中最严重

南水北调东线起自扬州，瘦西湖为古运河河道。

的一次洪水，死亡人数达35万之多，开封成了一座荒城。但不可忘记，开封几度因河而废，因河而兴。北宋时正因为调黄河之水入汴河，航运之利使开封成为人口上百万、富甲天下的国际大都会。至今，我们仍能从《清明上河图》中领略汴京的繁华与舟楫之便。

当代跨流域、远距离调水，主要是补充流域和区域淡水资源，以满足工农业生产或城市用水。

在过去几十年中，大规模、跨流域、远距离调水有比较成功的，效益明显的，如引滦（河）济（天）津工程，至少天津增加了一个比较稳定的水源。也有众说纷纭、评价不一的，如20世纪80年代投资10亿元修建的引黄（河）济青（岛）工程——如果考虑到近百万民工、6 000多名解放军参加这一工程建设，还有6.5万亩占地、移民费用等等，工程实际造价大大超过了预算。

引黄济青工程全长290公里，从黄河边的打渔张引水闸到青岛，穿越小清河、淄河、潍河等数十条大大小小河流，有一座大型水库蓄水，大量隧洞、涵闸、数百座桥梁，沿途有5座泵站逐级提水，引黄济青工程建成后，设有工程管理局和分局。人员多，运行成本和管养费用高。水引到青岛后，价格大大高于当地开源和节水的花费，因此青岛尽量用本地的水源。但有关部门规定青岛即使不用水，一年也要交数千万元“水费”，以维持这一工程的运营。据了解，引黄济青工程利用率不到40%，引黄济青工程并未达到原来论证和规划设计的标准。另外，黄河下游频频出现断流，进入90年代后，平均每年断流时间在102天左右，断流河段长达400多公里，造成了冬春季节黄河常常无水可引。

——如果抛开计划经济国家投资不计成本，工程刚动工沿线城市自来水价格就全面上涨、“接轨”等政策性因素，单从经济技术方面分析，引黄济青与海水淡化的成本相差无几，工程算不上“效益显著”。

02 东线：清水与污水

进入新世纪后，跨流域调水的工程规模越来越大。

南水北调——即把长江干流或重要支流之水，调到黄河、海河流域，是世界上最大的跨流域调水工程，也是我国跨流域调水的“标志性”工程。现在，南水北调的中线与东线工程已相继动工，西线工程也呼之欲出。

南水北调东线一期工程，南起苏北扬州市附近的江都，至山东黄河边上的东平湖，长 663 公里。二期工程分两条输水线路，一条是北上穿过黄河至天津的北大港水库，长 493 公里；另一条输水线向东，进入胶东半岛，至威海的米山水库，与“引黄济青”的渠道相交，长 701 公里。——如果把东线一期与二期的线路相加，不管是把长江水引到山东半岛还是天津，其长度都大大超过了 1 000 公里。

南水北调东线主要是利用京杭大运河及其平行的河道输水。

就工程本身来说，东线的投资较少。且江苏已有从长江提灌工程，向苏北输水，只要适当扩大规模，向北就可延伸到山东境内。

我们的祖先几百年以前，就已经修建了沟通钱塘江、长江、淮河和黄河、海河各个水系的大运河。运河主要是为了沟通南北航运。从运河水的流向来说，基本上是以黄河为界，根据自然地形，分别南流与北流。

古人修建运河，依势而成。在山东与苏北，横贯着一条长达数百公里的断陷沉降带，沿线有众多的湖泊：东平湖、南阳湖、独山湖、微山湖，以及洪泽湖、高邮湖等，其中梁山泊是当年英雄好汉们出没啸聚之地。这一连串湖泊可以调节水量，无须再建水坝蓄水。另外，高邮湖、洪泽湖等在丰水季节，可以直接从这些湖泊调水北上，缩短输水距离。

南水北调，与航运不同，需要修建多座扬水站，多级提水。根据初步规划，在 2008 年、2013 年、2030 年分别完成 500 立方米 / 秒、600 立方米 / 秒和 800 立方米 / 秒的调水规模。——如此规模的流量，需要大量的电力，逐级提水。

这仅仅涉及调水的成本与水价，东线工程成败在于治理污染。

东线从长江取水。长江下游水质尚好，现在主要指标为二类。根据规划，向山东、河北、天津调水后仍要达到三类水质。如果一河污水向北流，净化处理后达不到饮用水标准，则南水北调将没有任何价值。

这看起来没有什么问题。其实，难度之大，超过了南水北调工程本身。

东线地处诸水下游，横贯南北。江苏省境内，河流湖泊众多，来水量大。运河上机声帆影，船舶穿梭，运输繁忙。沿岸码头村镇众多，运河水质看起来浑浊，但总体上污染还不太重，主要是一些生活污染，氨、氮等几个指标超标。

由于运河、洪泽湖等水系涉及河南、安徽等淮河流域的汇水区，淮河是我国污染最严重的河流之一，干流几乎全部是四五类水，水质浓臭得像酱缸——这就不能不危及南水北调。

每年雨季将临，淮河干流颍河、蚌埠等各河闸陆续放水，污染水团下泄，在下游形成长达数十公里移动的污染带，所到之处，鱼虾绝迹，甚至给洪泽湖带来了灭顶之灾。淮河污水团下泄造成的严重污染事故，从20世纪80年代末起，多次震惊了全国，在2003年还引起10年治淮成败之争。毫无疑问，淮河流域的污染治理，仍然任重道远，不容乐观。

幸也是不幸。南水北调东线工程山东段处于构造带上，地势低洼，有许多湖泊河道可以利用，作为输水渠道。在这个断裂带的运河沿岸地区，坐落着曲阜、济宁、莱芜、菏泽等城市，人烟稠密。鲁西南众多的河流，泗水、大汶河、赵王河、万福河等，都汇入了南四湖、东平湖和大运河。梁山野性的水泊，微山湖优美的风光，只留在历史的记忆和书本里。在经济快速发展的今天，南四湖47个断面监测，水质全面超标，这些水域均为四类、五类或劣五类，有的河段已经丧失了利用价值，连浇庄稼都不行。

南水北调东线二期，将跨过黄河，途经河北与天津。而这一地区为海河扇形河网的下游，其水质全部为劣五类。要利用大运河北段，治污不能说无望，但任务之艰巨将超出想象。

需要对输水线路上的河道湖泊进行治理。需要调整航运线路，拆除清理输水干渠上的一些码头，改造运河上和湖泊里的船只，需要在水面船只上增设生活垃圾污物回收装置。

不仅仅是河道与湖泊，把眼光放得更远一些，还需要调整产业结构，限制和清理南水北调东线沿岸的造纸、酿造和化工等重污染企业，沿河沿湖的工业

建设中的南水北调中线渠首

企业和生活污水废水，禁止向湖中直排。此外，还要建立数十座城市污染处理厂，对重污染的河道进行截流。微山湖等水产养殖区域和面积要重新规划，清理拆除不合理的水产养殖场。对规模化的畜禽养殖的污水废物治理任务也极为艰巨。

即使不建设南水北调工程，河流、湖泊和城市的污水也同样需要治理——从这个意义上说，南水北调东线的污染治理仅仅是先走一步。

问题是，鲁西南是沿海省份山东经济相对不发达地区，地方财力不足，居民收入水平较低。加快经济发展，改变落后面貌，是人们的普遍愿望。可提高工业与生活污水达标排放的标准，提高工业企业准入的门槛，增加污水处理设施，关闭污染严重的企业，必然会增加生产成本，影响当地的“投资环境”和经济发展。即使国家投资建设城市污水处理厂，如何维持正常运转，也有很多问题需要解决。

南水北调东线途经的古运河重镇淮安

看一看国家重点治理，规模空前的“三河”、“三湖”工程吧。

我曾任新华社教科文和政治采访室主任，从事过十多年环境采访报道，获得过首届环境最高奖“地球奖”。多次走过淮河、海河、辽河和滇池、太湖、巢湖，深知这些流域污染治理难度大的深层原因。国务院领导多次到这些流域进行现场办公，决心把清澈的淮河带入新的世纪——言犹在耳，决心大，投入多，而成效不显，这让人感慨不已。

十多年，甚至是一代人的努力，衰老了多少环境工作者和环保志愿者，国家投入数百亿元，不能说付诸东流，但治污效果有限却是事实。有些水域还多次出现反复，甚至有污染加重之势。淮河、滇池变清的既定目标依然遥远！

在这种情况下，东线诸多的湖泊与河道，人们对治理后水质能否达到三类标准存有疑虑是很正常的。

中央领导曾指出，南水北调东线是“先治污，后调水”。

事实上，调水相关工程闸坝、扬水站等已陆续动工，有的已经完成，而治污步伐远远落后——不是预感，到2008年至2013年，极有可能是扬水站建成了，闸坝建成了，原有的调水计划无法完成。如果北调来的是滚滚污水，到时如何向全国人民交代？是选择延期、追加投入，还是修改原有的计划？——这一切都将大大增加调水的成本。

03　调水沿线，水价如潮上涨

冬日的下午，我泛舟在丹江口水库。汉水与丹江，在这里汇合。青山如黛，水平似镜，景色优美。

汉水和丹江，是中国古代沟通长江与黄河的又一重要水道。特别是当中原战乱、黄河夺淮造成水运交通中断以后，这条水道就显得更为重要。历史上，许多惊心动魄的战事，都在这条大通道上发生。南宋时期，元兵沿汉水南下，荆襄陷落，时局崩溃。李自成退出北京，回到西安，也是沿这条通路败退湖北，最后在九宫山被杀。

丹江在湖北与陕南的崇山峻岭间，倏然掉头南下——紫荆关就据于这山与河之间。

紫荆关是依水而建的古镇，也无关城留存。这里地势险要，扼水陆交通要冲。溯汉水而上的航船，必须在这里卸货，换装小船，然后再北上西行，直抵商南龙驹寨，弃舟登岸，改走陆路驿道。翻越秦岭隘口，直达长安关中，或从潼关过黄河。北方南下的货物也是如此。流经豫、鄂、陕三省的丹江，民航商运相当繁忙，棉花、棉布、粮食、烟叶、纸张、皮毛、茶叶等，都需经紫荆关转运。如1900年，八国联军攻占北京后，“两宫西幸，漕运米包由汉江入丹江，运至龙驹寨……此历来官运之经过情形也”。

有几个老人坐在街边下棋，过去的会馆，改成了小学校。徘徊在紫荆关古镇寞落的十里长街上，昔日的繁华依稀可见，有一种莫名的忧伤——这使我想起了陕西丹凤凋敝的老街，那是丹江水运的终点，情景十分相似。紫荆关古镇上船户捐资修建的“平浪宫”，山西、陕西商人联合筹建的“山陕会馆”等古建筑群，见证了丹江作为我国南北水陆交通要冲的繁荣与衰落。

汉水和丹江，作为我国中西部交通大动脉地位的逆转与衰落，与现代交通的兴起，特别是京汉铁路与陇海铁路的修建有关，大宗货物，用不着再走水路了，“在昔龙驹寨码头盛时，驮骡船只络绎不绝，今则驮骡绝迹，船只偶或一至豫鄂”。但汉水、丹江上游航运的最后断绝，却是丹江大坝的阻断——设计规划时，丹江口也是集“发电航运灌溉防洪”各种功能的综合水利枢纽工程。水库建成将“有利于航运”，还建有船闸一座。世间的常识往往似是而非，航线已被切断，航运枢纽也成无稽之谈。——当然，也有其他原因。气候、降水和环境变化，山林植被的破坏，上游水库的修建，汉水与丹江水量锐减，河滩乱石尽出。

其实不仅仅是丹江，治理黄河、淮河时，各水系大修水坝河闸，通航设施大都没有与水利工程同时建设，河枯水浅，闸坝碍航。仅河南省境内6 000多公里的通航航道，30年里萎缩至不到1 000公里。黄河下游，航运已经彻底退出了历史。即使像淮河这样的曾经是水运大动脉的大河上，鲜有航船，风光不再。

还有一些过去被我们忽略了的事情，值得再提，这就是被丹江口水库淹没的大量古迹文物。

丹江口水库大坝在湖北省。河南省淅川是主要淹没区，其中包括龙城、下寺龙山岭等重要的遗址，均没入水底。

淅川是一座古城，舜帝时为尧子丹朱的封地，西周时为楚熊绎的封地。20 世纪 70 年代，丹江水库水位下降，露出了被淹没的春秋楚墓群。到 1979 年，已相继发掘了 25 座楚墓及 5 座大型车马坑。从这个墓群中，共出土文物 8 000 余件，其中青铜礼器 160 余件、鼎 48 件、乐器 129 件……这些都是无价之宝。其中规模最大的古墓为楚王子午的陵墓。从该墓中出土的 15 件青铜鼎，形体高大、奇特，工艺精湛，为难得的春秋楚国重器。特别是一式上升的列鼎，高达 76 厘米、口径 66 厘米，在其铭文中有“王子午”、“令尹子庚”的名字。

淅川库区楚国青铜器

出土的随葬品中，还有青铜甬钟 26 件，由小到大依次排列，最大者重达 180 公斤。当我在淅川县博物馆中看到这些青铜器时，惊叹不已。为什么在这偏僻皖西山区的狭小河谷平原中，深藏如此辉煌的古代文明？

有专家研究后认为，楚国最早的都城，当在下寺附近，后来，随着楚国疆域的扩大，进入江汉平原——现在，这一切和古城一起，没入了丹江口水库。

时代的局限。不仅是楚国早期的都城遗址，还有许多汉唐的古迹，同样被没入了水底。其中包括规模宏大的香岩寺下寺。这座寺院历史上高僧辈出，在不少佛教典籍中都有记载。

作为南水北调中线工程的水源，丹江水库需要加高大坝。即使如此，丹江与汉水是否有足够的水量也是值得疑问的。按水利部原有的规划，年可调水量 190 亿立方米。不知为什么，后来又减少到 150 亿立方米，2002 年底再缩减为 130 亿立方米，投资为 1 700 亿元。工程刚刚动工，计划调水量就不断减少，这仅仅是汉江水量不稳定性的反映？

先节水，后调水的原则，还停留在纸上和文件上——事实上调水工程的积极性，大大高于节水。有人提出，为了保证南水北调有足够的水量，需要从长江三峡库区再往丹江口调水——一个工程刚刚启动，下一个项目又打算接上来了。总之，有干不完的活。

2006 年，北京西长安街的延长线上，在繁华的街边，一夜间竖立起了“南水北调，造福北京人民——长安街管线穿越”的巨大围板，上面画着动人的绿色宣传画，似乎长江水进北京已经近在眼前了。根据计划，南水北调中线工程 2008 年最终调到北京的水量，只有 10 亿立方米，仅占计划调水总量的十几分之一。

那么，其余 100 多亿立方米的水都到哪里去了？

多数流向河南、河北一些地区。黄淮河平原，80% 以上的水资源都用于农业灌溉。对农业来说，这点调来的水是杯水车薪。而实际上，灌溉庄稼，种

航运古镇荆紫关，现在丹江经常断流不能通航。

南水中线两条河流之一——丹江

麦子和玉米，也用不起每立方数元成本的昂贵的长江之水。

现在农业用水浪费巨大，农业节水比城市节水有更大的潜力。能不能换一种思路，如果向农民和农业“买水”——农业少用一吨水，水务部门付给农民0.5元或0.8元，不比千里迢迢的调水成本要降低许多吗？而农民则可以拿这些钱，建设现代化的灌溉系统。

再说，黄河是地上河，从黄河小浪底水库往华北平原输水，在可见的将来也基本足够，用得着如此巨额投资，从汉水往黄淮海平原引水吗？

这种高价水只能卖给市民，卖给企业。而且，未饮汉江之水，水价已借南水北调之名先大涨了。从 2005 年起，石家庄市每立方自来水增收 0.7 元“南水北调基金”，工业用水每吨达到了 4 元。原先企业一部分水就用的是地下水，不行，也要加收“南水北调基金”，这有道理吗？我在调查时，华北制药厂一位专家说，实在不理解，为什么要拿南水北调来“捆绑”全部水价，即使在国际上，水资源也不是某一个部门，更不是一个企业的，筹集基金也不是靠涨价得来的。

作为共和国制药工业的“长子”、“一五”计划的重点项目，20 世纪 50 年代华北制药厂选址时，就考虑到石家庄地区有较为丰富的水资源。抗生素生产采用发酵工艺，耗水量大。华北制药厂因水价上涨因素，每年增加成本 1 000 多万，加上电价和其他原材料提价，2005 年生产开始逆转，出现亏损。华药是中国最大的抗生素生产基地，其青霉素生产已有近五十年的历史，面临着全面停产的可能。据了解，一些制药企业正考虑把抗生素部分生产转移到内蒙古河套地区，那里是黄河中游，用水好解决一些，但也能给黄河造成严重污染。

生物制药是国际上竞争激烈的技术产业。我不久前去了美国中部北卡罗莱纳州。这里密集着生物工程项目，尤以生物制药闻名于世，经济蓬勃发展。依托生物工程产业，杜克大学进入美国排名前 10 位的高校行列。如果调水未到，而水价普遍涨高，连高技术企业都有不能承受之重，那么，我国中部的黄淮海地区还能发展什么产业 ?!

关于水价问题，还要多说一点。

水务、自来水公司也是垄断行业，连年各地自来水提价涨声一片。据说，提价是“为了提高人们的节水意识”，此外还有“与一些发达国家相比仍有上涨空间”，等等。香港等地，水价是政府有补助的、公益性的，自然没有可比性。人们最愿意拿来比较的是日本。不说日本人均年收入，不说人民币的汇率与购买力评估上的问题。1999 年，日本城市平均自来水价格 141 日元 / 立方米，平均供水成本 181 日元 / 吨，因为日本的自来水可直接饮用，几乎达到矿泉水和纯净水的标准，处理成本较高。即使按 1 元人民币兑换 13.6 日元计算，每吨水约 10 元人民币——要求大幅上调水价的人，总喜欢拿水价与瓶装矿泉水比较，为何不拿桶装矿泉水与日本自来水比较？城市居民拿出 10 元钱，能买到 1 吨可直接饮用的自来水吗？

另外，日本 2000 年全国平均工业用水价格 24.08 日元，折合人民币不到 2 元钱。财政对工业用水设施的建设多有补助，中央负担的比例高达 50%，这是为了促进工业的发展。我国城市工业用水的平均价格是多少？

至此，我们就明白了，中国以改革名义的水价上涨，有可能走入一条不归路，最终将可能推动物价的全面上涨，制约经济与社会的发展。

04 西线——青藏高原，长江黄河上游的“恶搞”

南水北调西线工程箭在弦上。

需要把目光投向长江、黄河的源头，投向青藏高原。

这是一片什么样的神奇高原？

1985 年 7 月，中日联合黄河水源探查队宣布：黄河长江水源源头只相隔 200 米。长江与黄河发源后又大致并行着，向东奔跑了数百公里，然后分手。

这不是偶然。

长江发源于唐古拉山北麓的格拉丹东雪山，黄河发源于巴颜喀拉山北麓各姿各雅雪山——这大抵是以源头各支流的长度来考量的。一条世界闻名的大河发源于哪一条川谷小溪并不重要。至于考察黄河、长江发源于哪一条冰川，那更多的是地理和探险上的意义。长江黄河源区位于巴颜喀拉山的两侧，上游许多支流十分接近，都在同一区域，这是世界上十分罕见的。

其实，人们对那片土地、那片高原大陆所知甚少。

那片土地为何有如此丰沛的水量，同时哺育了世界上两条著名的河流长江、黄河，令两条大江河比邻而出？

毫无疑问，在青藏高原，在江河源地区，一定有非常独特的生态系统，上空一定有独特的大气降水机制——探讨与研究这一独特的生态系统与机制，对保护我们的母亲河至关重要。

青藏高原的隆起，改变了全球的大气环流。

高原上横亘着 4 条东西走向的雄伟山脉——自南向北，依次是喜马拉雅山、冈底斯山、唐古拉山和昆仑山。4 条山脉的平均高度，从南向北递降了 1 000 ~ 1 500 米。多年平均降水量在 300 毫米以下，年蒸发量超过 1 000 毫米，可依然能同时供应长江、黄河、澜沧江等世界重要江河发源，已经“匪夷所思”。

在昆仑山的北面，则是塔克拉玛干沙漠、柴达木盆地——都是极其干旱少雨地区。

青藏高原上空的水汽，主要来自孟加拉湾和印度洋。根据地形抬水理论，越往南，山高近海，拦截的水汽越多，降水量也就越大。这就是全球降水的极值——年降水量 2.6 万毫米——出现在喜马拉雅山南坡的原因。

长江黄河发源于半干旱的青藏高原主体北缘。

大气降水有年际月际的变化，季风地区尤其明显。考察世界各大河的发源，能够发现其河源地区都有稳定充沛的水源，或者沼泽湖泊，或者雪山冰川，能够常年进行天然的调节。如果江河在上游就经常断流、奄奄一息，必定没有奔流万里的创造力。

高原地的“水源”同样来自南方。喜马拉雅山、冈底斯山、唐古拉山，高耸的峰峦不可能拦截所有的高空水汽和流云。山脉呈锯齿状，有一个个山口。这些山口就是输送印度洋水汽的条条通道。

到过青藏高原的人都知道，许多山口都是终年云雾缭绕，雨雪纷飞，像通往藏北的，念青唐古拉山山口，正是输送水汽的重要通道。因为降水量大，海拔5 082米的巴颜喀拉山口，即青康公路（214国道）通过的地方，素以积雪最深、封山时间最长而著称。

青藏高原大气相对湿度较大，但绝对水汽含量却很小，没有特定的自然生态系统，就形不成有效的降水。平均海拔4 500多米的青藏高原，已经凸伸到了对流层大气的三分之一处。与地中海相等的250万平方公里的面积，足以孕育出一个独特的地理单元。

写这一章节的时候，我再次温习了生态系统的定义：在一定的空间和时间内，生物及其存在环境以及生物与生物之间相互作用，彼此通过物质循环、能量流动和信息交换，形成一个不可分割的自然整体。生态系统由大气圈、地圈、水圈和生物圈组成。

组成长江、黄河源地区的自然生态系统，融合了大气圈、地圈、水圈的要素，并形成物质循环、能量流动的关键，是高原湿地。长江、黄河、澜沧江“三江”源地区，高原湿地的总面积达31.8万平方公里，这里有“中华水塔”之称。

高原的雨季，集中在每年的6 ~ 7月间。

总有几次印度洋季风，带着大量水汽翻涌而至，高原上的暴雨来临了。三江源沼泽湿地长满绿草，平阔坦荡、储水量大，能留住一年之中少有的几场大雨带来的降水。此后，这些沼泽上的积水，蒸腾，又化为降水，形成循环，超过了年降水量的六成。据专家测算，在总面积达30多万平方公里的三江源湿地，每天受热，蒸发对流，会生成100 ~ 120个中小型对流单体，这有如“热带海洋”，为湿地上零散的对流热泡，提供了锋面抬升这种强烈而有组织的上升运动，促其合并加强，形成十分强烈的对流，结果便是有异常多的降水集中落在巴颜喀拉山的两侧，足够同时供江河发源。

近年，三江源地区土地沙化趋势加剧的消息不断见诸报端，高原湿地破坏已经引起了国内外的关注。

黄河流域水资源严重不足，近十几年来黄河流域河川径流量减少。南水北调西线工程计划从长江上游向黄河补充水源，有人鼓吹这是“解决黄河流域缺水的根本途径”——当然，也有气魄更大的，胆子更大的，放话“西藏之水才能救中国”。

走近锁闭的无尽群山，走近连绵的青藏高原。

我们看一看规划中的南水北调西线工程。

举世瞩目，在于它独特的地理位置。

引水工程位于青藏高原东部，在青海玉树藏族自治州、果洛藏族自治州和四川甘孜州、阿坝州境内。海拔高达 3 500 ~ 4 200 米，高寒缺氧，交通条件极差，生态环境十分脆弱。

根据规划，从长江上游三条主要河流年共调水 170 亿立方米，其中从通天河调水 80 亿方米，从雅砻江干流调水 50 亿立方米，从雅砻江和大渡河支流调水 40 亿立方米。主体工程的总投资 4 000 多亿元，工期 30 年。

西线工程经过几十年大量超前期和前期准备工作，在很多方案的比选中，已经“筛选”出了若干建电站抽水线路方案和筑高坝让长江水自流入黄河的方案。有关部门、地区和水利工程专家的积极性也很高涨，认为工程已经基本成熟可行，建议“将其尽早提上重要议事日程，使这一惠及西北地区和黄河流域的战略性工程早日实施”。

长江黄河均发源于巴颜喀拉山，从地图上看，直线距离很短。实际距离也不太远，有的支流末端相隔只有几公里。长江黄河发源后大致平行东流数百公里，看起来调水不难。但两者在地形上高差很大，黄河河床高出长江 80 ~ 450 米。

这是一个难以两全的矛盾：越往上游，江河的距离越近，但可供调的水量也越少；而把工程往下移，可调的水多，但距离远，地质构造复杂，黄河与长江河床高差更大，要使“水往高处流”并非易事。

南水北调西线几个方案中，建扬水站，用电力多级提水，工程建设投资虽然少些，但维持运行需要建造发电厂，费用极高。而且在高海拔地区扬水站的管理也有很多问题，因此基本上已被排除。

现在的方案倾向于采用自流方案。尚需在干流与支流上修建数座高坝，抬升几百米的高程，使长江水位高于黄河。但这其中有几个难点：

一是通天河、雅砻江、大渡河上均需建高坝，拟建中的各个坝址所在地，海拔均超过 3 400 米，其中通天河的两座坝址海拔超过 3 800 米，在高海拔地区修建高坝，要十分慎重。

二是自流方案需要一定的流速才能保证稳定的流量，这就要求两地需要有一定的落差。在南水北调西线工程中，需分段逐级调水，最短的雅砻江引水线路 131 ~ 304 公里，通天河至雅砻江段 407 ~ 504 公里，大渡河至雅砻江段 171 ~ 260 公里。超长隧洞和引水渠道要有一定的坡降，如果按 0.5% 计算，引水起点和终点落差至少在 100 米以上。如果考虑到长江与黄河原有的高差，实现自流修建的高坝至少要达到 250 ~ 300 米以上。有专家甚至认为，长江黄河源区和青藏高原切割强烈的地带修建 300 米左右的高坝，无异于在“太岁头上动土”，影响和风险不能低估。

100 米的落差是如何计算出来的?

南水北调中线丹江水源不是比北京仅高几十米，也都能实现自流吗?

——要知道，计划年调到北京的水实际只有 10 亿立方米，水尽管可以慢慢流，流上几十天、几个月也无妨。西线工程向黄河年调水 170 亿立方米，是往北京调水的 17 倍，而在高原，冬季三四个月没有解冻，无法调水；夏秋三个月雨季，黄河中下游暴雨成灾，也不用调水。青藏高原的调水区的凌汛虽有差别，但在海拔 3 000 米以上高寒地区，封冻的时间不会很短。

因此，可以肯定，实际能调水的时间不到半年，平均每天至少要调水 1 亿立方米，只有相当的流速才能保证足够的流量。几百公里的输水渠道，100 米的高差，很可能还不够。

第三个难点是南水北调西线工程将形成高原上数千平方公里的“大湖”——不是“高峡平湖”，而是高原巨泽。从长江上游年调水 170 亿立方米，必须在雨季把几百亿立方米的水拦蓄起来。因为 200 多米坝高以下是死库容，不能调，那么这几座水库总库蓄水多少？水面多大？这些大坝湖泊，对青藏高原生态有何影响？需要深入的科学评估。

青海高原湿地

还是找一个参照的湖泊。

黄河源头地区“姊妹湖”扎陵湖和鄂陵湖是高原浅型湖泊，总蓄水量约150亿立方米，湖面已经超过1 100平方公里；青海湖面积近4 000平方公里，储水量约700亿立方米。初步计算，引黄西线工程建成后，在长江干支流上游修建若干座250 ~ 300米高以上的大坝，形成的“高原湖泊”总面积将会超过2 500平方公里，与洞庭湖或鄱阳湖的面积相仿。

第四个难点是昆仑山地区地壳极不稳定，为地震和地质灾害多发区。调水工程位于可可西里—金沙江地震带内，该地震带为青藏高原地震区强震带，褶皱非常强烈，活动断裂发育。另外，引水工程需要通过多年冻土和季节冻土带，冻融循环系数高，施工难度大，对明渠渡漕等施工质量都有影响。有方案提出，在雅砻江支流上的V型峡谷中，采用爆破山体壅塞河流的方法建筑290米的高坝，省工省钱，埋下几千吨上万吨炸药，一个大爆破，掀掉半边山，形成一个壅塞湖即解决问题。

可壅塞湖一旦溃决，将对下游造成灭顶之灾。即使不溃决，工程对地质环境造成的破坏，以及可能引发的滑坡泥石流等灾害隐患，足使人不敢轻举妄动。

05 是否会影响三江源独特的大气降水机制？

气象学把降水分为外循环降水和内循环降水。

三江（长江、黄河、澜沧江）源区远离印度洋，地势高寒，大气储水力甚差，但有总面积达30多万平方公里的高原湿地，其中国家级三江源自然保护区（不含可可西里地区）面积为15.23万平方公里，占青海省国土面积的21%。

湿地又分河流湿地、湖泊湿地、沼泽湿地，比较著名的有星宿海、当曲沼泽、扎阿曲沼泽，等等。黄河和长江源区一年里仅有几次较强的印度洋暖湿气流，在雨季形成较为集中的降雨，这些降水大部分被贮存在高原湿地里。由于海拔高、地表植被稀疏，所以日出后地面一经受热便迅速升温，对边界层大气加热率极高。据中科院兰州大气所计算，日升温可达15度，15～25摄氏度正是青藏高原日气温的正常变幅。边界层加热的同时，在大片的湿地激发起活跃的中小尺度对流，低空水汽在上升过程中成云致雨，每10万平方公里的湿地上就有20～50个发展得很好的积雨云，不断进行的“内循环型”降雨，保证了供江河发源的充足水量。

“中华水塔”不是指这一地区的水资源如何丰富——年降水只有300多毫

米，实际上还是半干旱地区——由于高原湿地独特的气候与降水机制，对流层大气相当湿润，雨季甚至可以达到饱和，内循环使长年雨雪不断，源源不断地供应着江河发源。

现在这种循环正在被打断。

三江源区环境恶化，降水量减少，已经引起了广泛的关注。过度放牧、土地沙化等，肯定是长江黄河源湿地受到破坏的原因之一。

在甘肃玛曲，如今一条百余公里长的黄沙正在草原和黄河间延伸。玛曲县地处甘、青、川三省的结合部，是著名的黄河九曲之首曲，境内河流纵横，沼泽遍布，是黄河上游重要的水源涵养地和补充地。近年，随着全球气候变暖和当地人畜活动增多，玛曲县的生态环境正在恶化。自 20 世纪 80 年代以来，黄河源头地区近几年由于过度放牧、土地沙化等原因，造成了长江黄河源湿地破坏，导致降水明显减少。自 1997 年以来，黄河源头干流已多次出现过断流，其中最长的时间已达半年之久。湖面水位下降，黄河源电站建成了，但经常因断流而无水可发电。

气候改变，生态恶化也同样在长江源区继续着，曾经在视野中的雪线年年抬升，许多过去的雪山上已经看不到冰雪的影子，那仅存在雪水之巅的冰盖也正在萎缩。君曲，是长江南源的四大支流之一，河水流量曾在牙曲之上。现在，君曲流域数千平方公里的沼泽草场已经荡然无存，一半的草场已经严重沙化。源头的雪山冰峰上已经见不到皑皑白雪。许多小河小泉已经干涸。地处“中华水塔”，牧人却找不到水源，不得不饮用仅存的零星沼泽地中的积水。

红军长征经过的川、甘、青三省交界处的松潘草地（南水北调西线雅砻江调水工程需经过这一区域），原来也是降水频繁的高原沼泽湿地，几十年来修建水库等，湿地生态系统已经基本消失，气候已经发生了重大变化，降水也明显减少。

高原湿地是自 4 000 万年前长江黄河诞生以来，水分在水圈、大气圈、岩石圈和生物圈之间循环而达到平衡的反映，在江河发源诸环节中发挥着极其重要的作用，这种平衡一旦破坏，可能产生超出我们想象的严重后果。不仅工程施工本身可能影响山体稳定和破坏生态植被，而且修建高坝将在黄河长江源湿地区域内形成总水面达数千平方公里的大湖，其对高原气象和降水机制的影响需要认真评估。

会不会工程建成了，却发现没有多少水可引？

06 降水时空分布：长江黄河上游互补性的缺失

雄伟的巴颜喀拉山，在海拔 4 000 多米的青藏高原并不显得特别高大。青藏高原也应该是一个思想的高原、科学的高原。

也许，大多数中国人一生中很难有机会走近长江源头，走近那里的冰川雪山。但这并不意味着冰川雪山与他们无关。事实上，把长江、黄河和澜沧江源头，列为同一个生态区，即国家三江源自然保护区，表明了其地理地貌、气象环境、降水机理、自然生物等，都具有相同的特点，具有同一性。

于是，缺少互补性，是从长江上游往黄河上游调水的最大困惑之一。

长江黄河源区雨季和旱季分明，5 ~ 10 月为多雨阶段，11 月至翌年 4 月为少雨季节。

雨季的降水量占全年降水量的 80% 以上。长江源区与黄河源区的雨季开始时间和降水特征并无差别，同属单峰型降水类型。降雨月份的变化曲线只有一个最大值，不存在两个多雨时段，即长江上游降水黄河也降水。三江源区的降水最大月份常常出现在 8 月。在雨季中后期，降水也明显多于前期。

而这时，整个长江和黄河流域都已经先后进入雨季，大地笼罩在苍茫的烟雨之中。许多水库都需要事先提闸放水，留出足够的库容。

雨季里，黄河干支流水量几乎同时猛增，大小水库均拦洪蓄水，特别是中游的陕西黄土高原区，常常暴雨成灾，给下游的地上河带来了极大的威胁，抗洪抢险是最重要的任务，这个季节无需从长江调水。此外，高寒区江河封冻季节长。玛多、沱沱河等长江黄河源区年平均温度为零下 4 摄氏度。其中长江上游沱沱河全年中低于零下 10℃的冷期日数达 196 天。再如，2000 年 11 月 16 日，黄河上游的包头黄河铁路大桥附近黄河首先封冻，至 2001 年 3 月 24 日，宁蒙河段全部开通，历时 129 天，最大封冻长度约 695 公里。因此，工程年际实际可以调水时间将会大大减少，南水北调西线按一年中引水 10 个月规划，不科学，也不符合实际情况。

按年有效引水时间近六个月计算，调水 170 亿立方米，每昼夜平均流量要达到 1 亿立方米，每秒流量要达到 1 100 多立方米。因此，南水北调西线引水渠和隧洞都要有相当大的断面，这将是一条多么壮阔的大河啊！

修一条穿山隧洞、修一条引水渠够不够？要不要并行修建几条？这些都需要比较论证。还需要科学地研究分析工程的地理与地质问题。在青藏高原上修建高坝，打通上百公里的涵洞和隧道，可不单纯是水利工程技术上的问题。

在肯定从长江上游调水可以给黄河流域带来巨大经济和生态效益的同时，南水北调西线工程本身修建的高坝、长江上游流量减少乃至断流，高海拔海地区出现数千平方公里的人工深水湖泊，对高原的气候、湿地生态系统，特别是对降水机制和地质环境造成的各种复杂影响，需要进行多学科的综合研究和论证评估。

07　谁能给黄河输血？

古人对黄河总有一种敬畏的心情。

郑州的黄河宾馆大厅里，有一巨幅浮雕，李太白的诗意《黄河之水天上来》。站在这幅巨制前，会感到心潮澎湃。

我想，在倾泻奔腾咆哮的黄河水前，伟大诗人肯定有过科学精神巡回的清醒瞬间。

“你们可以藐视一切，但不能藐视黄河。藐视黄河，就是藐视我们这个民族。”——不知道毛主席有没有说过这句话，我至今没有查到出处。这句话，更多的是从人文角度着眼的。毛主席生前遗憾不多，但没有走一走黄河是个遗憾，他说：“人们说，不到黄河心不死，我是到了黄河也心不死。”毛主席“一定要把黄河的事情办好”的名言，引领着中国人民几十年不间断地“治黄”。

汉语中的一些词汇有多种含义。比如毛主席喜欢用的“办”。他对华国锋也说“你办事，我放心”，如同现在比较流行的“搞”，有“搞好”、“搞上去”、“恶搞”，等等。

但毛主席没有指出如何才能办好被形容为“三年两决口、百年一改道”的黄河，“安澜”肯定是半个世纪前的首要目标。仅仅过了几十年，在黄河干流上已建成了18座大坝，支流上的电站水库更是不计其数。也许我们的祖先永远也不会想到，黄河近二十年来竟会频繁断流。情况最严重的1997年，全年断流时间长达226天，断流的河段一度延至开封，山东境内黄河全线干涸。

黄河三角洲是我国最年轻的土地，黄河泥沙年复一年在这里继续着“填海造陆”。20世纪80年代前，黄河下游水急沙多，每年送入河口十多亿吨泥沙，黄河三角洲面积不断扩展。但近二十年来，黄河来水骤减，海水蚀退陆地，黄河三角洲不仅停止扩展，而且出现了萎缩。1997年断流最严重的一年，三角洲萎缩了七八千亩。

就在这一年，我到河口的垦利、利津，寻访了自然保护区，黄河浮桥横在干涸的河床上，白晃晃的河滩，在阳光下灼人眼目。接着，我又来到开封、郑州，河道中还有一股细流。乘气垫船溯流而上，但终于还是搁浅了。远远的，对岸的农民策马而来，不断招呼人们骑马旅游过河。溅起的泥水，马群驰过黄河，如同跑过雨后的庄稼地。

这就是黄河！马蹄下的黄河！

对黄河水资源开发利用，需要总体把握和分析。

黄河是中国第二大河，全长 5 460 公里，横贯中国东、中、西部，一级和二级支流众多。工业和农牧业分布区域不同、地区差异极大。需要具体研究科学分析，黄河不同地理单元气候和降水分布的时空规律，水资源及其开发利用状况，并根据今后几十年经济和社会发展的需要，制定不同地区缓解水资源不足的相应对策和措施，整体上提高黄河流域水资源利用率。

近年来，黄河的径流量不断减少，有人把原因归之于气候变化，这是最简单的办法。

但根据气象部门的材料，近十几年的黄河全流域的年降水量虽有偏枯或偏丰的年际波动，但总体未显著减少。目前大致处于下一个丰水期的前期。

水资源利用效率低，开发强度不断增大。城市和工业生产用水进一步增加；上游水能水电开发进一步加快。

青海省境内黄河干流上就建有电站 6 座；三江源地区“小水电代柴”工程也全面展开。可以说，从源头地区起，黄河就开始走向了“衰老”。

夏天，我从西宁出发，翻越达坂山，考察祁连南麓的大通河。

大通河是黄河上游最重要支流之一，水资源量达 27 亿立方米。这条河流发源于祁连县，经门源、天堂寺，在甘青边界汇合湟水后，在兰州附近注入黄河。从天堂寺到门源，大通河在祁连山与达坂山的峡谷中奔流，水流湍急，建有四五座低水头电站，形成了一条“水电走廊”。大通河峡谷景色绝佳。

现在，大通河入黄水量已大大减少。

被称为“西北都江堰”的引大（通河）入秦（王川）工程建成后，黄河水穿越祁连山，跨流域调入了甘肃兰州市以北 60 公里永登境内的秦王川地区。2006 年 6 月，新华社的《瞭望》周刊发表了《西北调水工程缘何屡成包袱》的文章，披露了这一工程存在问题。其实，这也是南水北调西线工程无法回避的难题。

在大通河的上游，海拔近 4 000 米的扁都口附近，我看到了另一处穿越祁连山的跨流域引水工程，即引大（通河）济金（昌）工程。那里有景色极美的硫黄喷泉，在河道上形成黄白色的硫黄。

沿黄两岸，主要用于农业灌溉的引黄用水迅速增加。

20世纪50年代，黄河年均引水量是128亿立方米，到90年代增加到约300亿立方米。引黄用水量最多的是1989年，全河高达334亿立方米，接近黄河可利用的径流量（340亿～380亿立方米）。

黄河兰州河段以下，有景泰电力引黄工程。这一高扬程、长管道、多梯级、大流量工程，由13级泵站、120台大型抽水机提水，高程达504米，年灌溉近600平方公里土地。

宁夏、内蒙古引黄灌区面积的扩大，用水量居高不下。沿黄引水的工程星罗棋布，分散多样，仅上中游就有引水、提水工程5万处。黄土高原区为治理水土流失建有淤地坝18万座，下游山东、河南境内引黄灌区面积不断扩大。

这是一组经常被人们所引用的数字：黄河占全国2.2%的天然径流量，滋养全国12%的人口，灌溉着全国15%的耕地，还为沿岸400多座城镇提供用水。近十年来，黄河水资源开发率已经高达60%以上，远远超过国际上公认的40%的警戒线。黄河下游的平滩流量，已从30年前的7 000立方米／秒，急剧下降到不足2 000立方米／秒。进入黄河的污水量在近20年内从21亿吨／年，增加到44亿吨／年。此外，黄河干流上大型水库年蒸发损失的水量也超过了10亿立方米。黄河水利委员会公布的《2004年黄河水资源公报》显示，2004年资源总量482.65亿立方米，总取水量为444.75亿立方米，水资源取用率高达92%。

什么是解决黄河流域缺水问题的治本之策？

——争水？节水？还是从长江调水？

南水北调西线的各项工作，就是在这种背景下加紧进行的。

西线调水的意义。被称为解决北方缺水，特别是黄河流域的城市和工农业生产缺水，解决黄河生态危机的唯一有效的措施。——此外还有一个更宏伟的目标，规划由黄河向河西走廊的黑河、石羊河调水，解决西北更广大地区的缺水问题。

其实，这些都经不起科学的分析。国家环保总局司长杨朝飞在《黄河断流的生态思考》一文中指出，要走出新的认识误区，依靠修建造水库工程，依靠东、中、西线南水北调解决黄河断流、维护生态平衡不是解决问题的根本出路。

——南水北调西线能解决北方城市的缺水吗？

在调水工程规划的简介中，西安、咸阳、渭南、铜川、太原等大中城市缺水都被放在了突出位置。似乎从上游调长江水入黄河，就能解决这些城市的严重缺水。

差矣！

黄河干流在内蒙古托克托（河口镇）以上为上游，河道长为 3 472 公里，沿黄仅有兰州及银川、包头等几座城市，且城市水源均为地下水和黄河支流上的水库，而非直接引自黄河干流。托克托至花园口为中游，河长 1 224 公里，托克托至潼关是下游洪水和泥沙的主要来源地。黄河上游大中城市少，兰州等沿黄城市缺水并不严重。

人口密集、经济比较发达、水资源严重短缺的地区，包括西安、咸阳、太原、铜川等城市，几乎都分布在黄河一二级支流上，南水北调西线工程几乎不能惠及。若黄河中游一二级支流沿河城市缺水，都从干流提水调水，违反自然规律，显然有很多问题。

——跨流域、长距离、高成本地往黄河干流输水，能解决黄河的生态问题吗？

黄河干流的水资源，85% 左右用于灌溉。新华社在《母亲河累了，让她休养生息吧》的报道中说，从兰州到河口镇区间，气候干旱，蒸发损失巨大。黄河的宁夏、内蒙古两大灌区，水资源利用效率低下、损耗浪费严重，仅宁夏灌区年引黄河水量最高时达 90 亿立方米。据统计，全国农田亩均灌溉用水 479 立方米，而在“天下黄河富宁夏”的地方，亩均引黄超过 1 100 立方米。黄河下游告急，河套地区漫灌农业与抢水状况，并没有从根本上改变。最大的可能只能是“调水种粮”——若用调来的长江水来扩大高耗水、低收益的产业，无助于西北地区的经济走上良性循环的发展轨道。

——从长江调水，能解决西北河西走廊，乃至新疆的缺水问题吗？答案也是否定的。黄河水利委员会主任在西北地区水资源问题及其对策高层研讨会上，介绍了西北塔里木盆地、吐哈盆地、河西走廊等许多地区缺水的情况后说，南水北调西线工程作用巨大，一是缓解西北地区水资源紧缺形势，为西部大开发战略实施提供水资源保障，成为西北地区经济社会可持续发展的重要基础条件；二是可遏制西北地区生态与环境恶化趋势，为实现人与自然和谐相处做出贡献。

西北地域广袤，不同地区缺水和生态问题，都能靠南水北调、靠黄河水来解决？——想象力从来都不缺乏。如何把黄河水调到河西走廊西部，调到新疆几个缺水地区？是不是还要再进行“东水西调”工程？

黄河流域水资源已经严重短缺，河西走廊年蒸发量高达 2 000 毫米。景泰二期，从黄河提水至景泰灌区后，再调往石羊河流域的民勤绿洲，就因调水成本及渗漏等，难以为继。有专家提出，除非万不得已，不宜再从黄河向其他流域长距离调水，盲目增加用水量，盲目扩大灌溉面积。

——引长江之水，能解决黄河下游的生态问题吗？

黄河中游干流蜿蜒在晋陕大峡谷中，山高谷深，引水量不大。南水西线工程，计划从雅砻江、通天河、大渡河上游来水通过岷江支流达曲，引流到黄河上游贾曲再汇入黄河干流。从贾曲入黄河处至内蒙古河口镇已有 2 700 多公里，到下游的河南花园口更有 4 000 公里之遥。而到下游后，还有河南、山东大灌区在等着引水。而这一地区，有南水北调中线、东线两大工程，无论如何，都要比从长江上游调水合理得多。

用不着多大的学问和专业知识都知道，数千公里长距离输送农业灌溉用水显然是不可行的。

08 西线工程：经济效益的另一种计算方法

中国还没有富裕到可以任意“糟钱”的程度，不计成本、不讲效益的工程应该终结，不管以什么名义。

且不说西线工程的巨大难题——西北高原漫长的封冻期和封冻带，南北气候冷暖的差异。工程规模和造价、调水成本、运行费用及环境污染对水质的影响等问题，一直是制约南水北调工程的“软肋”，其中以西线工程为最。从长江上游调水，经济指标是工程是否合理科学不容忽视的重要因素。

一是工程总投资将达 3 000 亿 ~ 4 000 亿元（实际将大大超过），而且均需中央政府投资，这是现阶段国家承受能力必须考虑的。南水北调西线工程采用电力梯级提水的方案投资较少，但每年运行费用高；自流方案需建多座高坝，工程量大、造价高，国家投资也大得多。南水北调西线工程线路走向和大坝、渠道、隧洞、渡槽规划，虽然未最后确定，但倾向性意见比较集中，即分三期开发，分步调水。先把雅砻江的水调入黄河，再把通天河、大渡河的水调到雅砻江，利用雅砻江上修建的调水工程，调水至黄河。根据分步调水的方案，南水北调西线工程为三期。按 2000 年一季度的价格水平，初步估算静态投资一期约 470 亿元，二期约 640 亿元，三期工程为 1 930 亿元。引黄西线工程静态总投资将超过 3 040 亿元。如果考虑到其他不确定因素，最后投资可能大大突破，甚至达到 4 000 亿 ~ 5 000 亿元。

西线工程所经之处，山高谷深坡陡，远离城市，交通条件极差。即使一期首先建设从雅砻江引水到黄河的工程，还得在各大坝、引水明渠和超长隧洞建设中，预留可供二三期工程再引水 140 亿立方米的空间。从这些方面综合考虑，470 亿静态投资根本不够。工程的造价、施工难度与实际可引水量相比很不对称。

二是南水北调西线工程把长江水引入黄河上游干流，难以建立相应的投入与产出机制。黄河引水中主要是农业灌溉用水，目前每吨只有几分钱的水资源费也常常收不上来。黄河中游污染加重，低于劣五类水质的河段增加。每年2 ~ 3月三门峡水库中常出现劣五类水，呈灰黑色，丧失了地表水的使用价值。开源难，而节流治污亦不易，用长江水来“稀释”更是不可取的。

南水北调东线、中线工程则不同，基本上都规划把长江水引入水库，以供城市和工业用水。如东线二期的终点是天津的北大港水库和威海的米山水库。这几个水库都是天津等大中城市的水源供应地。天津市提出，如果南水北调东线工程水质达不到城市用水的标准，将拒绝接受引水，目前海水淡化，达到纯净水标准的清洁水，每吨成本也只有6元。南水北调中线水质较好，北京市计划2008年把城市水价上调至每吨5 ~ 6元，以便与引黄的水价“接轨”，南水北调只占北京城市总用水量的一小部分，水价全面提高后，还可用大量“低成本”水的价差补贴南水北调工程。因此，在建设中除国家投入外，还可使用银行贷款，工程建成后，可通过向城市居民供水来还贷。黄河万家寨工程也有用发电收益来补贴引水费用的机制。这些南水北调西线工程都不具备，无法通过收取水资源费、提高水价来还贷。工程及今后的运行费用，均需国家投资财政支出，即使工程建成，国家将背上难以解脱的包袱。

至于一些人所提出的南水北调西线工程“增加黄河干流梯级水电站的保证出力和发电量”的所谓经济效益，完全可以忽略不计——因为增加黄河水量，同时也减少了长江和金沙江等电站的发电量。

从长江向干旱、半干旱的西北调水，总的来说有一定的生态和环境效益。经济和社会效益总是相对的，需要比较才能做出合理与正确的判断。调水成本是需要我们始终关注和计算的。

——真理原来这样简单。

在北京的一次国家软科学选题的有关研讨会上，有专家提出应把南水北调西线工程这样的重大项目列入国家软科学选题。作为国家软科学评委会委员，我当即表示了不同意见。一位专家说，有十几个院士给中央领导写信，要求尽快启动西线工程。

我说，有些简单的计算，根本无须院士这样高深渊博的学问。

我在会上简单地计算出西线调水成本，不对称投资和比较效益，使那位积极建议把西线工程列入国家软科学选题的专家无话可说。

我是这样计算的：

按南水北调西线工程静态总投资 3 040 亿元（实际可能大大超出），工程使用寿命为 45 年计算，每年实际耗资为 67.5 亿元。即使四十多年后调水工程仍能使用，其维修成本也很大。

经济学投资回报通常按银行利率计算，以 5% 计，1 年为 150 亿元。

这两项相加年调水实际费用为 217.5 亿元。

终究要面对历史：边上的司马迁祠墓（韩城）

这还不包括调水工程的管理和运行成本，一年至少需要5亿～6亿元。

长江源区存在年际降雨不均的变化，如果考虑到长途调水中水资源的消耗与损失，很可能达不到正常的调水量。即使工程运行完全达到设计要求，不计运行管理维修费用，年调水170亿吨，每立方米调来长江水到汇入黄河处成本为1.28元。黄河水流到千公里外的宁夏、内蒙古河套引黄灌区，加上损耗，每立方水成本达到1.5元。若加上提水等费用，实际吨水成本超过2元。

这样高的水价，你种小麦用得起吗？

根据黄河山东水资源保护局的材料，引黄灌溉单方水效益平均约0.6元，城镇和工业引黄单方水净效益0.6～2元，平均不到1元。西北地区引黄水效益应低于山东等经济发达地区。《南水北调西线规划》预计，向黄河干流补水，向两岸和河西走廊黑河、石羊河供水，“单方经济效益6元，年净经济效益993亿元”，显然大大高估，是不准确的。高估的目的是为了争取国家立项。在西北多数灌区，生产1公斤小麦就需1立方水。不算人工和化肥、农药，1公斤小麦能卖到6元？

目前，宁夏、内蒙古引黄灌区，一方面存在投入不足，灌排设备陈旧落后，水渠渗漏严重等问题；另一方面存在大量漫灌现象，节水潜力巨大。

黄河流域8 000万亩水浇地，如果有一半使用节水技术，一年就可节水36亿～56亿立方米。在节水措施尚未落实，集约型农业建立之前，一年耗费数百亿元大量调水，不如通过采取具体措施推行节水灌溉技术，通过政府买技术和设施的办法，“补贴”给农业和农民，把西北农业现代化大大推进一步。

09 再说引黄灌溉

有些存在的难题，可以提醒我们这一群迷失的人。宏伟的壮举背后，是否有举步维艰的困窘？

也曾风起云涌，也曾沧海桑田。西北调水工程普遍存在的问题是工程目标宏大，超出了自然条件承受能力，并由于初期论证不严谨，使工程建成后效益低下。

《瞭望》新闻周刊记者来到早已正式通水的甘肃省南阳灌溉工程项目区，时过初春，触目依然是满坡旱地，当地村民说，这里吃水依然十分困难。西北干旱省份多个调水工程完成后发现，由于前期论证不严谨、后期地方配套不足、开发模式落后等因素，有的项目屡屡出现工程效益发挥有限、后期调整困难等问题，有的甚至成为财政包袱。

为了让黄河水润泽更多缺水的群众，自 20 世纪 60 年代以来，国家在宁夏境内相继建成了一批大中型电力扬黄工程。现在每年提水 6 亿多立方米，总装机 43 万千瓦，实际灌溉面积近 140 万亩。这些工程覆盖区多半属干旱荒漠地带，降雨量只有 200 ~ 300 毫米，年蒸发量却高达 2 000 毫米。

西海固是严重干旱缺水地区。不少地方连人畜饮水都非常困难。数万缺水山区的贫困群众，搬迁到了扬黄灌区，建设新的家园。首先要解决农民吃饭问题，旱地改成了水浇地，主要用来种粮食。这些地方农民浇地主要采取漫灌的方式，种一季庄稼要灌 4~7 次水，亩均用水量多达 600 ~ 700 立方米以上，单方水产粮还不足 1 公斤。

此外，引水线路长，引水成本高。泵站、渠口闸门、干渠水量计量，每一项都要管理人员，增加了运营成本。固海扬黄工程与原先设计规划相去很远，年引水 3.25 亿立方米，却只灌溉了 60 万亩农田。1997 年盐定环扬黄工程主体工程建成，把黄河水引至盐池、定边、环县一些灌区，提取的黄河水 90% 以上都以远低于成本的价格流进了农田，工程每年收取的水费还不够扬水耗电用的电费。据统计，自 1998 年以来，宁夏每年给予扬黄工程的各类补贴资金都在 3 000 万元以上，给地方财政带来的沉重负担，工程的运行管理十分困难，“一项扬黄工程，一个吞钱的黑洞”。

焦点集中在水价上。

国家对这些工程的投入都是不计成本的。甘肃景泰川电力提水工程农业灌溉用水每立方米 0.21 ~ 0.24 元，宁夏固海扬黄工程农业灌溉用水 0.1 元左右。还有一些调价空间，但有限，如果不改变粮食生产的方式。固海扬黄灌区的农民算了笔用水账和生产账。以最高产的麦套玉米为例，正常年景每亩地需灌水 800 多立方米，亩均纯收入 400 ~ 500 元。如果每立方米水价上调到 0.25 元的话，每亩仅水费就要增加成本 200 多元，种粮还有多少收益？

美国芝加哥是世界上最大的粮食期货市场，主要依托五大湖周边及伊利诺伊州产粮区。我从芝加哥驱车前往伊利诺伊州的州府春田，窗外是一望无际秋天的原野。当地气候与农业生产条件极好，风调雨顺，种粮基本上靠天，不用引水灌溉，即是丰收年景，再加上现代化的规模农业，产粮效益高、成本低，其玉米等大量出口到中国。

在一定的农业生产条件下，粮食生产的成本始终是必须考虑的问题。几千年来简单的自给自足的小农经济思维值得商榷，尤其是当粮食已经成为一种商品时。

国内的粮价受国际市场粮价的影响，已经没有太多上调的空间。

统筹考虑黄河流域，乃至中国北方水资源；打破行业、部门与地区界限，科学管理、保护、开发和利用，统筹考虑地表与地下、上游与下游、干流与支流；在黄河全流域推广农业节水灌溉、发展旱作农业，结合生物技术和农业工业化进程，减少农业的用水量；发展节水工业，采用有力的政策措施，大力推广节水新工艺、新技术；发挥市场调节作用，在沿黄城市建立水资源保护管理和现代水务机制。这应该是解决水资源紧缺矛盾，使经济社会可持续发展的根本途径。

中国是一个发展中国家。南水北调西线将是当今世界上最大的水利工程，事关长江、黄河这两大江河的根本。不能笼统地说利大于弊，或者弊大于利，因为受益和造成的破坏影响不属同一个时空，不在同一个区域，没有可比性。南水北调西线工程难以建立投入产出和良性运行的调水机制，将会使国家和西北地区的发展增加长期重担，甚至成为一个财政黑洞。

这已经不是回望了，而是认识的回归，但大声说出来仍需要勇气。自然不属于哪一个年代——青藏高原和长江、黄河源区的气象气候和生态环境具有原始、脆弱、敏感和不可逆转性等特点，是目前世界科学界关注的焦点，造成的任何负面影响，最终都将在下游，在今后的十年、几十年中才能全部反映出来。

不能没有壮阔的黄河。

那天，我与朋友坐在黄河北岸茶室的一处露台上，喝着茶，眺望着兰州市林立的高楼。滚滚的黄水在眼前流过。盈耳都是大河的奔流声。我深切地感到，远在天边、近在眼前的黄河原本就是中华民族的命定。

山西洪洞大槐树

九 世纪移民

从三门峡到丹江口，伟大成就的背后——
流水崩云一般的水库移民走向何方？
青海高原的生存极限。
经济、政治与生态环境成本效益的另一种核算。
谁把千百万移民的遭遇与艰辛写成啼血之作？

01　2 000万，中国移民史上的黄页

移民，用准确的语言表达就很“学术”：人口迁移，系指人类居住地点在地理空间上的移动。

如流水崩云一般，人、家庭、部落、社会，总是处于不稳定的状态。这一伙、那一群，不断有人举家迁移，风尘仆仆地走在漫漫的路上。这种迁移——离开家园的漂流，艰辛的重建，影响着地区乃至国家的政治经济和社会，影响着历史。更影响着人——一代甚至几代人的生存环境、性格和心灵。

不再追溯远古。从涓涓细流，发展到后来的惊涛裂岸似的人口迁移狂潮。中国的移民潮，多起始于黄河中下游地区。

从卷帙浩繁的典籍中，在回肠荡气的阅读过程里，我熟知了那片土地。开垦，种麦子、水稻、高粱、玉米。一个经济区，开发得太早，成熟得太早，如果资源耗尽，也就必然凋落。人口稠密，村舍相望，鸡犬相闻，造成土地上人口的超载，就像密植后的不断移植。

得中原者得中国。这片处于南北要冲的皇天后土，成了逐鹿者争霸的舞台。水旱灾变、战乱频繁。为避灾荒战乱，人口迁移的狂潮一次又一次呼啸着漫过——在血与火的征伐中，在黄河的狂涛怒浪中，汩汩流失的还有中国的文化与血脉。

专家指出：历史上中国人口迁移大的趋势，是以黄河中下游为基点，进行的“离心状运动”过程。像一个个“台风眼”，又像行星冲撞爆炸后四散迸裂

的烟云和碎块，在强烈的震撼中，人们含泪逃亡，循着一条条路线，跨越惊人的距离，踪迹到了天之涯、海之角。

青灯下，黄卷哗哗翻过。自然因素，天灾人祸，多数为自发的逃亡——又称之为“流民”；当然，还有流民起义。晋代的“永嘉丧乱”、唐代的“安史之乱”、宋代的“靖康之难”。即在北方游牧民族入侵中原的压力下，迫使中原居民南迁，过淮河，渡长江，越五岭，最终导致了中国人口与经济重心的南移。当然，也有政府组织的“政策性移民”——从徭役拓边、移民屯边、迁都徙民，到“移富豪实关中”、“旗京移垦”等。

山西洪洞县的大槐树，见证了明代政策性移民的浩大、悲壮与无情。

这些民谣已经流传了数百年：“问我祖先何处来，山西洪洞大槐树”，“祖先故居叫什么，大槐树下老鸹窝”。

从洪武到永乐年间，在半个世纪之中，屡迁晋东南的民众集中于滁县、山东、河南、保安等处。政府在洪洞县设置了移民局，大槐树下汇集着四方待迁的移民。

阅读明初大移民史，不能不来山西洪洞县。

在这里，我了解到朱元璋这个皇帝是最了解农村，最懂得农民的，也是解决中国“三农”问题的好手。谁能比有过耕田灌园、逃荒要饭童年，又有农民战争血火经历的统帅，更懂得土地和粮食的关系、土地和人的关系，更懂得那个时代的“穷人经济学”？《明洪武实录》中记载：“天下初定，百姓财力俱困，譬犹初飞之鸟不可拔其羽，新植之木不可摇其根，要在安养生息之。”

明初战乱之后，山东、河南、河北等地“多是无人之地”。其实，移民垦荒，移民屯田，远不止“洪洞大槐树”。江淮移民，云南贵州，辽东移民，青海移民……一波又一波，始终没有停止。

写进史书的均是肯定的结论：“调整人口的正常比例，使人口布局更为合理，包括从人口稠密区向人口稀疏区移民、迁移无地农民、迁徙豪富及屯垦戍边等多项内容。经过了人口调整，使大批的无地贫民重新获得了和土地结合的机会，在客观上促进了残破经济的恢复，使明朝经济终于在洪武年间进入了正常发展的轨道。”但是，许多结论一“客观”，也容易忽略了人，忽略了移民们的生命与命运。

时过境迁，历史不能复活。

皇帝及其谋士们的决策，有时就像一个本身就有反侦探经验的犯罪的法官，为人们断案设下一道又一道迷障，刻意沉埋了许多隐情，并将关键证据从人间永远抹去。——比如我的故乡浙江沿海，元末是方国珍起义的肇始地。明初被大量移民安徽，流放云南，繁华的沿海地区十室九空，经济倒退了几十年。明明含有统治者报复的阴暗心理。可这些连推勘千古真相的“蛛丝马迹”、“雪泥鸿爪”都难以寻找了。

络绎不绝的百姓离开自己的家园，走在路上，哀鸿遍野，长长的队列边有官兵的解押。他们扶老携幼，走向不可知的辽远。

风帆更起，离愁无数。在口口相传中，移民的后代已说不清故土，只记得山西洪洞县，这个让人又爱又恨的地方——是又一次漂泊流浪的起点。

一步一回头，北方冬日惨淡的云层下，几点寒鸦急急飞过，回望远方的地平线，在那株高大槐树树梢上，凝成一团解不开的乡愁。

19世纪以来，中国战乱与灾害频繁，人们流离失所。特别是抗日战争时期，民国政府与工厂学校的西迁，解放战争时的大军南下，人口迁移都达到了相当的规模。

从1949年，更确切地说应该是1950年起，中国进入了一个稳定而持续的发展期。

无须预设的前提，无须独断之学与考索之功，研究当代只需洞察与分析能力，就像陈云所说的，不唯上，不唯书，只唯实。

和历史上历次大移民既相似又不同的是，中国当代的移民主要是各种政治运动与经济建设“高潮”引发的。像1957年后几十万“右派”的下放劳改劳教，文化大革命中知青的支边与上山下乡，以及军队集体转业到新疆和北大荒，开发、支援三线建设，等等。这些都有几十万人，数百万人口大规模的迁徙与流动。在这些运动中涌流着人潮，热闹过后的冷清，生离死别，鲜花与眼泪，绝望与希望，全都交织在一起。那些充满豪情的悲壮和艰难曲折的故事，时断时续，一直到今天的农民进城务工，到沿海打工。

但是，半个世纪以来，在痛失家园之后的一次性移民中，规模最大、牺牲最大、持续时间最长，当数中国2 000多万水库移民——这从人口数量上来说，超过了中国历史上任何一次移民。

这些人中大多数是普普通通的农民——而且，是绝地大移民。

有潮起总有潮落。不像北大荒的复转官兵一样，可以讴歌雁飞塞北的豪情；不像新疆的军垦战士一般，唱出过豪迈嘹亮的军垦战歌；也不同于右派们，可以有天云山传奇和欣赏绿化树，苦难中不乏“小资”情调男欢女爱；也有别于

洪洞历史上移民的祭祖堂

知青，艰窘过后报考大学或返城，纷纷执笔，描述中国知青梦，赞美神奇的土地，形成了蔚为壮观的“知青文学”。

这是一个重大的、需要深思熟虑的问题——但我必须义无反顾地说出，因为这沉重的分量，已压在我心底多年。

不为人所知，不为人理解，因家园完全沦丧而别土离乡的水库移民中，多数是文盲，祖祖辈辈靠土地谋生，从泥土中刨食，而别无他长。他们的泪水，他们的委屈，他们的凄凉，他们的弱小模糊的身影，完全被“伟大的工程”、“辉煌的成就”所遮蔽了。几百万、几千万移民的贡献与牺牲，完全遗忘，不值一提。关注坝高，关注“库容”，关注蓄水量，关注发电量与效益，关注工程质量而不关注移民生活质量——一句话，就是不关注人。哪一本关于水电建设的书籍画册，记载过水库移民？这也是历史教科书、中国当代经济史所缺失的！

在鞭炮与彩旗装扮的盛典中，人们赞美英明的决策，讴歌水库电站的建设者。——人们还记得伟大领袖到十三陵水库人山人海的工地参加劳动时的慈祥微笑。有哪一个领导参加过水库移民简易房、临时棚屋的修建？——可以看望灾民，送温暖，可以上电视，登报纸；但切不可看望老移民，遇到此类问题，便噤若寒蝉，绕道而走。这成了一些地方官员为政的“守则”。

佛子岭、三门峡、新安江……最早一批水库移民走出家园至今，已隔了半个世纪的沧桑岁月，当年童稚少年，也已华发苍颜，很多人已经不在人世。他们的后代，不少还生活在艰难贫困无望之中。——有谁还记得他们？把他们的遭遇与艰辛写成啼血之作？

02　移民支边，从丹江口到青海高原

在冬日暗淡的黄昏，窗外飘着鹅毛大雪。

我翻开了深褐色的厚厚的《淅川移民志》，读着，泪流了下来——我不知道，中国还有没有其他县份，给水库移民写一部史书的。

是的，明天会更好。人们已经习惯了沉默。

虽说以天下为己任，但人毕竟在现实环境里生活——也许根本不应该把文章写到这一层，千方百计寻找解开苦恼的钥匙——不去想什么，也可以活得很快活。可是我做不到，觉得愧对俸禄。但是，走进高耸的历史大山阔岭中，寻找辨认那些血泪之路的走向，在今天的“超常发展”、“跨越式发展”的冲动下，若能多看一眼我们终生贫穷的淳朴的父兄，看一看他们日渐淡去的背影，不是能够多一些清醒与理智，多一些科学与人文关怀吗？

这部《淅川移民志》上限为1956年，下限为1999年。从1956年底，长江流域规划水利办公室派员到河南淅川县研究丹江口水库移民安置等有关问题开始记载。

不同于寻常的“阅读体验”。我满怀真诚，一页一页地翻过去，成就政绩和文献记载中一些人们不愿说出的东西，开始鲜活地重现——以人为本，人和自然和谐相处，迟说了几十年的关键词，如洪钟大吕一般，一再从遥远的旷野上隐隐传来。

——1958年，汉江干流上的丹江口水库大坝正式动工。

——淅川县自1959年迁建县城，并开始移民。历时20年，淅川因丹江口水库移民20.5万，平均每年移出1万人。这个数字占整个丹江口水库移民人数的53.6%，为当时全县总人口的46.7%。与延续至今的移民安置方式相同。在淅川的移民中，约一半就地后靠，安置在丹江水库沿岸。另一半则分别迁往青海省、湖北省和河南省的邓县。

——1959年3月至6月，淅川县首次从淹没区应搬迁人口中动员8 008名体格健壮的青年（男5 565名，女2 443人），按团、营、连组成部队建制，奔赴青海省安家落户，支援边疆建设（俗称支边）。

——1960年春，再动员支边青年家属14 334人，随同迁往青海落户。

……

丹江口水库移民贫困依旧

如同一滴水。20.5万——约为全国水库移民总数的1%；其中远赴青海支边的2.2万人，高于全国水库移民总数的0.1%。

一滴水未必能折射出太阳的光辉，却可以检测出同类液体的酸碱度，品出酸甜苦辣。

丹江口水库移民正在老去

春寒料峭，北风阵阵。

丹江口水库移民进入高峰时，“大跃进”的热潮已经掀起，饥荒的阴影开始在中原大地上徘徊。而当时全国上下正轰轰烈烈开展除“四害”（蚊、蝇、鼠、雀），淅川县委提出要建成“小麦元帅县”。

就在这时，库区几千名身强力壮，经审查“政治可靠”，年龄 18 ~ 25 岁的青年农民，经过动员组织，登记造册，抛家毁业，满怀希望，踏上了西行支边的路途。

多数农民从未远离过家门，离开过生养他们的土地，丹江边上的平畴沃土，也很少有水涝灾害。他们不明白家园怎么成了要淹没的库区，更不知道遥远的青海高原是什么模样，只知道这是国家建设的需要。多数人出门时只带了简单的几个包袱以及菜籽，像去打临工似地以为一年两载就能回来。政府给支边移民青年每人发大衣一件、棉衣一套，被褥各一条——这就是关怀与补偿的全部！

丹江口水库淹没区发生的村落和社群的迁移，如同历史上的大军远征。与数千青海支边青年农民同行的，还有 34 名教师、18 名医生、14 个护士，几百名农业技术员，此外还有理发员、铁匠、窑匠、泥水匠、石匠、竹匠、酿酒师、鞋匠、伙夫，等等。——这无须怀疑，与水库移民一同西迁的还有几个农村剧社，130 名演员、34 个民间乐师伴奏。未来的新生活将多姿多彩，载歌载舞！

在村里集合，按排、连、营编制，一些后生和姑娘直到离开父母时才哭出声来。无须多带行李，只要带一两件锄头、铁锹等小农具，还有每人自带两斤干粮，路上吃就够了。青海那边有白面、蔬菜、鸡、肉等着，一切都准备好了，欢迎你们过去开发创业。青年移民们步行或乘拖拉机到县城，然后搭乘大卡车去火车站。

南阳专署与淅川县在许昌设接待站，当时许昌街头像过节一样热闹，挂上了许多红色标语。等各地移民都到齐后，分成三批上火车。每个移民专列两千多人，由闷罐车和硬坐车组成，其中简易客车供女性乘坐。多数在闷罐车里的人连火车到哪儿了都不清楚，只从门缝的光线变化中，知道是白天还是黑夜。移民专列自然没有餐车，除自带干粮外，在陕西潼关站和甘肃陇西站，支起大锅，设立了餐点，青年们可以下车吃饭喝碗热汤，活动一下手脚。专列走走停停，几天后抵达青海。

1959 年 4 月初，高原上春寒料峭。来自河南淅川县的最早一批水库移民被安置在循化撒拉自治县。

循化在青海省东部，与甘肃的积石山、临夏毗邻，安置区在高山下的荒滩上。淅川县3 100名移民与信阳汝南县2 000人组成文都建设兵团。支边青年到达后，环顾四野，满是沙石，少见绿意，见如此荒凉之地，有的女孩子就落泪了。青年们把行李家具搬进了当地农民腾出的简陋的土坯木板房，十几人一间，打好地铺，作为集体宿舍。以连为单位，200多人一个食堂集体吃饭。食堂备有当地政府给准备的食物，共有面粉、土豆各250公斤，大米100公斤，甜菜两缸。新鲜劲儿过后，他们立即犯愁了，这些粮食仅够两三天吃的啊。

同年5月，第二批2 000多水库移民到达青海。

这批移民先是被安置在龙羊峡附近的贵德县。新家还未收拾停当，荒地开出来，头茬庄稼刚有一点收成，9月天气转凉，秋草开始枯黄。这批开始安顿下的移民，又要再度搬迁，前往更加遥远的大山中的贵南军马场。

第三批水库移民2 000多人，与上批移民差不多同时到达青海。他们在西宁换上卡车，直向柴达木盆地南缘的昆仑山下开去。被安置在西宁与柴达木之间海拔最高的都兰县垦荒。

支边人员均按军事建制建立了农场。

几天后，粮食很快吃完了，食堂几近断炊，怎么办？

据《淅川移民志》记载："各级领导立即组织青年进行学习，教育青年要顾全大局，要靠决心和双手开荒种地，建设好保卫好边疆。"

学习、教育。顾全大局，在半饥饿中，移民们坚持出工，上山开荒劳动，靠的是年轻的体力和生命。

山大沟深，土地不适合机耕。农具不足，牲畜缺少，开荒用锄头，耕种人拉犁、耧。毕竟高原缺氧、空气稀薄，容易劳累，劲儿使大了就喘不上气来。但最要命的是粮食不够，即使喝稀的也难以维持。播下种子，风调雨顺，要几个月后才有收成。这三个安置地，海拔都在2 800米至3 600米之间，有些荒滩，海拔太高，只能种点青稞，根本不适合种麦子。

高原反应、劳累和疾病、缺粮和饥馑，像阴云一样，始终笼罩着，挥之不去。即使年轻强壮的体质，也扛不住断粮之苦和极度劳累。思乡，想家，移民们人心开始浮动。这三批移民，都有淅川县级干部领队。为了求得口粮和生活生产必需品，干部们不得不一趟又一趟地找当地政府反映实情要粮。当地政府也有难处，拿不出粮食，都已经按规定给了，你怎么能多要？双方争执起来。为移民奔走呼吁的干部，在假话盛行的年代，很容易受到打击。原任淅川县委委员、县检察院检察长、支边移民团“政委”的王海申，原淅川县城关乡党委副书记、一营营长侯富润，因此立即受到政治处分——这起错案，直到1965年才给予平反摘帽。少了当家人的河南移民们，人心更加不稳。

青海省有关方面认为，移民思乡和队伍不稳的原因，是他们的家庭、亲属不曾迁来。

1960年2月，青海省组织“慰问团”到淅川。慰问团还有另一个任务，即继续动员支边青年家属到青海，这次共动员了4 709户、14 334人去青海安家落户。他们认为，家整个搬来后，移民们就能安心扎根了。至此，淅川水库移民支边青海的总数达到了2.2万多人。这一批移民中有不少老人、妇女和孩子。

秋季，边地风起，白草枯黄，霜冻来得早。

在青海种粮，不了解当地气候环境，可能只差几天就没有收成。粮食减产，有的地方种下后颗粒无收。

连绵淫雨过后，朔风一阵紧似一阵，严寒的冬天就要来临了。恐慌很快火一样蔓延开来。

浮肿，发烧，不断有倒下不起的。移民中“正常死亡”——主要是染病和饿死的人数增多。支边人员开始背上行李出走逃亡，人数不断增多，干部拦都拦不住。成群结队，举家讨饭也要回到河南。雁行过处，青海淅川移民安置地出现了十室九空的情况。

据《1965年青海省对淅川县支边人员抚恤补助表》不完全统计，死亡、下落不明、致残人数达654人，其中在青海死亡的达到386人，下落不明的达98人。

但实际上，死亡等远不止此数，因为统计人数中不包括支边青年的家属。

《抚恤补助表》记载：死亡支边青年，抚恤标准每人为167元，致残补偿

丹江口水库淹没区，上有文物保护区标志

标准每人10余元——这就是一个年轻的鲜活生命的代价！

20世纪90年代，作为新华社记者，我从格尔木采访返回西宁途中，进入昆仑山，采访地质队，夜宿都兰县。由于海拔高，有些缺氧，在县城行走，呼吸粗急。在小招待所昏黄的灯光下，我写了篇记述女地质勘察队员的通讯——《昆仑山拒绝眼泪》。女地质队员只有数名，而几十年前的河南水库移民有上万，且有好多人长眠于此，他们的眼泪呢？——用不着触景生情的联想。也许，我们都曾经错过，长眠在这里的永远年轻的生命。在雄浑大山深浓的背影里，在伟大时代的蓝色背影里，能活下去，活着，是多么好啊。

其实不仅是丹江口水库，开大规模水库移民支边先河的是三门峡水利枢纽工程。当年三门峡也有数十万人迁往宁夏等地。这些移民与丹江口水库移民相似，支边后陷入了极度贫困之中，多数又返回到水库周边地区，无家无土，守望黄河。这造成了长达数十年的移民返迁问题。

03 水来了，水来了——退不去的无情水！

丹江口工程的综合效益中，排在第一位的是防洪。

淅川在历史上很少有洪水发生，原淅川老县城依水而建，有航运商旅之便，河两边也多是肥沃的水浇地——否则，丹江小盆地缘何能成为楚文化的发祥之地？

对丹江两岸的百姓来说，灾难不是丹江的洪水，而是水库长期无规律的漫水和蓄水。

1960 年，丹江水库动工两年以后，汉江与丹江受到施工影响，水流不畅。9 月里，当地并无暴雨，上游也未发洪水。静静的丹江在不动声色中，水位突然暴涨，地里的庄稼来不及收割，水就哗哗地漫上来了，撵着人跑，成熟的庄稼一两天就完全浸泡在水里了，只露出了尖梢。水来了，水来了，水漫进了村子——这是从未见过的大水，人逃出去了，可房屋经不起浸泡，纷纷垮塌。

这次，李官桥、三官殿、下寺等 52 个村庄，2 237 户农民受灾。淹没秋粮 3.1 万亩，房屋倒塌 4 050 间，损失农具、衣被等 5 万余件，粮棉等物资 10 多万公斤。在那个年代里，即使是人祸，也没地方可说，对灾民来说，只有“抗灾自救”。那个寒冷的冬天，窝棚的檐下挂着条条冰凌，树皮野菜煮着纽扣般大小的洋芋。我不知道数千拖家带口的灾民们是怎样熬过来的。——但这仅仅是磨难的开始。从此，丹江库区进入了十年九灾不断洗劫的轮回之中。

——1961 年，丹江大坝围堰壅水。决定库区海拔 124 米线以下的居民动

著名唐代古刹香严寺上寺，下寺被水库淹没了。

迁——这批移民被称为老移民，共涉及 4 个公社，100 多个村子，计 26 725 人。

决定来得很突然。对这批移民，水利和施工部门未做任何安排。

淅川县政府与邓县政府商量，把其中 4 000 多人迁往邓县的孟楼、彭桥两地插队安置。其余 2 万多人均限期轰出家门，投亲靠友，自己找落脚的地方。——我实在不知道这是不是一次对农民彻底的“剥夺与窃掠”。

望不断上涨的水啊，望不到边的愁！

穷家难舍，故土难离。有的农民亲戚全在水库区村里，哪有可以投靠的地方？还来不及搬迁，地就淹了，水就进村了，漫进院子了，房屋被淹。为什么不能说，“以水赶人”，“库水猛于虎”？农民拖家带口，挑着锅、背着粮，赶着猪娃，只好先到地势高一点的坡地上，搭起个棚子。接着，便是绵绵不断的秋雨。地没了，家没了，粮也没了。忘情水，忘情水……

1962 年，丹江口水库大坝因工程质量问题暂停。

水库修了一半，停了，不少库区边上灾民看看没动静。那么好的地不能撂荒，就返回原来的村镇。此时，已经一贫如洗，到处断墙残壁。他们在老宅院子里清理，搭起炉灶，支起棚子栖身，回到自家原先的田地上耕作。当然，这一切都没有官方阻拦，没有安民告示——这也是灾民的生产自救啊。

谁知刚刚安稳了一年。1963 年 5 月，大雨倾盆。库区水位暴涨，返回库区的农民，又再次被淹，大家又赶忙逃了出来。

1963 年 12 月，丹江口工程复工。

此时，国务院正式批准了丹江口水库工程规划。按照规划，水库建设以防洪为主，结合发电，即正常水位 145 米，移民高程 147 米。

大规模的移民开始了。

已经迟到了三年。我尽可能详细地抄录以下这些数据，为了不让世人忘却水库移民所做出的牺牲——

1961 年水库移民的补偿，分楼房、瓦房、草房三类。

每一种又有若干档次，其具体标准是：瓦房每间一等 125 元，二等 110 元，三等 95 元；草房每间一等 95 元，二等 85 元，三等 75 元。以后多次进行了登记、调整，到 1965 年，按当时兑现的发款册，房屋属自己处理的，平均每人增补 90 ~ 110 元，已达到标准者不再解决。房屋归国家处理的平均每人 140 ~ 155 元，已领清者不再解决，不足部分补到规定标准。

——“发钱到户，自由选点”，听起来非常民主。这些政策规定也颇有些费解。其实非常简单，如果农民把房屋的瓦片、木料拆下扛走的，一间屋只有

100多元钱补偿，拆不走的多30～40元钱。后来，每间屋又增加了100多元钱。过去是见穷怕，现在是见水怕。大路已经断绝，熟悉的风景不再依旧。几经折腾，失地丧家的老移民，吃饭都成了问题，日子过得凄惶，盖得起房屋的很少。

04　国务院、中央军委的特急电令

出动军队安置水库移民，是不是历史上的第一次？即使不是，也应该是为数不多的吧！

动用军队，有更“战略”层面上的意味。20世纪60～70年代，与苏联关系紧张，特别是发生珍宝岛军事冲突后。位于东北的长春第一汽车制造厂不安全，国家决定在鄂西的大山中建立第二汽车制造厂。丹江口电站关系到十堰二汽建设和电力供应。那是战备的需要，压倒一切的重中之重。——尽管后来风云飘散，二汽主要生产基地已经陆续搬出山沟，迁往襄阳和武汉。那是后话。

丹江口水库建成后，受益主要在湖北省。因此，湖北省接收淅川县移民也较多，安置任务重。1965年4月和9月，鄂、豫两省代表分别在武昌和荆州两市，召开丹江口水库淅川淹没区迁往湖北省移民安置联席会议。确定了“河南包迁，湖北包安”的原则精神，即从1966年春至1968年，用三年时间，分别在湖北的荆门、钟祥两县安置。

移民经费标准：荆门人均418元，其中建房费274元，集体生产费30元，搬运费66.65元，个人损失补助20元，行政管理费7.81元，预备费19.92元——即真正用于移民安置的只有300来元。钟祥人均423.08元，也包括建房、搬运、行政管理等费用，个人损失补助也只有20元。当时会上就有人提出，荆门多种水稻，移民们自带的农具可能不适应。此外，还要修一些小型水利项目和一些配套设施，定下来的补助标准偏低，要报水电部确定后执行。

移民村口

但是，没等到提高标准的下文。

时不等人，只好根据两省商定的标准办，开始移民。荆门为安置移民建房为土坯墙，木料结构瓦顶；钟祥前后墙结构为芦苇夹壁，山墙为砖。——与多数移民工程一样，都存在一些大大小小的漏洞，有的人总是想方设法从移民们身上捞一些好处，偷工减料。钟祥县建房 2 460 间，上报每间造价 409 元。湖北省移民指挥部派人对所用物料及工日核算，每间造价仅为 271.61 元，虚报了 137.39 元！

选点时，两个省上来的干部只是走走看看，指指那一些地块，说这一片地是划给移民的，那又是给移民安置用，没有在具体的地块上栽桩标界。协议只是口头上的，没有形成文字。移民送到后，发现与原先说的全然不同。好地变成了差地。

屋漏偏逢连夜雨，因突击建房，质量差、险房多，房屋潮湿。移民到达时，还有相当一部分房屋未建好，移民只得搭起临时窝棚栖身。

远迁湖北的第二批移民到达时，荆门县粮食歉收，第一批移民存在的纠纷又开始不断发生。因此，荆门县拒收丹江口水库移民。此时，正值“文化大革命”风暴席卷，到处造反有理，地方政府瘫痪。移民闹事问题开始凸显。

国务院、中央军委电令武汉军区负责协调两省，尽快解决移民问题，以保证丹江口水利工程的蓄水。于是，武汉军区的孔庆德、韩东山两位副司令员，亲自主持，组成了以武汉军区为主的丹江口水库移民指挥部。军令如山，雷厉风行，调兵派车，用半军事的方式，强行完成了移民的搬迁。

丹江口水利枢纽大坝 1967 年 7 月开始拦洪，11 月下闸蓄水，1968 年 10 月第一台机组发电。1971 年底，淅川县城全部沉入水底。1973 年底全部建成。当时《人民日报》等在头版头条上发表了报道，称这是文化大革命的伟大胜利。

政策跟不上形势，又是后话。

1972 年 5 月 8 日。国务院在《关于提高丹江口水利枢纽蓄水位和移民问题》的文件中同意：蓄水位 155 米，移民水位 157 米，移民安置分别由湖北、河南两省负责。核定移民经费 1 870 万元，其中河南省 960 万元（人均 400 元），湖北省 910 万元（人均 350 元），由各省包干解决。

造成水库移民问题的直接原因在于指导思想和方针，在于重工轻农，也在于工程建设一方。无视农民权益，不按程序，“先斩后奏”，片面突出夸大工程的某一点作用效益，很多水利水电工程建设规划与立项中都存在这一现象。

也可以说，中国的当代工业化是在前无古人，毫无准备，“超英赶美”，“超常规”、“跨越式发展”思想的指导下起步的。

服从大局，舍小家顾大家，先生产后生活，没有条件创造条件也要上，规划设计与建设、移民同步进行。

——尽管国务院尚未正式批复，为了“提高丹江口水库防洪能力和适应工业用电的需要”，从1969年起，有关部门已经计划把蓄水水位从147米提高到157米，并开始移民。别小看小小的10米高差，可淹没的良田，要增加数万亩。

1971年，移民规划尚未落实，水库就开始提高蓄水水位了，丹江口水库水位上升到了152米，4.2万居民仓促迁出。这批移民大多数是按原大队建制就地后靠的。这就不能不留下许多问题，成为水电工程永久的伤痛。

丹江口电站开始发电了。

湖面上波光如镜。许多领导视察丹江口工程时，都要登上乘游艇，山色湖光，落霞归鸟，景致美呀！

移民们则不可能再有自己的声音——现在，一些地方在征地拆迁过程中，也出现了一些群体性事件，移民为补偿问题上访不断。多数行为都是维护和争取自己的权益。以历史的眼光看，也是一种进步。

05 后靠——生存与生活空间的无情压缩

1969年春，淅川县152 ~ 157米高程内的24 000多人开始了搬迁。当时经历了青海支边大返回浪潮，又有外迁湖北两地的重重阻力和困难后，认为“远迁不如近迁，近迁不如就地后靠自安”。因此这些移民，都在县内，基本上是后靠安置。

实际上就地后靠的不止这两万多人。有些库区农民已经在十年间第二次、第三次搬迁了，也有的是从青海省九死一生逃回到老家的。他们像沙子一样，被密密地挤压在水库的周边地区。家越搬东西越少，也越来越穷。此后几十年，许多移民生活陷于无望和无助之中。

走遍各条河流，水库淹没区都是当地最好的土地。

原先河谷平原和川道，城镇密集，道路纵横，交通便利。水库建成后，库区周边村镇被水面阻隔，有的道路不通，有的出门见水，成了闭塞不便的地方，对经济和社会的发展非常不利。

一些村子虽然不在淹没区，但耕地减少了一半。加上就地后靠的，村子里的人口增加了，土地减少了。到镇上和新县城需要摆渡，或者多绕道几十里，生产生活环境严重恶化。移民有补偿，被后靠移民挤占了土地的要不要补偿?

丹江口水库建成已经几十年了，可淅川县仍然是国家级贫困县。在这个贫困县中，生活最贫困的，仍然是水库周边的移民。在丹江口水库建成十多年后，由“长办规划处”组织编写的《丹江口水库移民安置遗留问题调查报告》指出：库区移民原来都在丹（江）淅（川）平原，土地肥沃，生产条件较好。移迁前，人均口粮、现金收入都大大高于全县平均水平，而现在均减少了一半多，其中60%以上移民处于贫困和极端贫困状态，难以维持温饱。

2005年冬天，我来到老城镇附近的一个村子。

老城，顾名思义，就是原来老县城的一部分。丹江边的老县城已经完全没入了水底，但一部分就近后靠的居民在一块地势稍高的地方形成了一个镇子，沿用了县城的旧名。

暮霭苍茫时分，我来到一个破败不堪的村子里，先看了一所移民子弟为主的小学，走访了七八家移民户。真的没有想到，几十年之后，移民们仍然居住在不能遮风避雨的低矮破屋里。我心里沉甸甸的，酸楚难禁。床、灶，坑坑洼洼的泥地，屋里挂着块塑料布，可以说家徒四壁。从屋顶的多处漏洞望去，可见灰蒙蒙的天。屋里所有家当加起来也值不了100元钱。我曾在国务院扶贫办工作过一年，到大凉山、大巴山、云南、贵州和南疆多处贫困地区农村调查，像丹江口水库移民这样赤贫的也并不多见。

村长大约喝了点酒，脸红红的，话多。他说，这个村现在人均只有几分地。主要种着水库边的那点滩地。那是在淹没线以下的。不种没法活，种了又不知什么时候水漫上来，收割不及就一点收成也没有。原来这里可是县城边最富裕的地方啊，全是好地，交通也便。现在我们就等着，不是要南水北调，把丹江口大坝加高吗？我们就等着再次移民，也不知往哪儿搬。听说这次移民补偿标准高，就盼着能把我们丹江就近后靠的老移民问题一次性给解决了。

在县城吃饭时，这个县的领导说："有人说我们'县城像欧洲，农村像非洲'，今天你看到了吧。"举杯欲饮，惆怅无绪。

不需要再重复那些艰难的故事了。但愿阴影留在昨天，明天会更好。

三峡工程也是如此。按原来计划，百万移民主要是就近后靠。这个方案也描绘了种种美好的图景。如开垦梯田，种植效益好的果树和经济林，每斤橘子的价格与种粮相比，收益可大大增加。试点是一回事，而大规模的后靠移民又是另一回事。

三峡是一个河谷型水库，除了沿长江小片平地、陡坡，环境容量极其有限。淹没后新县城建设择址就不容易。如果人再往高处移，即使坡地改梯田，总还得新开山地，挤占原有山民的土地。把山区都种上橘子树，一形成规模，有没有运销问题？市场上价格会不会下来？现在各地也多在发展综合农业，我国农业又面临对外开放，外国的水果开始大量进入我国市场，三峡库区的农副产品竞争力如何？

峰回路转——中央及时发现简单后靠存在的诸多问题，决定后靠与往外省移民并举，同时又决定沿海各省市对口支援三峡库区的建设。这在一定程度上保证了三峡这个举世瞩目大工程的建设。但对可持续发展来说，仍有许多难题需要破解。

06 “大坝加移民”：体现对人关注的本质

成功与失误并存。发展的历程总是需要回顾和反思——尽管有许多痛苦和经不起太多推敲的方面，但理性的分析总结和思考总是必需的。既然工程和历史的本身，也是思想与文化的历史，今天和未来的人会在这种探求中获得许多收益。

水库淹没带来的损失是多方面的。

有些是直接的、可见的、有形的；有些是间接的、不可见的、无形的。还有人们世世代代含辛茹苦劳动，所形成和积累的生产资料，所创造的生活环境条件，更难用货币来表示。过去充分宣传，大讲特讲水利水电工程的综合效益，很少论及“综合损失”，和对淹没区移民的损害，难道今天还不能多说几句吗？

淹没——浸没、滑坡，一块块土地形成孤岛。良田、果园、森林、城市、村镇、工厂、道路、房屋淹入水底。原有基础设施不得不废弃、拆除。移民安置与重建，需要消耗大量资源。可以说，水利水电工程是以淹没土地、迁移人口、损失资源为代价来换取可计算的效益的——而我们在过去几十年中，对水库淹没造成的经济损失与非经济损失，并未进行过真正的经济学、社会学和生态学的分析与评估。

水电效益分析中往往没有计入水电工程的全部代价，水库淹没的损失也没有全部计入工程成本。我国对水库淹没损失采用的是前期补偿补助，后期扶持的政策。电站的投资中只计入前期的补偿费用。如果将水库淹没损失计入赔偿费用，或者将 10 年期扶持费用计入，水电开发的经济效益将不可避免地大打折扣。

不容讳言，淹没区在可见的将来，某些矿产资源、森林资源、土地资源将永远损失；同时，水库及移民的影响，周边地区因为重建后区域面积变化——并不像某些所谓专家说的，用劣质土地换取水面那样简单——因水库的阻隔，

漫湾水电站建成后农民失地，补偿严重不足，部分村民以捡漫湾水电站扔出的垃圾度日 。（本照片是云南社科院人员 2004 年 4 月在调查中拍摄）

周边居民耕地减少，许多村镇和分散的居住点交通更加不便，上游的川道河谷地区运输成本增加，发展工业受到制约，生产生活水平下降，各地为安置移民所付出的代价，减少的土地等资源都完全没有计入工程的成本。

如果一次安置移民的目标没有达到，还需要处理遗留问题，这些花费也十分巨大。如 1986 年 ~ 1997 年，中央为直属的大型老水库处理移民遗留问题下拨资金达 28.8 亿元，各地政府配套资金约 9 亿元——这些费用也都没有计入当年工程建设的成本，而未来为彻底处理这些遗留问题所需要的费用更是难以估计。

一些水库在工程建设中没有妥善处理好移民问题，引发了群体性事件，直接影响社会安定与和谐。如金沙江上游电站建设中出现的大规模群体性事件，所造成的损失和难以挽回的负面影响、解决这些问题的财政支出——要不要计入工程的风险效益和成本的评估？

怒江的十三级水电站建设项目的争论，再一次引起了国内外的关注——此外，还有拟建中的金沙江虎跳峡大坝。

反对的与坚持上水电的各有理由。

坚持上怒江电站的人有最充分的理由：解决当地的贫困问题。怒江州领导在散发的一份材料中说："造成怒江生态恶化的主要原因是人地矛盾。怒江不开发，不从根本上谋求出路，把贫困山区群众转移引导到其他产业上来，怒江落后依旧，人民贫困依旧，生态建设和环境保护的所有成果都将付之东流，广大的贫困山区还将为生存付出更大的代价。""怒江水电开发产业结构调整和水电支柱产业建设，为广大的山区群众提供可观的就业岗位。""没有哪一种选择像水电开发这样代表了广大人民的根本利益。怒江不开发，势必影响怒江49万群众的发展权，势必给民族团结、边疆稳定和社会进步带来许多不安定因素，势必影响西部大开发和全面建设小康社会的历史进程。"

提到"发展权"的如此"高度"，其他生态环境等问题当然就免谈了。

在一次有两院院士参加的怒江下游水电开发与生态环境保护"专家座谈会"上，声音竟是如此一致。这些专家都是经过"筛选"的。一些专家竟然说"保留一条河流在科学研究上意义有限！""不能用几条小鱼来阻拦大坝的建设！"——我怀疑自己耳朵出了毛病。这是"专家"说的话吗？小鱼就那么不值一顾吗？那么，什么是无限？我因此获得了以前不曾有过的认识，关于科学与学者，观念、思想和本质。

而拒绝在事先写好的"专家意见书"上签字的，只有我的同乡，北京大学教授、世界文化遗产中心主任谢凝高一人。

不错，怒江主要矛盾是人地矛盾。但修建13级电站后，淹没大片河谷山地后，人地矛盾是缓解了呢，还是更加尖锐？水电站建设能为数万库区移民提供多少个就业岗位？

应当看到，许多影响稳定的不安定因素，都是在一些工程建设中未经充分

怒江峡谷

科学论证的，一味大干快上，急于求成，在征地、拆迁和移民中没有统筹兼顾，没有保护好人民群众的合法权益和利益引起的！

历史已经证明，在缺少水电开发效益合理分配机制的前提下，电站建设对增加当地政府的财政收入可能有一定的好处，但对当地群众、特别是广大农村农民的脱贫，作用有限，甚至会加剧库区及其周边地区贫困化的趋势。

在过去50年中，我国已建8.5万座大、中、小型水库，移民近2 000万人。其中，中央直属大中型水库移民1992年人均纯收入为441元，仅为全国农民人均纯收入的56%，1994年这个比例又下降为47%，1996年再下降为40%。由于国家采取了政策，到2000年增加到1 000余元，仍低于全国平均水平。

移民生产生活解决得比较好、能勉强维持和没有得到妥善安置的，仍各占三分之一左右。在调查水库移民问题时，我不止一次听到当地干部和移民说，“想要富，先炸库”。这话令我大吃一惊，心里有说不出的感受。我在整理调查笔记时想，多数大坝和水库的修建是必要的，发挥的作用巨大——但是，我们总在一些地方出了偏差，比如，对直接受到损害的移民群体，关心不够。

当三门峡大坝的存废之争，在渭河的水灾之后，再一次成为舆论热点时，其实这对历尽艰难的几十万三门峡水利枢纽的移民来说，已经无关紧要。淹没的 17 座城镇，5 座县城，42.1 万移民，40 多万间房屋，约 90 万亩良田……由于受水库淹没的影响，原来比较富裕的沿黄河、渭河的居民成为移民，渐渐变为贫困人口，他们中的多数人，已经老去，或者离开了人世。

这样的例子很多。湖南省沅陵县 1982 年 ~ 1985 年的 GDP 高于全省的平均水平。修建五强溪水库后，丧失了大量赖以生存的土地资源，库区在淹没之后也发生了巨大变化，经济社会的发展陷于停滞。到 2001 年，沅陵县人均 GDP 为 4 375 元，湖南全省人均 GDP 为 6 045 元，两者的差距还在呈不断扩大的趋势。

一天，中国社科院郑易生研究员来到中南海，来到我的办公室，送来了他主编的《科学发展与江河开发》一书。同时，他还带来了几张照片，一群穿着少数民族服装的澜沧江漫湾电站库区的老百姓，正弯腰低头在翻捡电站倒出来的生活垃圾。

看着这些照片，我的心情十分沉重。

郑易生说，现在电站负责人年收入相当高，一般工人也有六七万元。而库区群众却极其贫困。淹没区由过去以出产大米为主，改种玉米等旱地作物，生活也从温饱变成半温饱，有不少成了缺粮户。

漫湾水电站是澜沧江水能梯级开发的第一个干流大型水电站，也是云南省第一个百万千瓦级水电站。该电站坝高 132 米。1986 年正式动工时，移民同样按“三边”（即边熟悉移民情况、边调整安置方案、边进行移民安置工作）实施，补偿标准低、库区人口压力大，官方核算的农业移民人口只有 3 052 人，

澜沧江上小湾电站，坝高 292 米。

实际上农业移民竟达到 7 260 人，超出了原计划的一倍。在漫湾库区，过去经济比较发达，粮食产量和人均收入，均大大高于云南全省的平坝地区，移民的人均收入还不到全省坝区人均收入的一半。

07　西南的“圈水热”

我国水资源总量居世界第 6 位。

目前，中国发电总装机容量已达 4.4 亿千瓦以上，水电装机容量达到 1 亿千瓦以上，居世界第一。

而据有关部门报告，计划 2020 年，中国发电总装机容量要达到 9.8 亿千瓦左右，才能适应经济增长的需求，其中水电装机容量要达到 3 亿千瓦。就是说，全国发电的装机容量增加一倍，而水电要增加 3 倍——也许，河流的生命就这样被限定了？

河流与大地如此深奥。

历史值得重读。也许从中能找到失落的科学的钥匙。

1949 年以前，全国建成运行的大中型水库只有 23 座。建国 50 多年来已建成各类水坝约 8.6 万余座，中国成为世界上修建水坝最多的国家。其中在国际水坝委员会登记的高度 15 米以上的大型水坝 2.2 万座，占世界大型水坝总数的 45%。正像世界银行研究报告中所说的，中国“只用了一代人的时间，取得了其他国家用了几个世纪才能取得的成就”。

我国水坝的建设分为 4 个阶段。第一阶段是在建国初期。历史上中国发生过许多次大洪水。新中国成立后，水的安全性是压倒一切的问题，这是修建大坝首先要考虑的因素。当时建设的大型水库大坝有佛子岭、梅山、官厅、大伙房等，并在防洪拦洪中发挥了重要作用。第二个阶段是 20 世纪 60 ~ 70 年代，这是水坝建设的高速发展期，相继建成了三门峡、新安江、富春江、密云、刘家峡、广西西津、青铜峡、丹江口等一大批水库水电站。从地区分布来说，主要集中在东部和中部地区，以及黄河、海河等流域，这些水库多具有综合性效益。由于这个时期许多水坝建设采用群众运动的方式，技术措施不到位，给工程留下了隐患。如前几年发生的新疆平原水库八一水库大坝溃决之灾，就是修建时遗留下的问题造成的。江西赣江等五大河流及支流上的 9 200 多座水坝，也多数建于这个时期，目前病险水库有 1 600 多座，其中大中型病险水库有 90 多座。第三个阶段是 1980 年以来的 20 多年中，这个阶段我国水坝建设进入了一个新的发展时期。相继建成了潘家口、葛洲坝、乌江渡、龙羊峡、铜峡、二滩、天生桥、隔河岩、小浪底、万家寨水库，以及三峡工程等。

大坝建设的强度、高度和功能曾屡受技术问题困扰——现在，科学技术突飞猛进，经过技术人员和工人不懈的努力，水坝建设工程技术上的问题，已经基本突破了。虽然还有地质、水量、泥沙沉积、老化等困扰，但都已无关大局——江河中的大坝成倍地“长高了”。

我国水坝以土石坝居多，1990 年以前大多为中低坝，坝高 90 米以上的大坝只有 3 座。近年来，高土石坝和混凝土面板堆石坝技术得到了迅速发展。混凝土面板堆石坝、混凝土重力坝——这是中国高坝建设中的主力坝型。当年人山人海，肩挑车推的筑坝场景再也看不到了。

小浪底电站就是堆石坝，坝高 154 米。天生桥一级电站大坝坝高 178 米。三峡大坝高 181 米。龙滩大坝高 192 米。此外还有重力拱坝等，其中龙羊峡大坝高 178 米。最高的双曲拱坝二滩大坝高 240 米。最高的空腹重力拱坝凤滩坝高 112 米。

目前我国已建和在建的坝高超过 90 米的大坝有 60 多座。有专家认为，在大江大河大多数具有综合效益的“理想坝址”上都已建起了大坝。现代化大坝的建设已成为我国工业化进程的重要标志。

与农业灌溉相比，水能的开发回报更加直接。水坝建设与水电开发同步已成为一种趋势。坝高，落差大，发电量也大。

怒江峡谷

于是，水资源的综合利用进一步向投入的“经济性”回报倾斜。因而许多水坝项目都选择修建高坝。

优点与不足同时存在。水力发电易受河流来水不足的影响，其发电设备的平均利用率只有全国发电设备平均利用率的61%。但水电所起调峰作用，在电网的运行中作用难以替代。

目前，在国际能源价格上涨的态势下，我国出现了新一波水电建设的热潮。有专家称之为“跑马圈水”。同时，国际上对修水坝的质疑声浪也不断高涨。

近年来，水电开发因为中国电力资源的紧张而成为具有吸引力的投资领域。西部，尤其是西南地区，丰富的水电资源成为产业发展的首选。各路资本竞相进入电力建设市场。有关部门、地方、企业，以及银行等信贷机构和社会资本，都看好以西南水电开发为代表的大坝建设。

新一轮大坝建设高潮，主要侧重于水资源的能源价值，即水电开发。在电源结构调整中大幅度提高水电比重的呼声很高，有的还提出水电在2010年达到30%的具体指标，要求水电在结构调整中，从开发径流型电站和调节性差

的电站转向重点开发年调节电站（特别是龙头电站），修建更多的高坝——这是我国水坝建设第四个阶段的显著特点。

如在怒江开发规划中，有两座大坝超过300米，4座超过100米，最低的坝高也有50多米。强调运用“滚动开发的机制”，从企业发展“战略高度”加快规划和实施各流域的梯级水电开发。目前，岷江、大渡河、雅砻江、金沙江、澜沧江、怒江流域的各个河谷，几乎都纳入了开发的领域：

金沙江下游规划了13级梯级开发计划。

澜沧江干流云南省境内规划为14级梯级开发。

怒江规划为13级梯级开发。

嘉陵江从重庆至广元段740公里河段已规划为17级梯级开发方案。其中马回枢纽和东西关枢纽已经建成，支流火溪河已经进行了4级梯级开发。

岷江上游干流已经规划7级梯级开发方案，已建成的有太平驿和映秀湾电站；紫坪铺电站正在建设中。岷江支流马边河也规划9级梯级开发。

大渡河干流已规划17级梯级开发方案。河口的龚嘴、铜子街电站已经建成，第 5 级控制性高坝水库瀑布沟枢纽已经开工建设；大渡河支流南桠河规划 6 级开发，支流瓦斯河规划 5 级开发；支流宝兴河规划 10 级开发。

雅砻江干流规划 21 级梯级开发，已建成江口的二滩电站。

乌江干流规划 11 级梯级开发，已建成乌江渡等电站。乌江支流—芙蓉江规划 10 级开发，已建成朱花村、良坎电站。

北盘江和南盘江（珠江上游支流），规划 13 级梯级开发。

盘龙江（红河支流）规划 10 级梯级开发，已建成东方红和小河沟电站。

沅江（洞庭湖水系）规划 21 级梯级开发，已建和在建的电站有洪江、碗米坡、凤滩、五强溪和陵津滩。

……

这些规划修建和正在建设中的大坝，主要分布在我国第一阶梯（青藏高原）和第二阶梯（云贵高原、秦巴山区）的过渡带，部分在第二阶梯内，不少河段几十公里距离即规划一座大坝。这些地区地形切割强烈，山高谷深流急，水力资源丰富，分布着众多国家级风景名胜和自然保护区，文化、民俗、旅游和物种资源丰富，同时生态环境脆弱、水土流失严重，且脱贫任务艰巨。这种以电力公司为主导、以最大程度挖掘水电潜能为目标的开发模式，对当地经济、社会发展和生态环境带来的影响，引起了各方面的关注和不同反应。

我国主要江河水资源开发强度很高，已是世界之最。

国际上河流开发利用公认的水平应该是 30% ~ 40%，而我国除西南地区一些河流开发利用率较低外，其他流域普遍较高。从总体上看，水坝建设和水资源利用中存在三种情况：

第一，东部地区和北方主要河流上水坝多，水资源利用率高。辽河、淮河、黄河、海河地表水利用率分别为 62%、60%、56% 和 90%。从 20 世纪 50 年代修建以防洪除涝为主的水利设施，到 70 年代以扩大农业灌溉为主的开源，再到 80 年代增加城市水源的工程项目，基本思路都是修建水坝，进一步开发地表水，建立自然水系以外的供水系统，保障了经济和社会发展对水资源的需求。但由于水资源短缺、水坝过多，不少河流都到了一个转折点或临界点：来水量大幅度减少，河道萎缩、江河断流，河流自净能力丧失，甚至出现有水皆污的情况。如淮河流域已建水库 5 300 多座，平均每 50 平方公里建水库一座，淮河流域修建水库的总库容与流域多年平均径流比高达 1.09，高于全国平均值 0.17。一方面，淮河在层层拦截下，大大削减了洪水。同时干流在枯水季节已成为死水，丧失了净化功能，河道淤积无法冲刷，污染情况加重，治污多年收效不大。淮河干流各座水闸只有等到洪峰来临，稀释后才能开闸泄水，以避免下游出现污染事故，加剧了中下游防汛的难度。海河 90% 水源在山区即遭水坝拦截，一年中多数月份河流断流，白洋淀干涸，华北平原地下水得不到补充，也是造成总面积达 4 万公里、世界上最大区域性地下水漏斗扩大的重要原因。

值得注意的是，东部一些高度开发的河流上，现在也面临着进一步开发水电的压力。如福建南平市，到 2002 年底，全市累计建成水电站 795 座，装机容量 44.45 万千瓦。该市在建和计划建设装机容量 0.5 万千瓦以上的水电站还有 32 座，装机容量 0.5 万千瓦以下的小水电站还有数百座。其中建阳溪全长约 136 公里，在建和已建电站 17 座，也就是说不到 10 公里就有一座。前一个电站的回水就在下一个电站大坝下，主要河流支流都将成为湖泊。浙江永嘉楠溪江风景名胜区也规划修 7 级水电站，引起了社会的广泛关注。

第二，我国西北地区水资源短缺，过多建坝和不合理用水，使上游与下游、生产、生活用水和生态用水矛盾尖锐。甘肃、新疆、青海等地不少河流靠雪水和 7 ~ 9 月的降雨补充水源，修建一定数量的大坝进行拦蓄调节是必要的。但西北地区蒸发量大（一些水库高达年蓄水量三分之一），特别是在内陆河干流上修建的一些大坝，导致了下游断流和湖泊消亡、绿洲生态环境的恶化。近年来水资源矛盾十分突出的黑河、石羊河和罗布泊下游地区，即属这一种情况。

第三，西南地区的水资源开发程度相对较低，还有一定的发展空间。这些地区多为少数民族聚居区，水资源丰富与耕地等资源短缺并存，生态环境十分脆弱，地质灾害频发，资源开发与生态环境保护矛盾突出，其中怒江、澜沧江、红河等又是国际性河流，对不同的流域区域开发需要进行科学论证、统筹规划和安排。

近一段时期，随着西南地区水电的大规模开发，在水坝建设上出现了一系列争议，各种意见尖锐对立。经过新闻界的报道，怒江十三级梯级电站的建设开发，四川都江堰杨柳湖大坝、贡嘎山木格措和人中海修建大坝等，成为社会关注的热点。

2005 年 3 月，新华社以《无河不修坝，“圈水热”猛似“圈地”》为题，发表了全国人大代表和政协委员的呼声：“别把活的河流都搞死了！”

全国政协委员、中国科学院地理科学与资源研究所的梁季阳忧心忡忡地指出，类似于大搞开发区、大学城“圈地”热潮，新一轮大建水电站的“圈水热”正在中国的中小河流遍地开花。他说，河流的生命寓于流动之中。可现在中国的不少河流却面临“死亡”的危险，“除了被农药、化肥污染物‘毒’死外，眼下越来越多的是被层层叠叠的梯级水库给堵死”。

全国政协委员、水利部副部长索丽生说，受当前电力严重紧缺的影响，水电开发成为极具吸引力的领域。国资、民资、外资等各路资本竞相进入电力领域。中国西部许多地方政府把水电开发确定为发展经济的支柱产业。在大的江河被“圈”掉的同时，大量地方资本、民间资本则盯上了圈剩的中小河流，致使中小支流出现“无河不修坝、河流节节断”的状态。

全国人大代表吴存荣说，“活”的河流有奔腾汹涌的急流，有潺潺舒缓的水流，其健康生命表现在流动、水中生物多样性、可利用性等方面。由于不合理的河流开发，造成河流局部河段死亡，河道断流，给我国部分地区造成了区域性的生态灾难。

代表委员们建议，水电资源的利用应该坚持适度开发的原则。对于一条河流在保证河流正常健康的前提下，究竟可修多少级水库，应该进行充分科学的研究。

其实，社会各界对水资源可持续利用的关注，也是国际上关于水坝争论在我国的反映。它涉及区域流域水资源开发利用的系统研究与综合评价。水坝工程项目正由简单的部门、地方政府和企业公司的选择，演变成为兼顾社会各方面利益，依法、科学、民主的决策过程。

08　迟来了近半个世纪的政策

如同涨潮在历史河床中留下的印痕，对水库移民补偿的标准，几十年中逐步提高。这也体现了对人本、对民生关注的认识提高和加深的过程。

也许在今天看来，人均增加到 300 ~ 400 元，用于解决水库移民遗留的问题，不值得一提。但它毕竟是走向公正与公平，关注水库移民这个中国农民中最弱势群体的第一步——1985 年设立国家库区建设基金，从中央直属水电站上缴中央的财政中提取，每千瓦时提取 4 厘钱。

历史终于走进了新的世纪。坚冰正在逐步化去，春风吹拂。

——有位朋友在一次交谈中，笑我过去做新华社记者时，在报道中写过“中南海上春风荡漾”这样的句子。但是，政策的春风，还能起于别处吗?

2006 年 7 月 1 日，国务院下发了《关于完善大中型水库移民后期扶持工作的政策意见》。两个月后，新修订的《大中型水利水电工程建设征地补偿和移民安置条例》正式实施。这两个文件，被称为水库移民权益保障“新的里程碑”，是“体现了对水库移民这一群体权益和发展权为基础的全方位维护”。

“土地补偿费和安置费之和，为该耕地被征收前三年平均年产值的 16 倍。今后绝大部分水利工程移民都可按照 16 倍的标准进行补偿补助”。

适当扩大对移民财产的补偿补助范围：被征收土地上的“附着建筑物”，按照其原规模、原标准或者恢复原功能的原则补偿。移民远迁后，在水库周边淹没线以上的属于移民个人所有的零星树木、房屋等，由于不在工程占地范围内，按照 1991 年的《条例》是不予补偿的，但考虑到移民不可能将这些财产带走，新《条例》也将其纳入了补偿范围。对于补偿费用不足以修建基本用房的贫困农民，还要给予适当补助。

政策条文强调准确，读起来总有些拗口。“大中型水库移民的后期扶持。其中 2006 年 6 月 30 日前搬迁的水库移民为现状移民，2006 年 7 月 1 日以后搬迁的水库移民为原迁人口。”

总之，不管新移民还是老移民——只要你还活在世上，都可以得到每年600元的补助扶持，20年共计1.2万元。对1 800万移民来说，大约一年需要100亿元左右——这是福音，许多贫困的老移民，已经白发苍苍，当他们拿到这笔钱时，激动得热泪盈眶——共产党、政府还惦记着他们！

但是很多很多水库移民，已经永远得不到这姗姗来迟的1.2万元的补助了。

如果说，过去水电开发是真正意义上的国家项目，电站是国有企业，随着市场经济的发展，企业的改制，水电股票在境内外发行，多种成分经济也越来越多地进入了水电开发，水电等资源开发也从计划经济向市场经济转变。开发商项目的选择实质上是商业行为，追求的是资源开发投入的回报和利润。

需要尽快建立公众积极参与的决策体制和决策执行机制。特别是对重大项目，要有独立的评估机构介入——不能既是开发商又是规划和评估方。地方政府不能一边倒地站在开发商一边，而应当坚持以人为本，统筹安排，用科学发展观作指导，更多关注可持续发展，关注人——特别是农民的利益与权益！

安置电站库区移民，后续扶持工作，政府财政——纳税人的钱，不该花在应由水电开发商来承担的责任上。

有一个刻进脑海的记忆，也许属于前瞻，与后望无关。但我不能不写出——

2006年11月，我随大学校长学习考察团来到美国，从芝加哥、纽约，最后来到佛罗里达的迈阿密大学。

迈阿密大学的报告厅里，坐着20多位中国大学校长。这所大学地理与区域学院的一位教授说，她刚从中国回来，与“环大西洋会议”的几所大学，南卡罗莱纳州、北卡罗莱纳州和波士顿等好几所著名大学的11位专家，共同组团考察了中国西南的水资源开发利用问题。过去，他们研究的是环大西洋海洋、生态、水文、地理、化学等问题。而现在，他们把注意力投向了中国和东南亚，开始进行长江、红河、湄公河、怒江和珠江水域的研究。还与云南大学国际河流中心进行合作，他们对云南昆明、丽江、虎跳峡直到重庆进行了考察。回来后，已经向美国自然科学基金会提出了立项申请，准备明年还要带学生去中国西南考察江河。

走出报告厅，阳光灼人，我感到眩晕。在棕榈海滩上，椰风云影，望不到地球那一边的祖国。我伫立着，面对着海洋，胸中开始潮一般鼓涨，汗流了下来。

一个地区、一个国家的河流，也应该是世界的河流，也需要宽广的视野。什么时候，我们国家的有关部门和科学机构，也能给研究密西西比河、亚马逊河、尼罗河、伏尔加河水资源问题的科研项目立项？

三峡蓄水前的风景

十　回望奉节

01　夜泊奉节

还是应当感激奉节，感激那个春雨潇潇的夜晚。

从重庆至宜昌，已经走过了长江横切斜背山脉形成的6个峡谷：华龙峡、猫儿峡、铜锣峡、明月峡、黄草峡等著名的长江三峡、雄峙的夔门又近在眼前。

船泊近岸，仰望云梯石级，和长江北岸那巍然的古城。

几次过三峡，到奉节，都下榻于宾馆。在县城中是听不到长江涛声的，我更愿意宿在漂浮不定的小船上。

不知为什么，夜泊奉节，觉得长江和古城都很亲近。起伏的江涛，触手可及，水声喧哗，分外畅亮。不断掠过的水沫像粗砺的沙石，撞击摩擦着心。人的心也许会因此变得很硬。

丝丝冷雨，暮云四合。远近诸山，渐渐隐去。

我一再眺望的，还是灯火阑珊的奉节大南门——依斗门，和城门前的人影幢幢。后来三峡工程蓄水，奉节即将沉入江底，在报道爆破摧毁城中所有建筑物的消息特写中，差错很多，如《北京青年报》就错写成了“仪斗门”。为什么奉节的大南门叫“依斗门”，小南门叫“开济门”？在遥遥的对视中，心里琢磨着——古城墙有时就像好文章一样值得卒读。这在所有报纸与电视等媒体关于三峡和奉节的报道中，都不可能找到解释。

特定的地理环境，决定了历史文化特殊的内涵。人们只注意到“一般”，而忽略了“特殊”。

奉节依斗门曾耸立长江边，现已不存。取名于杜甫“每依北斗望京华”句。

条石砌成的奉节城墙是一个“特殊”。它的另一个功用，就是兼作江堤。当长江水涨时，水位升高几十米，长江中的航船就与城墙“并肩”，甚至在船上就能窥望城内。奉节城墙及“依斗门”的海拔高度124米，而奉节长江多年平均最高洪水水位118.08米，最低水位为75.73米，洪水期与枯水期的变幅达40多米，有时一昼夜水位就会上升十几米——我曾认真地在采访本中记下了这些数字。

古老城墙其实深藏了许多科学。在航船上仰望，更感到这种认知上的巨大落差。

古城大南门气势雄伟，与众不同。门洞里也是陡峭的石级，是一面斜斜的陡坡。我猜测，是不是像刚才船工所回答的，城门看起来更像一只量米的斗？当地的老百姓就叫它依斗门。

在江涛的涌流中，我全然记起了杜甫在奉节写下的《秋兴八首》，想起了“每依北斗望京华”之句。而杜甫的另一名句“两朝开济老臣心”说的也是正在奉节演出的“托孤”。——“依斗”与“开济”，这应该是最切近的答案。

我为自己的顿悟高兴，这一夜在船上睡得很踏实。我想，有朝一日会把这个发现写进关于奉节的报道中，可惜现在已经没有这个可能了。

是的，我写过三峡的系列报道。在全国人大通过长江三峡工程后，我就冒着相当的“风险”，报道了三峡库区的生态，以及水库建成后可能加剧的污染问题、移民问题。我还采访过注定要走进历史的绞滩站、航道工、女子信号台，甚至还深入到三斗坪大坝的基坑里。——这些好像都是遥远的过去了。

现在，已经不再倾听也不再笔录——因为我不再在新闻界从业，不再在新华社当记者，而成了官员。但有些地方会让一个人始终牵挂，比如奉节。我觉得，古城与历史，都远远没有讲完。

02 一条江和一座城

长江和奉节，一条江和一座城。

江水是流动的，而城市则屹立不动。百年千年，长相厮守。在中国的版图上，奉节不仅是地理与地貌的交汇点——巴蜀与荆楚，大山与大江，还有历史与现实。

夔门雄峙，瞿塘幽深——这是三峡中最短、最狭，而景色最为雄奇的峡谷。奉节为出川入川要津咽喉，川东鄂西的商贸重镇。江有多长，城便有多古老。

岁月流过，归帆飘过，纤夫走过。还有，官军、富贾、巴女、盗贼和文人墨客……于是就有了奔波劳碌，有了战火争斗，有了苦乐人生，有了“江畔谁人唱竹枝，前声断咽后声迟”的余韵。

在瞿塘峡的入口，我搭乘单机的航道艇，两次弃舟登岸，寻找古栈道，大汗淋漓地攀上陡峭的山坡，来到夔门对岸的老关庙。在那个破庙里，有川江最重要的信号台。信号工是位复员军人，瘦小，一身泛白的旧军装。因他长年在

现已没入水下的栈道遗迹

信号台上，收入微薄。在城中摆摊经商的妻子，受不了这分孤独，已随一生意人私奔。他的神情更加木讷。信号工就同水上交警——但他们的待遇与城市里的交警有天壤之别。看看信号员借宿的古庙，无语只凄凉。辨认断碣上苍苔斑驳中的碑文。进入险象环生的瞿塘峡，需要关羽的保佑？站在老关庙前，苍烟落照之中，眺望壁立如铁的峡口，巨大的石刻映入眼帘："夔门天下雄，舰机轻轻过"。乱石穿空，惊涛裂岸，为什么船帆要"轻轻过"？是怕惊醒你吗？

无论是为官的、谋生的、敛财的，还是仗剑独行笑傲江湖的，都聚散匆匆。东去的，冲过滟滪滩进入瞿塘峡，不知命归何处。入川的，船过三峡，九死一生之后，弃舟上岸，投入古城怀抱，心情风生水起，更需饮酒，更要放纵，以致一掷千金，梦死醉生。身在异乡，徘徊在山城，满目风涛，愁绪绵绵。——

这就是演绎不完的没有年代的故事？

奉节，这是注定要在历史上留名的城市，也是注定要沉入江底的城市。

03 朝辞白帝彩云间

回望奉节，就是回望历史。

船过三峡，游人几乎都要登白帝城——这是瞿塘峡外一座飞峙江边的小山。

一句“朝辞白帝彩云间”，便写绝了这里山水形胜。

俯瞰长江，遥望夔门，云海波涛，子规啼归。其实，白帝城只是奉节的一景。

白帝庙里有一组雕塑，再现刘备永安宫托孤时的情景。出自当代艺术家之手，雕塑很现代，也很逼真。确实，奉节的历史绕不开三国——虽然这里的文明史要悠久得多。

可以追溯到几千年前，可以追溯到天荒地老。从夔子国、鱼邑、鱼复县，再到永安郡、夔州，直至唐代开始称为奉节。但这里最突出最重要的历史事件，终于冲出迷雾，刻进了版图——诸葛亮“托孤寄命，临大节而不可夺，故云奉节”。

历史真实的基础是考古。如果考证一番，就会发现刘备真正托孤之地，不在江边这座小山上，而在夔州城内，在奉节师范学校的院子里。那里近傍城中府学、文庙和大成殿。附近还有武侯祠等建筑。大抵唐代，永安宫已成了寥落的寺院。到了宋代，便更加破败了，苏轼途经三峡，寻访时有“千古陵谷变，故宫安得存？徘徊问耆老，惟有永安门”之句。遗址上满目荒草蔓烟，断垣残壁，宋代诗人王十朋在奉节任职时，触景生情，发出了“伤心地近永安宫”的感慨。

一个冬日的早晨，我走进师范学校，走近正在重修的永安宫。学生们正在上课，校园里倒显得安静。永安宫遗址尚存，有残碑两座。在大树下驻足沉思，婆娑的枝叶，似乎诉说着英雄末路的辛酸与悲凉。不要说“羚羊挂角无迹可求”。

现在，连这座新修复的永安宫，都要沉入江底了。

那个“皇叔”的陵墓就在奉节？

在招待所——现在叫夔州宾馆吃饭的时候，县长言之凿凿。

甘夫人墓在奉节，可以见诸史籍记载。到院子里转了转，见有一亭一碑。

但我对此并没有太大的兴趣。在这块土地上，古迹比比皆是。托孤，这是最高领导的更迭，是一种政治体制顽强而无奈的选择。“主公”兵败病危，嗣子年幼，更兼无能。众兄弟众将官垂首环立，神色黯然。一个朝代到了这个份上，不是一个人或几个人所能挽救的，国家自然无法“永安”了。

在四合的暮云和烟树之中，槛外长江依然滚滚奔流。

04　星垂平野阔，月涌大江流

回望奉节，就是回望文化，回望文化的沉积与凝聚。

客居小城的日子，几乎每个晚上，我都漫无目的地行走于高高低低的小街陋巷。

要回忆走过奉节的每一个细节是困难的。某些遗轶的，与史诗般伟大往事有关的细微而深刻的情节，这是不能忽略的，它一再引起我磨难般思考与追问——如同江涛和雨丝潜入心底。

奉节老城的晚上向来很热闹，有一些店铺，有一些摊档，摆着些水果之类。还有几间发廊、歌厅。但现代气氛毕竟不浓。热闹中有一分闲适，一种亲情，一种回到故乡之感。

苏轼徜徉在奉节夜市中，即使在人声鼎沸、物欲横流的市肆，诗人仍能体味“游人杂楚蜀，车马晚喧喧”的乐趣。

在飘洒的雨丝中走进小巷，离繁华便远了。撑着伞，踏过石板路，檐水滴

三峡摩崖石刻

落着，间或有昏黄的灯光闪过，老屋显得更幽暗了。我在迷失中找寻：哪里是杜甫客居过的西园？

作为历史文化名城，说不清是文化负载着城市，还是古城承载着文化，也许两者都有吧。陈子昂、王维、李白、杜甫、白居易、孟郊、苏轼、苏辙、黄庭坚等——当我写下这一串震烁古今的名字时，顿有高山仰止之感。

试想，如果没有古往今来诗人作家们在奉节留下的不朽之作，如果没有这些深深浅浅的足印，中国文学史就会缺省重要的一页，缺省辉煌的篇章。不说那些充栋的诗文华章，一句“星垂平野阔，月涌大江流”，就已经足够。

奉节无疑是中国的一座“诗城”。

即使只是凝眸远望，奉节的外部神貌也会触发南来北往的诗人的无数灵感。

这个地方的人才出去的多，进来的少。与一些当地的干部漫谈时，多有叫苦怨艾之词。我不明白，古代文人在这里任职时，为何有如此襟怀？是大江峡谷急流险滩雄关，抚平了他们心中的块垒吗？

其实艺术文学也是一种信仰。

杜甫晚年流寓奉节，住了一年零九个月，还修葺过三处“草堂”。写下400多首诗，是他一生创作的最后一个高潮。陆游认为，“少陵先生晚游夔州，爱其山川不忍去，三徙居，皆名高斋”。

无论是细岸微风，还是月涌大江，奉节的山川壮美。杜甫在这里盘桓滞留的原因是复杂的。晚年的诗人在这里过的日子也相当凄苦落魄。陆游把它简单地归结为“不忍去”——真是一种绝妙的解读，也只有大诗人才有这种心心相印的理解与感悟。

“不忍去”——不是匆匆的一瞥，不是苦闷与无奈，而是一种情感的维系。历尽人生颠沛流离与磨难之后，华发苍颜，可依然青春。每次出游，都兴致勃勃，踏歌来去。否则怎么解释杜甫上白帝城的诗就有八首之多？《夔州歌》又是十首绝句？更不用说《秋兴八首》，几乎每一首都是经典之作。

05　东边日出西边雨，道是无晴却有晴

特别值得一提的是，刘禹锡任夔州刺史时，在巴渝民歌的基础上，作《竹枝词》、《踏歌词》等诗28首，开一代新风。

刘禹锡在夔州身居高位，想来不会太寂寞。迎来送往，应酬不断。华筵盛开，把盏畅饮，堂前的歌舞美女，断不会少。“击鼓以赴节，歌者扬袂起舞，以曲多为贤”。大俗中还真有大雅，那是滚滚红尘中缥缈的天籁。

现在，真正能写诗的官员兼作家已经很少了——虽然高学历的干部众多，硕士、博士，海归、MBA，其中也有真的假文凭和假的真文凭。灯红酒绿，物欲横流之中，官场岂能幸免？

搬迁前的张飞庙

但唐朝不同。

刘禹锡毕竟是诗人——在那个时代，做官与做人没有矛盾，做官与作诗没有矛盾，都可以做到尽兴和本色。邻里的孩子们联歌“竹枝”，吹短笛，引起了他的注意。政务之余，他想起了屈原居沅湘间，吸取了民间迎神祭祀的乐曲，作《九歌》。一曲曲“竹枝”宛转清新，歌者多是已然稔熟了的姑娘，同流落在他乡，依红偎翠，朝朝暮暮，胸中怎无滚烫的情感，怎无相知的依依？

真正流传千古的，是他在作罢九首《竹枝词》后，意犹未尽的“又二首”中：“杨柳青青江水平，闻郎江上唱歌声。东边日出西边雨，道是无晴却有晴。”——这是无名女子的倾诉，还是诗人的感怀？

滚滚江水创造了一个无情的字眼：淘汰。

是值得沉思。100年、10日，甚至1日，时光会淘汰多少新闻？

也是一个“回放”。如果1 000年前有报纸或者电视的话，这应该是一则可以上当地媒体头条的要闻：

任满离开奉节时，为刘禹锡送行的人很多，有官员、朋友、百姓和当地的

因三峡工程建设，张飞庙被远距离整体搬迁。

耆宿名人，当然还有他的红颜知己，以致在衙门与驿馆间搭起了一顶顶延绵的“青帐”——可见他的夔州任上还是颇有政绩的，得到了民众的拥戴。当他拱手道别，登舟解缆，伫立船头，回望渐渐远去的山城，怅然若有所失。夔门如倾如侧的峭壁迎面而来，这对诗人来说，也是一种永别。一股难抑的热流溢满胸臆，悠扬清婉的旋律从江面上缓缓飘来，他的眼睛湿润了。诗人急急地返回官舱，研墨铺纸，挥笔写下了《别夔州官吏》：

三年楚国巴城守，一去扬州扬子津。
青帐联延喧驿步，白头俯伛到江滨。
巫山暮色常含雨，峡水秋来不恐人。
惟有九歌词数首，里中留与赛蛮神。

刘禹锡此行的目的地是扬州。这座长江出海口“国际大都市”的繁华与发展，也永远不能替代三峡叠皱中的小城奉节。百年后，甚至还没等到独守孤城

长江三峡

的史可法感叹，盛唐的扬州，也不是早已不存了吗？

这不是离别之际情感的转换。

而是与奉节的山、水、人亲近之后，回望山城神韵时的顿悟，是一种价值观的苏醒，也是从官员到真正诗人的人生跨越。

也曾风起云涌，也曾轰轰烈烈，也曾沧海桑田——可这一切终究要告别。

长江边上的码头

瞿塘峡口，大江奔流近在咫尺

江风猎猎，梳理着思绪，他意识到，千百年后，真正能够留与人世的，不是所谓的“政绩工程”或“形象工程”，甚至也不是什么“口碑”，而只是几页薄薄的诗笺。

06 奉节，已无法回望

历史不能重演，文化无法再造，转瞬湮没的古城也不可重建——而能再造的只有那些所谓的“辉煌”。

三峡工程开始蓄水，奉节这座千年古城即将消失。报道也骤然增多。冷落许久了的千年古城又一次凸显在世人面前。这就是她对中华文明的最后一次贡献吗?

不知为什么，那些日子里，我甚至厌烦了那随着厚厚报纸送来，和打开电视即可见的无数关于“神州第一爆”的“新闻”。

记者们在追寻什么?都报道了什么?

一组新闻照片的剪辑：几个民工或老乡在瓦砾堆中拾荒。两个拆迁人员疲倦了，仰面八叉地躺在工地上睡觉，等待再一次起爆。还有一些所谓新闻背景：爆破奉节的是一支“英雄”的队伍，拆除爆炸过什么建筑物或工程。如今又如何日夜奋战，为未来的三峡库区“清障”。

是啊，是啊，这些都是应该被记入“史册”的：2002年11月上午10时50分，6秒钟，爆破面积达22万平方米，其中包括48栋楼，最后一爆用掉多少公斤炸药、多长塑料引爆管，等等。这些“英雄业绩”当然值得报道。甚至在报道中还用上了“灰飞烟灭”的词句。有篇报道的标题就是《工程兵屡建奇功，精彩爆破全回放》。

成为热点很难说是幸，还是不幸。

“神州第一爆”的轰响过后，“清障”爆炸的硝烟会很快散去。瓦砾遍地，岁月将复归沉寂。高峡平湖?江水将不再奔腾。沉入湖底的，是江边的几百级台阶，随同上面的千年古城。

奉节，已无法回望。

因为壮阔的风景，因为经典的风景，因为深邃的风景，已经如烟如水，如风如土。

出版后记

"一个行将"绝种"的文人，记下数段行将绝迹的风景，留下行将绝唱的浩叹，这大抵就是《后望书》了。"吴晓波先生如此评价朱幼棣先生其人其作。

《后望书》之后的再后望《怅望山河》、为中国医改刮骨疗毒的《大国医改》《无药》，一部部长篇巨作，如抽丝剥茧般，"还原那些被忽略的重要真实，唤醒人的科学觉醒"。令人遗憾的是，就在《后望书》第四版即将付梓之际，朱幼棣先生离开了我们。朱先生的辞世，连同他未竟的诸多著作，成了我们永久的遗憾。《后望书》第四版也成为了朱幼棣先生最后的著作，成了"绝种"文人的"绝唱"。

《后望书》第四版在编辑过程中，曾和朱先生就书中可能存在的问题进行了多次沟通，尤其需特别提出的是，此次针对旧有版本的版式和图片效果进行了重新调整。此次所需图片多数为朱幼棣先生生前重新搜检历史资料，拣选而来。只是先生未能亲眼得见最后的成书，实为憾事。

为表纪念和缅怀，我们将先后推出《后望书》精装本和平装本两种。希望更多的人通过这一震撼人心的著作了解最后的士大夫式的传统知识分子朱幼棣先生。

服务热线：133-6631-2326　188-1142-1266

服务信箱：reader@hinabook.com

后浪出版公司

2015 年 6 月

图书在版编目（CIP）数据

后望书 / 朱幼棣著 . -- 北京：北京联合出版公司，2016.3

ISBN 978-7-5502-5640-8

Ⅰ . ①后… Ⅱ . ①朱… Ⅲ . ①文化遗产—保护—研究—中国②水利工程—环境保护—研究—中国 Ⅳ . ① K203 ② X52

中国版本图书馆 CIP 数据核字（2015）第 165276 号

后望书

著　　者：朱幼棣
选题策划：后浪出版公司
出版统筹：吴兴元
特约编辑：马春华　丛　铭
责任编辑：王　巍
营销推广：ONEBOOK
装帧制造：墨白空间 · 王斑

北京联合出版公司出版
（北京市西城区德外大街 83 号楼 9 层　100088）
北京中科印刷有限公司印刷　新华书店经销
字数 217 千字　720 毫米 × 1030 毫米　1/16　14.5（单色）+10.5（四色）印张　插页 8
2016 年 3 月第 1 版　2016 年 3 月第 1 次印刷
ISBN 978-7-5502-5640-8
定价：99. 80 元